U0924207

1921–2021
厦门大学
XIAMEN UNIVERSITY

厦门大学百年校庆系列出版物

百年院系史系列

厦门大学
南洋研究院/国际关系学院院史

厦门大学国际关系学院/南洋研究院院史编写组　编

厦门大学出版社
XIAMEN UNIVERSITY PRESS
国家一级出版社
全国百佳图书出版单位

图书在版编目(CIP)数据

厦门大学南洋研究院/国际关系学院院史/厦门大学国际关系学院/南洋研究院院史编写组编.—厦门:厦门大学出版社,2021.3
(百年院系史系列)
ISBN 978-7-5615-8091-2

Ⅰ.①厦… Ⅱ.①厦… Ⅲ.①厦门大学南洋研究院/国际关系学院—校史 Ⅳ.①G649.285.73

中国版本图书馆 CIP 数据核字(2021)第 043572 号

出 版 人 郑文礼
责任编辑 韩轲轲
封面设计 李嘉彬
技术编辑 朱 楷

出版发行 厦门大学出版社
社 址 厦门市软件园二期望海路 39 号
邮政编码 361008
总 机 0592-2181111 0592-2181406(传真)
营销中心 0592-2184458 0592-2181365
网 址 http://www.xmupress.com
邮 箱 xmup@xmupress.com
印 刷 厦门集大印刷厂

开本 720 mm×1 000 mm 1/16
印张 21.25
插页 2
字数 374 千字
版次 2021 年 3 月第 1 版
印次 2021 年 3 月第 1 次印刷
定价 68.00 元

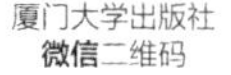

总序

厦门大学 | 党委书记 张 彦
校 长 张 荣

2021年4月6日，厦门大学百年华诞。百载风雨，十秩辉煌，这是厦门大学发展的里程碑，继往开来的新起点。全校师生员工和海内外校友满怀深情地期盼这一荣耀时刻的到来。

为迎接百年校庆，学校在三年前就启动了“百年校庆系列出版工程”的筹备工作，专门成立“厦门大学百年校庆系列出版物编委会”，加强领导，统一部署。各院系、部门通力合作，众多专家学者和相关单位的工作人员全身心地参与到这项工作之中。同志们满怀高度的责任感和紧迫感，以“提升质量，确保进度，打造精品”为目标，争分夺秒，全力以赴，使这项出版工程得以快速顺利地进行。在这个重要的历史时刻，总结厦大百年奋斗历史，阐扬百年厦大“四种精神”，抒写厦大为伟大祖国所做出的突出贡献，激发厦大人的自豪感和使命感，无疑是献给百岁厦大最好的生日礼物。

“百年校庆系列出版工程”包括组织编撰百年校史、百年组织机构史、百年院系史、百年精神文化、百年学术论著选刊、校史资料与学生名录……有多个系列近150种图书将与广大读者见面。从图书规模、涉及领域、参编人员等角度看，此项出版工程极为浩大。这些出版物的问世，将为学校留下大量珍贵的历史资料，为学校深入开展校史教育提供丰富生动的素材，也将为弘扬厦门大学“自强不息，止于至善”校训精神注入时代的新鲜血液，帮助人们透过“中国最美大学校园”

的山海空间和历史回响，更加清晰地理解厦门大学在中国发展进程中发挥的独特作用、扮演的重要角色，领略“南方之强”的文化与精神魅力。

百年校庆系列出版物将多方呈现百年厦大的精彩历史画卷。这些凝聚全校师生员工心血的出版物，让我们感受到厦大人弦歌不辍的精神风貌。图文并茂的《厦门大学百年校史》，穿越历史长廊，带领我们聆听厦大不平凡百年岁月的历史足音。《为吾国放一异彩——厦门大学与伟大祖国》浓墨重彩地记述厦门大学与全国34个省级行政区以及福建省九市一区一县血浓于水的校地情缘，从中可以读出厦门大学在中华民族伟大复兴征程中留下的深深烙印。参与面最广的“厦门大学百年院系史系列”、《厦门大学百年组织机构史》，共有30多个学院和直属单位参与编写，通过对厦门大学各学院和组织机构发展脉络、演变轨迹的细致梳理，深入介绍厦门大学的党建工作、学科建设、人才培养、组织管理、社会服务等方面的发展历程，展示办学成就，彰显办学特色。《厦门大学校史资料选编（1992—2017）》和《南强之星——厦门大学学生名录（2010—2019）》，连同已经出版的同类史料，将较完整、翔实地展现学校发展轨迹，记录下每位厦大学子的荣耀。“厦门大学百年精神文化系列”涵盖人物传记和校园风采两大主题，其中《陈嘉庚传》在搜集大量史料的基础上，以时代精神和崭新视角，生动展现了校主陈嘉庚先生的丰功伟绩。此次推出《林文庆传》《萨本栋传》《汪德耀传》《王亚南传》四部厦门大学老校长传记，是对他们为厦大发展所做出的突出贡献的深切缅怀。厦大校友、红军会计制度创始人、中国共产党金融事业奠基人之一高捷成的传记《我的祖父高捷成》，则是首次全面地介绍这位为中国人民解放事业做出杰出贡献的烈士的事迹。新版《陈景润传》，把这位“最美奋斗者”、“感动中国人物”、令厦大人骄傲的杰出校友、世界著名数学家不平凡的人生再次展现在我们眼前。抒写校园风采的《厦门大学百年建筑》、《厦门大学餐饮百年》、《建南大舞台》、《芙蓉园里尽芳菲》、《我的厦大老师》（百年华诞纪念专辑）、《创新创业厦大人2》、

《志愿之光》、《让建南钟声传响大山深处》、《我的厦大范儿》以及潘维廉的《我在厦大三十年》等，都从不同的角度，引领我们去品读厦门大学的真正内涵，感受厦门大学浓郁的人文精神和科学精神。

此次出版的“厦门大学百年学术论著选刊”，由专家学者精选，重刊一批厦大已故著名学者在校工作期间完成的、具有重要价值的学术论著（包括讲义、未刊印的论著稿本等），目的在于反映和宣传厦门大学百年来的学术成就和贡献，挖掘百年来厦门大学丰厚的历史积淀和传统资源，展示厦门大学的学术底蕴，重建“厦大学派”，为学校“双一流”建设提供学术传统的支撑。学校将把这项工作列入长期规划，在百年校庆时出版第一辑共40种，今后还将陆续出版。

“自强！自强！学海何洋洋！”100年前，陈嘉庚先生于民族危难之际，抱着“教育为立国之本，兴学乃国民天职”的信念，创办了厦门大学这所中国历史上第一所由华侨独资建设的大学。100年来，厦大人秉承“研究高深学术，养成专门人才，阐扬世界文化”的办学宗旨，在实现中华民族伟大复兴的征程上书写自己的精彩篇章。我们相信，当百年校庆的欢庆浪潮归于平静时，这些出版物将会是一串串熠熠生辉的耀眼珍珠，成为记录厦门大学百年奋斗之旅的永恒坐标，成为流淌在人们心中的美好记忆，并将不断激励我们不忘初心继承传统，牢记使命乘风破浪，向着中国特色世界一流大学目标奋勇前行！

张彦　张荣

2020年12月

厦门大学百年院系发展概述

朱水涌

100年在历史长河中只是短暂的一瞬，但对于一所中国现代大学以及这所大学的学院科系来说，则意味着经历过极不平凡的历程。百年学府沧桑、十秩院系辉煌，为迎接厦门大学建校百年华诞，学校决定编撰出版"厦门大学百年院系史"系列，梳理淬炼院系的建设发展历程，以史为鉴，彰往考来，将院系的昨天、今天与明天联系在一起，发扬踔厉，这是一件极富建设意义与厦大特色的历史性工程。

一

20世纪初的中国，正如校主陈嘉庚所言："吾国今处在列强肘腋之下，成败存亡千钧一发。"就在这千钧一发之际，为救国而创办大学成为一道时代的特别风景。马相伯因"慨自清廷外交凌智"而创办震旦学院（复旦前身）①，南开大学的创办者因国家的"贫弱"是因为"教育未能发展"而创立南开②，唐文治执掌交通大学砥砺第一等人才，目的就是"宏济艰难，救我中国"③。厦门大学校主陈嘉庚则在《筹办厦门大学演讲词》中直截了当地指出："今日国势危如累卵，所赖以维持者，惟此方兴之教育与未死之民心耳。"出自民族救亡而诞生的中国现代大学，在她向欧美学习现代大学的办学时，一开始便融入了民族救

① 《复旦大学百年志》编纂委员会：《复旦大学百年志（1905—2005）》，复旦大学出版社2005年版，第9页。

② 《南开大学校史资料选》，南开大学出版社1989年版，第12页。

③ 唐文治：《上海交通大学第三十届毕业典礼训词》，载《茹经堂文集》三编卷一。

亡图存的历史内涵和办学志向，民族振兴的需求与国家最需要的人才，成了中国现代大学初创时学科与专业设置的重要出发点，呈现出中国现代大学鲜明的中国特色。这里，当年的创办者与一校之长的救国思想与办学理念产生了重要作用。

厦门大学创校时期选择的教学体制沿用了近代英国大学学制，但在科系组成与学科设置上却没有完全按英国大学的体制与模式，与民国时期的各大学一样，当时并没有很强的专业观念，而依照时代与国家的急需人才设立科系。厦大建校初期，科系成型时的学科最初形态是文科设 8 个系，理科设 6 个系，工科归理科，其中的教育、工、商、新闻，都是那个危机时代国家急需人才的学科。

1930 年 2 月，在通过国民政府大学院立案后两年，厦门大学遵照国民政府教育部令，将“科”改为学院，设 5 个学院 21 个学系。至此，经过近 10 年的建设，厦门大学具备了较为完备的院系体制，开始以院系这样一种与世界接轨的基本单元建构教学科研体制，开展“研究高深学术，培养专门人才，阐扬世界文化”，厦大的多学科性业已形成。

1929 年，世界经济危机爆发，陈嘉庚公司每况愈下，1934 年 1 月公司被迫收盘。这期间虽然有厦大教职员的半年捐薪活动，有陈嘉庚的“出卖大厦办厦大”惊世壮举，厦门大学的办学经费还是难以为继。在此情况下，厦大及时调整院系结构，以系科合并的方式突围经济上的窘迫，推进学科的艰辛运转。至私立时期的最后几年，全校 5 个学院压缩成文学、理学、法商 3 个学院，21 个系经合并与撤销浓缩为 9 个学系。尽管这种合并是无奈之举，从数字上看办学规模是缩小了，但这次的学科浓缩却无意中为学科的整合、为打破欧美当年系科划分过细的弊端打下了基础。

建校时期厦门大学的院系建设与学科发展，按国民政府大学院调查专家的看法，在全国高校中有“方之他处，有过无不及”①的优势。这一时期，林文庆主持制定的《厦门大学校旨》（以下简称《校旨》）明确指出：“本大学之主要目的，在博集东西各国之学术及其精神，以研究一切现象之底蕴与功用，同时并阐发中国固有学艺之美质，使之融会贯通，成为一种最新最完善之文化。”《校旨》从大学文化的建构出发，鲜明地提出厦门大学办学的理念与目标。与这个理念和目标相联系，厦大初期的院系与学科、专业的建设，有如下几个特点：

---

① 《厦门大学十周年纪念刊》（1931 年 4 月），载《厦门大学校史》第 1 卷，厦门大学出版社 1987 年版，第 94 页。

其一是注重“功用”,“切于实用”,培养国家、民族稀缺人才。《校旨》提出教学“以切于实用,造就应用科学人才为前提”。建校初期,教育学占有举足轻重的位置,原因如《校旨》所言:“我国目下师资及教育专门人才甚为缺乏,故对于教育系特加注意,以期养成良好师资及教育界领袖,因以提高一般教育之程度。”[①]陈嘉庚的信念是“国家之富强,全在乎国民,国民之发展,全在乎教育”[②],他办厦门大学一个重要的担当就是要纠正当年教育的“偏估”与“颓风”,解决中国教育缺乏新知识新思想师资的问题,以免“国粹日稀,精神日减,必至无救药之惨痛”。厦大商学与工学的较早创设与运行,也都体现了这样一种办学理念。这个特点,奠定了厦门大学从国家需要建设专业发展学科的厚重底色。

其二是博集东西精神、阐发中国学艺之美质、“研究高深学术”的学科特色。厦大成立时,《厦门大学组织大纲》明确表明厦大的三大任务之一是研究高深学术。林文庆在《校旨》中具体指出要建设科学研究机关,厦大要“成为我国南部之科学中心点”[③];院系体制形成后,厦大各学院在其“学院学则”的第一条“宗旨”中都一致性地提出“以培养专门人才,研究高深学术为宗旨”[④],这表明厦大建校初期就具备浓厚的学科建设意识。而且,在西学东渐、中西文化激烈论争与冲突的情势下,厦大独到地提出“阐发中国固有学艺之美质”和“首重国文”的主张,这也就形成了厦门大学学科建设中注重本土资源与文化精神的中国特色。文科的国学研究与理科的生物学研究是这方面的范例。1926年创建的国学研究院被认为是“大有北大南移之势”,是当年全国国学研究的中心之一。其影响不仅在于大师云集、研究规划与实际成果,更重要的是厦大国学研究体现了五四时期“重估价值”的精神,它的学科新范畴,研究问题的新方法、新史料和新观点,代表了五四之后国学研究的新趋势。植物系与动物系同样引起全国乃至世界的关注,尤其是结合本土地理优势的海洋生物研究更是锋芒毕露。1923年厦大美籍教授莱德的论文《厦门大学附近之文昌鱼渔业》在国际顶尖科学期刊*Science*上发表,成为中国高校最早在*Science*上发表的研究成果之一,引起国际学术界瞩目。鉴于海洋生物学科的成果,中央研究院及太平洋科学学会,特别委托厦门大学建立海洋生物研究室。与此同时,

① 《厦门大学校史》第1卷,第26页。

② 陈嘉庚:《筹办厦门大学演讲词》,载《新国民日报》1920年11月30日。

③ 《林文庆校长报告》,载《厦门大学民国十年度报告书》,1922年。

④ 《厦门大学一览》(1935—1938年度),载《厦大校史资料》第1辑,厦门大学出版社1987年版,第66页。

厦大的动植物标本的数量与丰富多样在全国领先。

其三是开放性的院系学科构成与人才培养学制。在中国高等教育滥觞时期，中国的大学虽然学的是西方体制，但中国文化原本就缺乏精确细致的分类，对事物不那么条分缕析，而且大学刚刚兴起，很多学科、专业更是因国家需要而设置而存在，大学的一切都在尝试与践行当中，这也就带来了中国现代大学院系学科设置上的开放性。厦大私立时期四次较大的院系变动与学科设置，就可以清楚地看到这个现象。院系设置与专业、学科结构的不断变动，实际上对打破学科体制的僵化是有驱动力的，它为以后厦大百年发展中院系所面临的不断调整、不断改革奠定基础。

在人才培养上，厦门大学"虽为厦门大学，实为世界之大学"[①]，一开始就招收大量的东南亚华侨子女和朝鲜国学生，颇具开放性。这所地处东南沿海一隅的大学却坚持要"使本校之学生虽足不出国外，而其所受之教育，能与世界各大学相颉颃"[②]，除不惜重金聘任国内外特别是世界名牌大学经历的名师学者外，在教学体制上，厦门大学沿用英国近代大学学制，本科修业 4 年，以修满 150 学分（绩点）并通过毕业论文及有关实验为毕业，各院各系实行课程交叉的修课计划，注重了知识结构的多元化。打破课程的专业界限，这样一种强调博集东西学术，打通院系界限学科界限的修学制度，实际上更吻合现代大学的人才培养规律。

厦门大学建校初期 16 年间，其"切于实用"的人才培养方针，"研究高深学术"的学科特色，院系学科结构与教学体制的开放性，不仅是时代的产物，也是百年厦门大学的宝贵珍藏，在百年厦大的院系建设发展中体现了一所名校的潜在发展实力，不仅为厦大创建"世界之大学"目标打下了坚实的基础，而且在学科的发展上为一流学科的发展奠定了先天优势。

二

1937 年 7 月 1 日，私立厦门大学正式改为国立厦门大学。7 月 6 日，国民政府行政院任命清华大学萨本栋教授出任厦门大学校长。7 月 7 日，抗战全面爆发。12 月，日寇兵临厦门，厦门大学内迁山城长汀，坚持在烽火硝烟中办

---

① 《林文庆先生在中华俱乐部之演说词》，载《南洋商报》1925 年 2 月 2 日。

② 《林文庆校长报告》，载《厦门大学民国十年度报告书》，1922 年。

学,“单独担负铁路线(粤汉铁路)以东国立最高学府的全付责任”[①],成为加尔各答以东最逼近战场的学府,肩起中国高等教育的东南半壁江山。由此开始到1949年新中国成立,这是厦门大学的国立时期。

抗战时期,在极其艰难困苦的条件下,萨本栋校长抱着“在艰危中”“不负嘉庚先生毁家兴学及政府将厦大收归国立之至意”的意志[②],以自己的未雨绸缪和身体力行,推进拓展厦门大学的院系与学科建设,赢得了战争中“国魂所托的事业”[③]的重大发展。

作为坚守在战区的最高国立学府,在战争中自觉担负起为战后的祖国建设培养与储备人才的使命,这成了厦大院系与学科建设的出发点与目的地。萨本栋说:“吾人应知此次战争,关系数千年固有文化之持续,将来永固国基之奠定者至巨。”[④]置身残酷的战争中,厦大想的是战后建设所需的大量“永固国基”的人才。据当年的新闻媒体报道,厦大筹备设立水产研究室,是为了“战后东南沿海水产研究之总框”[⑤];增设外国文学系与法律系司法组,“以应目前全面反攻及将来建国之需要”[⑥]。

这种穿透硝烟的未雨绸缪,更体现在厦门大学工科院系的创设与发展上。厦大工科开始于1922年,在1930年科改系后,工科已悄然消失。萨本栋来自清华大学,自己又是著名的电机专家,他对工科建设既熟悉又有主见,从战后建国的急需出发,工科人才显然要比其他学科人才需求更迫切、需求量更大,萨本栋决定补齐厦大学科上的工科短板。

1938年7月,厦大创设土木工程系,到1941年秋季,萨本栋校长就很自豪地说:“现在土木系设备,固尚未达到我们理想的境地,但教师则已充实到可以与国内任何大学相颉颃。”[⑦]这个科系,为战后中国大规模的基础设施建设培养了大批人才。1940年秋季,在土木工程大力扩展的同时,萨本栋又创设机电工程系。机电工程系创立后,理学院扩充为理工学院。1944年4月,创建航空工程系,厦大成为全国最早开办航空专业本科教育的少数高校之一,培

---

① 《萨本栋开学词》,载《厦大通讯》第3卷第10期,1941年10月25日。

② 萨本栋:《勖勉同学词》,载《唯力》旬刊第3期,1938年4月3日。

③ 萨本栋:《勖勉同学词》,载《唯力》旬刊第3期,1938年4月3日。

④ 萨本栋:《“七七”二周年纪念与节约运动》,载《唯力》第2卷第7/8期合刊,1938年7月7日。

⑤ 《母校设立水产研究室》,载《厦大通讯》第6卷第1期,1944年3月31日,

⑥ 《厦大增设外语、司法等系组》,载南平《东南日报》1945年8月4日。

⑦ 《萨本栋开学词》,载《厦大通讯》第3卷第10期,1941年10月5日。

养出像中国工程院院士张启先这样一批优秀的中国早期航天航空专家。

1945年12月厦大复员厦门，汪德耀已接掌厦大。这期间院系与科建设的最大事件是1946年夏季海洋学系与中国海洋研究所的创办。海洋学科创立于天时地利人和之中：抗战胜利后海洋与海权重要性凸显，复员厦门后的东南沿海地理环境优势，校主陈嘉庚"力挽海权，培育专才"的誓言与著名海洋学家唐世凤博士的加盟，共同促成了中国第一个海洋学系诞生，同时，厦大与中英文教育基金会合办的中国第一个海洋研究所也在厦大成立，厦大的海洋观测站也获准设立。由此，厦门大学在全国率先开始了"谋中国海洋科学事业之发展""研究与教育并重"的造就培养海洋人才的行动。

国立时期文科的发展以复办法学为主要标志。厦大的法学，最早创立于1926年6月，1937年改归国立后，法律系奉命撤销，法学学科停办。到1940年，由于国民政府教育部不同意建立福建大学，并将已经开学的福建大学法学院并入厦门大学，这样，战火中的厦大法学学科就在接收福建大学法学院的契机中复办起来。

在人才培养理念与培养模式上，萨本栋取的是美国芝加哥大学的通识教育思想和从清华带过来的通识教育理念，遵循梅贻琦的"通识为本，专识为末"[①]教育思想制定校制、设置课程，实行强化通识基础与打通学科界限的修学制度，实施教授全力上课制度。他要求即使在战争中，也要坚持"未到'最后一课'的时候，应加紧研究学术与培养技能"[②]，他提出，"现在不是个推诿责任的时代"，"需一身肩负二人之重任，一日急二日之操作"[③]，以不辜负陈嘉庚先生的期待，不辜负国家事业所托。比如新成立的机电工程系系主任李家炘教授，据统计最高一学期每周上课达81课时，每周最高达1725人时。这时期的厦大学生则"把战区当课堂，把笔杆当枪杆"，越是艰难越是坚韧学习。在1940年与1941年国民政府教育部举行的两次专科以上学生学业竞赛中，获奖总数与获奖系数的比例评定，均名列全国第一。

从抗战全面爆发到复员厦门，在极其艰危的战争环境与艰苦的复员中，厦门大学的院系建设不仅没有停顿，而且还得以有力扩充，院系规模与学科发展都有历史性的突破，多科性大学已然向综合性大学迈进，也因此开始确立厦门

---

① 梅贻琦：《大学一解》，载《清华学报》第13卷第1期，1941年4月。

② 萨本栋：《勖勉同学词》，载《唯力》旬刊第3期，1938年4月3日。

③ 萨本栋：《"七七"二周年纪念与节约运动》，载《唯力》第2卷第7/8期合刊，1939年7月7日。

大学位居全国高等教育前列的位置。更重要的是这一时期积淀下来的办学精神，那种由战争烽火淬炼出来的自强、坚韧与艰危中担当重负的使命感，为厦门大学的发展积累了一份极宝贵的精神财富。

三

1949年10月1日，中华人民共和国成立，人民当家做主的时代开始。10月17日，厦门解放，厦门大学迎来了办学史上的新纪元。1949年10月21日，中共厦门市委在厦大建立中共厦门大学支部。不久，在原有基础上设立中共厦门大学党组。1950年5月，中华人民共和国政务院任命著名经济学家、曾任厦门大学法学院院长的王亚南为厦门大学校长。

1952年6月，中共福建省委派15名党的干部到厦大，7月，中共福建省委决定程璐任中共厦大临时党委书记，党在学校的领导得以体现与加强；1953年1月，厦门大学成立校务委员会，标志着学校由“校长负责制”开始向“党委领导下的校长负责制”过渡。这一年，符合条件的科系先后成立党支部。1955年1月召开中共厦门大学第一次代表大会，成立中共厦门大学党委会，之后，各系先后建立系党总支，直到1999年校院二级管理体制改革时，党总支、党支部为厦门大学各科系的最直接领导，保证科系建设与学科发展的正确方向和健康发展。

新中国成立后，在东西方意识形态冷战的背景下，中国大学放弃对西方欧美的学习，而强调向“苏联老大哥”学习。1952年，中央提出高等教育“发展专门学院和专科学校，整顿和加强综合大学”的方针，并学习苏联高校模式，进行大规模的院系调整。从1952年到1955年底，厦门大学在调整中从多学科大学向文理科综合大学转变，被确定为华东四所综合性大学之一。

1952年8月，一年前刚刚由省立并入厦大并改名的厦大农学院奉命与福州大学农学院合并为福建农学院；9月，厦大海洋系一分为三，厦大航海专修科与集美水产商船专科合并成立福建航海专科学校，之后再分别归入大连海运学院与上海海运学院；海洋系理化组并入山东大学，与山东大学海洋学科建立海洋系，发展为山东海洋学院，即后来的青岛海洋大学；为保存厦大发展海洋学科的力量，厦大成立海洋生物研究室，将海洋生物组的骨干教师与标本留在厦大，聘郑重教授为研究室主任。1953年7月，厦大又奉命将工学院的土木、电机、机械3个系及土木专修科调整到浙江大学、南京工学院和华东水利学院，将企业管理并入上海财经学院，法学院归入华东政法学院。1954年7

月，厦大教育系调整到福建师范学院；8月俄语专修科部分师生并入南京大学。

在此调整中，厦门大学文理科也有所壮大。1951年私立福建学院的政治、法律、经济归并到厦大。1952年福州大学财经学院的会计、贸易、财金、统计、企业管理5个系并入厦大财经学院，并增加贸易专修科。1953年，福州大学文理两院的中文、外文、历史、数学、物理化学、生物学6个系也奉命并入厦门大学。1955年，厦大奉命停办统计、会计、财金、贸易4个系，改在经济系之下设政治经济学、统计学、会计学、货币与信贷、贸易5个专业。

从历史现场上看，大规模院系调整是新中国改造旧教育制度、建立新教育体制的战略措施，这是中华人民共和国教育史上一个重要事件。这场调整既为厦大文理科综合大学模式打下基础，也一定程度上削弱了厦大综合性大学的实力，厦大一些经营多年而形成厦大特色的院系、学科被调整出去，充实其他高校乃至成为新学校成立的基础。厦大在为国家做出贡献的同时，也造成基础学科与应用学科的相互分离，综合性大学学科交叉渗透的优势也受到一定的损失。

院系调整后，苏联高等教育的专业制度也随之取代了中国大学的院系体制。新中国成立之前的大学一般只设学科不设专业，学科业务范围要比专业宽阔，但专业有利于针对性培养专门人才，培养目标十分专一。为贯彻专业人才培养目的，厦门大学院级建制最后被正式撤销，实行以系为教学单位，系内设若干专业，形成按专业培养人才的办学模式。到1958年，全校设8个系16个专业，并设16个专门化科目。

这一时期，教育部确定厦门大学发展方向为“面向东南亚华侨，面向海洋”，要求各专业各教研组加强与南洋、台湾、海洋及本地特点有关的各种问题研究。王亚南校长对厦大的综合性大学也提出新的目标定位，他说：“今天我们所在的学校是个综合性大学，不是工业大学、农业大学，而是综合性大学，不同地方是培养目标不同。工农科培养工农业所需技术人才，师范培养教师，综合性大学主要是培养研究人员，科学研究人员。”他对学生说：“你们将来就是要培养成为科学家。”[①]这样的办学方向与文理综合性大学的形成，明确指明科学研究是厦大办学的重要任务，学科建设水平成为办学水平的重要表现。

由此，在那个以专业为主的发展时期，厦门大学依然将研究机构建设与学科建设发展当成院系建设的重要内容。

---

① 王亚南：《怎样做一个大学生》，录自厦门大学校办档案56-11。

王亚南校长抵达厦大后，首先恢复和建立研究机构，成立了经济研究所、化学研究所和南洋研究馆(1963 年升格为教育部部属研究所)、人类博物馆，文科理科各学院普遍成立研究室。这时福建研究院社会科学研究所也奉命归并厦大，充实了厦大文科主要是经济学科的研究实力。

这一时期，经济学科开始成为全国的翘楚学科。从 1946 年王亚南的《中国经济原论》研究被誉为“中国式的《资本论》”开始，厦门大学“以中国人的资格研究政治经济学”的独特学派开始形成。1950 年王亚南执掌厦大后，建立厦大财经学院，创办全国第一个经济研究所，这是当年全国高校最新经济学教学科研建制。院系调整中财经学院被撤销。1958 年 9 月，中国经济问题研究所成立，并创办中国第一家全国性经济学刊物《中国经济问题》。这个时期，经济学各学科研究全面展开，在《资本论》研究、社会主义所有制研究、会计、统计、财政学方面的研究，成绩斐然，为全国瞩目，奠定了经济学迈向一流学科的坚实基础。

化学为厦大理科中最早的学科之一，展示着一流学科的形象。1939 年，傅鹰博士受聘厦门大学并任教务长兼理学院院长，他给厦门大学带来了化学正在从经典的统计热力学深化为理论化学、结构化学的最新发展信息与理论，从而让厦大化学学科及时捕捉到量子化学、量子力学的发展，跟上世界潮流。自此，化学学科的发展呈现云帆济海之势。新中国成立后，催化的研究与应用、海洋化学分析成果显著，电化学研究、物质结构研究、有机物电极、电分析和有机物点解制备也都在学术界崭露头角。1972 年，蔡启瑞教授与唐敖庆、卢嘉锡两教授联袂承担国家重大基础理论研究课题化学模拟生物固氮研究，与国际同步攻关世界理论难题，成果受到国际同行的赞赏。这个时期的厦大化学，已具备国内一流、国际具有重要影响的学科声望。

除此，海洋生物研究，生物系在金定鸭研究及北京鸭与金定鸭的杂交研究，半导体物理、半导体化学、植物生物学以及数学等方面的基础理论研究，都有全国性影响。理科各系与福建省其他单位联办建立的 8 个新的研究所，有效地促进了厦门大学科学研究与地方建设的紧密结合，拓宽了厦门大学科学研究的思路与途径，这也说明了成为文理综合性大学的厦门大学在学科建设上的明显进展。

从 1949 年新中国成立到 1966 年“文化大革命”爆发，厦门大学与全国高校一样，经历过“整风运动”、“教育大革命”和“大跃进”高潮，作为面对两岸对峙炮火中海防前线大学，社会主义的办学方向和党在学校中的领导地位更加明确与坚定，在人才培养与科学研究上探索前进，书写出新中国高等教育的新篇章。1963 年 9 月 12 日，教育部以〔63〕教厅秘字第 178 号文件，将厦门大学定位全国重点大学，“这是国家对厦门大学几十年来办学成就的充分肯定，从教育体制上明确地确立了厦门大学在全国教育事业中的重要地位”[①]。

1966 年到 1976 年“文化大革命”运动期间，厦门大学与全国高校一样，遭受空前的洗劫。这是中国高等教育发展史上一次挫折和重大教训，经历过这样的风雨，拨乱反正之后，厦门大学的院系与学科建设自有空前的发展。

四

1976 年 10 月 6 日，党中央一举粉碎“四人帮”；1977 年 9 月，全国恢复高考制度，1978 年 2 月，教育部恢复厦门大学为全国重点大学。1981 年 10 月，厦门被国务院确立为中国四个经济特区之一，身处中国经济特区的国家重点大学，厦门大学被历史推向了改革开放的前沿，学校逐渐顺利走向“党委领导下的校长负责制”的领导体制中，院系建设发展进入一个崭新的历史新时期。2000 年之后，按照校院二级管理体制改革，各学院建立学院党委，建立并逐步完善学院党政联席会议制度，厦门大学院系建设得到空前发展。

至 2020 年，改革开放中的厦门大学全校已建有 30 个学院 16 个研究院，展现出门类齐全、学科强劲、专业特色明显、布局合理的整体风貌。依据院系建设与发展的历史，以 1995 年启动“211 工程”为界，整个 42 年的改革开放可分为两个时期：1978 年至 1995 年为恢复与快速发展时期；1995 年之后伴随着国家“211 工程”、“985 工程”、创建“双一流”建设，厦门大学院系建设进入跨越式发展时期。

1978 年春天，当恢复高考制度后的第一届大学生走进厦大时，厦大共设有 10 个系 29 个专业，这些系与专业还只是集中于自然科学与人文社会科学的基础理论学科，基础雄厚，但面对世界新技术革命浪潮的兴起和新时期党与国家工作中心转移到社会主义现代化建设和改革开放上，尤其是经济特区和沿海开放城市、经济开发区的设立，原本的科系已经不能很好地适应新形势的需要，于是，学校大胆突破文理结构框架，调整学科与专业设置，大力充实、改造、复办老专业，增设一批新学科，优先创办一批涉外专业、应用科学和应用技术专业，开展边缘新兴学科研究，迈步向文理渗透、多学科组成的综合性大学

---

① 厦门大学档案馆、厦门大学校史研究室编：《厦门大学校史》第 2 卷(1949—1991)，厦门大学出版社 2006 年版，第 142 页。

方向发展。

其一，以“起点要高，起点要新”的要求，创办一批新专业，集中在涉外、经济管理、新兴交叉学科与新技术专业。到1995年，全校已发展到26个系61个专业，突破长期以来保持的文理财经综合性大学格局，形成了包括智能科学、技术科学、人文科学、社会科学、管理科学、教育科学在内的多学科、结构比较合理、内容比较先进的学科体系。

其二，开始恢复学院建制。专业增多后，科、系不断发展，从管理与学科建设出发，开始逐步恢复学院建制。在20世纪80年代初期，先后成立经济学院、政法学院、全国综合性大学的第一个艺术教育学院、技术科学学院，其中技术科学学院的成立既带有复办工科的动机，更是以为国家培养急需的大量科技人才为目标，着重造就工科与理科相结合、交叉的学科的开创性人才。学院作为学校派出机构，具有一定自主权。

其三，以长远的战略眼光，充实、更新老专业。如20世纪70年代复办海洋系。在1952年的院系调整中，厦大将海洋系一分为三，用建立海洋生物研究室的名义战略性留住了海洋生物学科的骨干师资与教学标本，这使得厦大在1962年前后依然成为我国海洋科学的重要基地之一。海洋系虽然不再存在，厦大理科其他系却增设了海洋物理、海洋化学和海洋生物等新的专业、专门化，各系与华东海洋研究所密切配合，共同进行了26项海洋科学研究，成果引起国外学术界注意，《美国科学界对中国科学的看法》一书也提到厦大海洋科学研究的情况。复办后的海洋系，采取少招本科生、多招研究生、重拳科研、提高质量的策略，开展学科建设，并增设海洋水文气象和海洋地质地貌两个专业，为海洋系成为全国一流学科打下了坚实良好的基础。

1995年，厦门大学进入国家“211工程”行列；2001年，被列入国家“985工程”重点建设高校；2017年，入选国家A类“双一流”建设高校。在中国教育从教育大国走向教育强国的历史进程中，厦门大学的院系发展与学科建设，实现了跨越式发展。

1999年3月，全校深化校内管理体制改革，开始实行校院二级管理，学院建制全面铺开，各学院按照学院办大学的发展趋势，遵循“优化结构、强化内涵、扶优促新、鼓励交叉”的原则推动学科与专业建设，从1995年到2020年，全校共设置30个学院16个研究院，新增52个专业，撤销4个专业，调整18个本科专业，最终设置本科专业99个，涵盖文学、哲学、历史学、法学、经济学、管理学、理学、工学、建筑学、医学、艺术学等11个学科门类，以学科为支撑，打造一批定位明确、管理规范、改革成效突出，师资力量雄厚、培养质量一流的院系与专业群；全校有17个国家级特色专业，2个国家级人才培养模式试验区，2个国家级专业综合改革试点，3个专业入选教育部基础学科拔尖学生培养计划，24个专业13个项目入选教育部卓越人才培养计划。

这个时期，也是厦大研究生教育的大发展时期。1986年9月，国务院批准厦大试办研究生院；1996年3月，厦大正式获准设立研究生院；2018年，厦大成为全国首批20所学位授权自主审核单位之一。至2020年，全校共设有32个博士后流动站，36个一级学科博士学位授权点，45个一级学科硕士授权点。研究生院的建设与发展，推动了厦大研究生教育的空前发展，也更紧密地将厦门大学的学科建设与学院建设融为一体。

学科作为高校实施科研、教学活动和集聚人才的最基本的单元，是学校根本性的基础建设，也是院系建设发展的基础与支撑。这个时期，凭借国家"211工程"、"985工程"建设和创建"双一流"的支持，院系以学科为支撑，以学科建设为重心，凸显了学科建设的基础性与关键性。

其一，以学科建设为支撑为龙头，整合组建符合学科发展和拓展创新学科建设的学院，优化学科布局。如整合厦大早期传播和研究马克思主义与当代马克主义教学研究的资源，成立马克思主义学院，设立"985工程"重点学科"马克思主义理论"、"211工程"三期国家重点学科"中国特色社会主义理论与实践"建设项目，与中共福建省委宣传部合作共建"厦门大学中国特色社会主义理论体系研究与培训基地"，加强学科建设，建设国内高水平的马克思主义理论学术创新基地。如整合全校电子工程、电子科学、微电子与集成电路、电磁声等相关学科，组成电子科学与技术学院，入选国家示范性微电子学院；整合软件学院、物理科学与技术学院、计算机与信息工程学院相关资源成立信息学院；将公共事务管理学院的社会学系与人文学院的人类学系组合成社会与人类学院，更准确对应国际学科范式；而像数学科学学院、国际关系学院、台湾研究院、教育研究院、萨本栋微米纳米科学技术学院，则是应对历史与国家的需求，在学校原本的优势或特色学科基础上建立起来的学院。其中数学与应用数学为国家级一流专业、国家一类特色专业、国家理科数学与应用数学基础科学研究和教学人才培养基地，入选国家基础学科拔尖学生培养试验计划；台湾研究院入选国家高端智库试点建设、培育单位。以教育部人文社科重点研究基地会计发展研究中心和国家重点学科工商管理为依托，整合MBA和EMBA、会计系、工商管理系、管理科学系与旅游管理专业组成管理学院，很快使管理学院成为中国最具竞争力的十大商学院之一。工商管理、会计学、财务管理和电子商务4个专业入选国家一流本科专业建设点，在2017年教育部公布的全国第四轮学科评估中，工商管理一级学科获评 A 类学科，经济学与商学进入 ESI 全球前 1%行列。

其二，以大学科理念、通过国家人才培养基地和重点学科的依托带动，推进院系与学科的建设发展。1999 年校院二级管理体制改革伊始，学校就开始推行大学科的学院建制理念，文、史、哲 3 个系 6 个一级学科，以国家文科历史学基础科学研究和教学人才培养基地与国家重点学科中国经济史为带动，组建人文学院，力图打通文史哲，"研究高深学问"和培养人文学科精英人才。以大医科理念，整合生命科学学院、医学院、药学院、公共卫生学院等力量，推进学科交叉融合，构建医、教、研有机融合的医科教育体系。2018 年和中国卫生信息与健康医疗大数据学会共同建立医疗健康大数据国家研究院，汇聚理、工、医及社会科学十几个学院的教师与研究团队，通过自主创新和跨学科合作，产生一批国内外领先的具有良好产业转化价值的一流研究成果，凸显大学科整体的优势。

在大学科建设与学科协同创新中，由厦门大学牵头，与复旦大学、中国社会科学院台湾研究所、福建师范大学共同建设的国家协同创新中心"两岸关系和平发展协同创新中心"，由厦门大学、复旦大学、中国科学技术大学和中科院大连化物所为核心层，组建的国家级协同创新中心"能源材料化学协同创新中心"，都体现出大学科、跨学科与跨越部门、学校的创新优势。2018 年 12 月，国家自然科学基金委依托厦门大学建设"国家天元数学东南中心"，该中心由数学科学学院牵头，联合 5 个省 14 所高校为共建单位，更是以大学科、大组合、大跨越的组织形态呈现出构建一流核心竞争力的重要举措。

其三，发挥优势，打造国内领先、国际一流的高峰学科，是这一时期厦大院系建设与发展水平最基本也是最重要的成果之一。目前厦门大学有理论经济学、应用经济学、工商管理、化学、海洋科学 5 个国家一级重点学科，另有 25 个国家二级重点学科，分布在经济、管理、化学化工、数理、海洋与地球、生态与环境、法学、高等教育、生命科学、人文等学院。另有化学、工程学、农学、社会科学、计算机科学、分子生物学与遗传学、微生物学、药物理与毒理学、地学、物理学、经济学与商学等 18 个学科在 ESI 全球排名前 1%；17 个学科在 QS 世界大学学科排行榜上有名，上榜数居中国大陆高校第 12 位；37 个学科登上软科世界一流学科排行榜，上榜数居中国大陆高校第 8 位。2017 年，化学、海洋科学、生物学、生态学、统计学入选国家"双一流"建设行列。

当我们对厦大 100 年的院系发展做出梳理后，我们会发现，厦大百年院系的历史脚步，实际上是伴随着 100 年来中华民族伟大复兴的风云变幻与中国高等教育的命运嬗变而砥砺行走的，它走的是一条从小到大、从少到多、从大到强的历史发展脉络，一条是院系建设与学科发展紧密融合的道路，一条是国际竞争力和整体实力不断提升的道路。百年院系不断调整不断演化的进程，也就是百年学科不断变革不断创新的历程，这里有成功的喜悦，也有挫折的教训，有起伏的艰辛，也有前进的欢笑，但无论在什么时候、在什么样的空间里，都向着校主陈嘉庚先生提出的“世界之大学”目标前行，都沿着“与世界各大学相颉颃”的意志行进，都朝着“中国特色，世界一流”的憧憬踔厉奋进。

五

“厦门大学百年院系史”系列的编撰出版，是各院系向厦门大学百年华诞献上的一份礼物，她以100年来各个学院、研究院的学科发展、专业建设、院系在时代中变动的脚步为主要内容，呈现不同历史时期南方之强的个性与风采。目的在于总结经验，传承命脉，弘扬自强不息、止于至善精神，激励“双一流”建设，为厦门大学与中国高等教育留下一份珍贵的历史叙述。全校共有35个院系、研究院及厦大出版社参加了这个规模空前的编写工程。每部院系史主要包含以下内容：

一、历史的脚步。这是全书最主要的叙述，它通过对院系的历史梳理，描述出在各个历史时期的发展脉络与特征，客观呈现各学院发展进程中的主要事件，重点叙述以学科建设、人才培养为重心的发展变化、主要特点和成就，以及行政管理、社会服务上的变更发展。

二、党政管理。叙述院系党的建设情况，行政机构的变更，历任党、政领导等。

三、学科发展。叙述院系学科建设发展的轨迹与特色、地位与成绩，包括博士授权点、硕士授权点介绍及其人才培养特色，研究基地、研究所、中心介绍及其工作特色，重点实验室介绍及其工作成就，对外交流成果等。

四、教学成果。阐述院系在人才培养与教学教育中的发展嬗变，包括专业设置、课程体系、精品课程与教改项目、教学成果奖、特色专业与创新试验区、教学团队、教材建设、人才培养基地、创新创业教育等内容。

五、学术成就。配合学科建设的发展，叙述学术上的做法与成就，包括获奖学术成果、主要著作与论文、主要研究课题。

六、附录：院系大事记。

这是一项具有长远意义且严肃的工作，学校要求各院系在编撰中坚持正确的政治导向，突出与中国共产党同龄的厦门大学教育救国、教育兴国、教育强国的历史步点；重点叙述与提炼各学科、各专业及人才培养的发展与成就，彰显学术大师和著名校友的贡献；历史须客观叙述，要求准确无误有根有据，尽可能追根溯源，填补漏缺，还原历史，强调学术传承。但历史的写作须经千锤百炼，百年院系历史的叙述需要长期的淬炼，今天打开的这个脚步，难免深浅不一，难免有疏漏之处，还有许多需要打磨甚至勘正的地方，还请各位读者批评指正。

全校的百年院系史系列编撰工作在2019年的春天启动，历时两年的时间，在厦门大学百年华诞到来之际，终于与厦大人、与各方读者见面了。当各院系的撰写者在各自的历史隧道中搜寻攫微、考辨记载而写出自己的院系历史的时候，实际上是在对一个学科、一个院系的过去与今天的研究梳理，也是与明天的一个重要联系与启示。相信经过这次院系史的研究编写，各学院各学科将会以史为鉴，以更宏伟的规划更准确的定位更实在的工作，在党的坚强领导下，向着“中国特色，世界一流”的建设方向，奋力推进厦门大学院系建设与学科发展。

2021年3月12日

目

录

第一章 历史沿革

第二章 党政管理

第三章 学科发展

第一章
历史沿革

东南亚地区与中国的友好往来已有两千多年的深厚历史，由于地理位置靠近，众多华侨华人移居，东南亚华侨华人数量为全球之冠。明清时期，中国称东南亚地区为“南洋”。一百多年来，西方势力东扩，二战后，因位于中西交通要冲，海上丝绸之路咽喉，东南亚研究成为国际学术热点之一。中华人民共和国成立后，继续与东南亚国家保持经贸和文化交流，厦门大学率先开展东南亚研究。厦门大学地处侨乡，面向海洋，研究南洋史地具有地缘便利和人员优势。1950 年，厦门大学设立南洋研究馆，搜集较为丰富的南洋各地资料。

1955 年 1 月，陆维特[①]担任厦门大学党委书记后，进一步明确东南亚研究的定位。同年 5 月，陆维特在北京出席全国高教工作会议时提出，厦门大学的主要特点，一是由华侨创办的华侨所需要的大学；二是面临东海和太平洋，既有经济价值，又有科学研究和教学的价值，所以，厦门大学可以确立“面向东南亚华侨，面向海洋”的发展方向，并提出了具体方案。会议决定由高等教育部和中华人民共和国华侨事务委员会[②]（以下简称“中侨委”）联合向国务院报请批准。[③]

---

① 陆维特（1909—1991），原名赖成瑚，福建长汀人。1925 年前往马来亚读中学，1926 年回国，1928 年就读于南京晓庄师范学校文学艺术部。1937 年任职于生活教育社，1945 年任苏皖教育学院教育长。新中国成立后，历任中共华东局宣传部宣传局局长、福建人民革命大学党委书记兼副校长、福建师范学院院长、厦门大学党委书记兼副校长、南洋研究所所长等职。

② 该机构 1949 年 10 月成立时名为中央人民政府华侨事务委员会，1954 年 9 月易名。“文化大革命”开始后，中侨委工作陷于瘫痪，1970 年，被宣布撤销机构。

③ 陆维特：《巨大的贡献　难忘的功绩——解放后陈嘉庚扩建厦门大学的若干回忆》，中国人民政治协商会议全国委员会文史资料研究委员会、中华全国归国华侨联合会、福建省政协合编：《回忆陈嘉庚——纪念陈嘉庚先生诞辰一百一十周年》，北京：文史资料出版社，1984 年，第 215～216 页。

1955 年 12 月 20 日，高等教育部正式颁发《关于厦门大学发展方向的决定》，该《决定》认为：厦门大学由陈嘉庚和南洋侨胞捐资创办并维持了数十年，广大侨胞将通过政府对厦门大学的态度与措施来观察政府的华侨政策，他们期望学校的教学与科研工作适合侨胞的特点与要求。厦门大学面向海洋，又在国防前线，“兹决定厦门大学应以面向东南亚华侨，面向海洋为今后发展方向”。其具体方案进一步提出：厦门大学各专业各教研组应加强与南洋、台湾、海洋及本土特点有关的各种问题研究。如历史系的专门化及研究方向应以东南亚各国史、帝国主义侵略南洋史、南洋华侨史、台湾开垦史为重点。此外，应以人类博物馆为基础，筹备成立南洋研究所，逐步开展对东南亚各国的历史、政治、经济、语言、文化等各方面问题的研究，这些研究必须与有关专业、有关专门化的设置及有关教研组的科学研究计划密切结合起来。

1956 年 3 月，中侨委与厦门大学决定联合创办南洋研究所，选址濒临大海、势高望远的厦门大学白城山丘。① 同年 10 月 1 日，南洋研究所正式成立。南洋研究所是新中国最早设立的东南亚研究机构，也是新中国最早设立的国际问题研究和华侨华人研究机构之一。南洋研究所在 1969 年被撤销，之后于 1972 年 11 月正式率先复办，预告了拨乱反正的暖流。1978 年，全国科学大会将知识分子问题提升到国家重大决策的高度，此后，随着改革开放政策在科研教育领域的不断深入推行，以及中国特色社会主义侨务理论的深化和发展，南洋研究所开始招收研究生，开启国际交流与合作，在学科建设和科学研究等方面实现了一次次历史性的开拓和飞跃，成为连接中外学术交流的重要桥梁。1996 年，南洋研究所升格为南洋研究院。2006 年 12 月，厦门大学依托南洋研究院建立国际关系学院。南洋研究院/国际关系学院以历史学学科为起点，建成 3 个博士学位授权点、3 个硕士学位授权点和 2 个本科专业，逐步形成了专门史、世界经济、国际关系等多学科和综合性的东南亚研究与教学体系，本院还拥有 1 个福建省重点学科——“东南亚研究”。

至 2019 年 12 月，南洋研究院/国际关系学院设有国际关系系、侨务与外交系 2 个系，东南亚经济研究所、亚太国际关系研究所、中外关系史与华侨华人研究所等 3 个研究所，《南洋问题研究》和《南洋资料译丛》编辑部；拥有 1 个国家

---

① 办公楼南光 2 号于 1958 年建成后，南洋研究所正式迁入。

“211 工程”建设项目，1 个国家“985 工程”哲学社会科学创新基地，1 个教育部人文社会科学重点研究基地——厦门大学东南亚研究中心，1 个教育部国别和区域研究培育基地——厦门大学东盟研究中心，3 个教育部国别和区域研究备案中心——厦门大学马来西亚研究所、厦门大学印度尼西亚研究中心和厦门大学新加坡研究中心，1 个福建省高校特色智库——“一带一路”与东南亚研究院，以及两个校批研究机构——厦门大学马来西亚研究所、厦门大学苏氏东南亚研究中心。此外，南洋研究院还是中国东南亚研究会、福建省东南亚学会、教育部社会科学委员会综合研究学部（含国际问题、港澳侨台、交叉学科）的秘书处单位，亦是“中国—东盟思想库网络”（NACT）福建基地，以及“21 世纪海上丝绸之路协同创新中心”、“两岸关系和平发展协同创新中心”与“中国周边外交研究省部共建协同创新中心”的核心协作单位。

60 多年来，南洋研究院按其发展进程，分为南洋研究所创建初期、南洋研究所复办与中兴、南洋研究院的设立和发展、国际关系学院的成立与发展五大历史时期。南洋研究院/国际关系学院始终重视东南亚区域与国别研究和华侨华人研究，并在秉承厦门大学“爱国、革命、自强、科学”精神的基础上，形成了本院的优良传统——敬业精神、奉献精神和团队精神。全院教职员工视野开阔、求真务实、锐意进取，在国家现实问题需求下，坚持重视基础资料建设和历史问题研究，合力推动学科建设、学术研究、师资队伍、人才培养、对外交流和社会服务等各项事业蓬勃发展。南洋研究院/国际关系学院作为中国东南亚研究与华侨华人研究的重镇，对中国与东南亚国家建立友好关系，乃至世界和平与发展做出了积极、持久的贡献。

第一节 南洋研究所创建初期（1956—1969）

一、缘起

厦门大学由著名爱国华侨领袖陈嘉庚先生于 1921 年创办，是中国近代教育史上第一所南洋华侨捐资创办的大学，其教学与科研工作具有南洋与华侨色彩。

1921 年 6 月至 1937 年 7 月，新加坡华侨教育家、医学家林文庆出任厦门大学校长。1926 年 9 月，张星烺受聘到厦门大学国学研究院任教，开设“中西交通史”、“中外地理沿革”、“南洋史地”、“华侨史”等课程，编写了《中西交通史讲义》与《南洋史地讲义》，其后发表了有关菲律宾华侨问题的论文。张星烺是我国中外关系史学科的创建人。1926 年，法学院林希谦开设“远东外交史”、“中国国际关系论”、“近代外交史”课程。1931—1932 年，法学院各系开设“外交方法”、“国际法法案”等选修课程。20 世纪 30 年代，厦门大学的地方性教材，包括南洋之历史、地理、方言、商情及国际贸易等项。

20 世纪二三十年代，厦门大学教员有毕业于菲律宾大学的来德、易史尊卿和林惠祥等。1931 年，林惠祥任历史社会学系副教授。1938 年 1 月，林惠祥赴新加坡参加新加坡博物馆召开的第三届远东史前学家国际大会。其后，他在新加坡、槟榔屿中学任教，开始编译《苏门答腊民族志》、《婆罗洲民族志》、《菲律宾民族志》，并撰写《南洋人种风俗概说》等著作。1947 年秋，林惠祥回厦门大学任教。

厦门大学为民国时期华侨子弟大学教育最适当之最高学府。至 1933 年，从厦门大学毕业者两百余人，其中大半为华侨子弟。南洋华社来函委托厦门大学物色教员，教育学院学生毕业后服务于南洋教育界。1941 年冬，华侨学会在厦门大学成立，该学会自 1942 年春季开始举办巫文讲习班，敦聘黄开禄博士指导，连玉铃会友担任讲授，成为学校各学会团体中最活跃的一个。1946 年，历史学会积极与校方接洽成立研究室，分南洋、学术思想、明清等组，分头合作研究。1947 年，学生自治会学术部主办周末演讲会，第一次为陈烈甫教授自菲律宾返校时讲演“旅菲杂感”。1948 年，陈烈甫所著《菲游观感记》由设在厦门的南侨通讯社出版。同年，为便利南洋华侨子弟升大学，厦门大学招收新生考区增加新加坡、马尼拉两处。

1945 年冬，出身于书香世家的陈盛明兄弟以设立于 20 世纪 30 年代的家族图书馆“起斋图书馆”为依托，在泉州酝酿创办以东南海疆和南洋侨居国为题材的资料馆，并组建“私立海疆学术资料馆筹备处”，后因资金等问题于 1946 年迁至厦门，同年 5 月 5 日正式成立“厦门私立海疆学术资料馆”。为扩大图书来源，陈盛明曾在 1948 年亲自赴台湾募捐和采购图书，先后搜集了一批日本出版的有关南洋之书籍。此外，陈盛明以索赠方式获取大批东南亚华文报刊，包括在东南亚发行量较大的《星洲日报》、《南侨日报》、《南洋商报》等。1949 年，厦门私立海疆学术资料馆设文物室、研究室，聘厦门大学林惠祥为馆长[①]，时任《江声报》主笔陈一民为研究部主任。[②] 海疆学术资料馆庋藏资料分图书、剪报、博物、图片、胶卷等类，涉及政治、经济、地志、侨务、海事、社会、文教、艺术、科技等多个领域，该馆还举办专题展览，整理研究并编印多种学术资料专刊。

为支持厦门大学资料建设，延续南洋与华侨研究之传统，陈盛明于1950年将海疆学术资料馆所有图书资料和设备无偿捐赠，后“经奉华东教育部教高行字第5417号批复核准在案”。陈盛明在捐赠之时曾表示，希望厦门大学“保持海疆致力区域研究的特点”，“继续展开关于东南海疆、东南亚暨华侨活动等项资料的收集、整理及调查研究工作”。[③] 1950年9月，时任厦门大学校长王亚南重视发挥厦门大学位于东南沿海的侨乡特色，在归并福建省研究院社会科学研究所和厦门私立海疆学术资料馆的基础上，经华东教育部批准，设立厦门大学南洋研究馆，聘林惠祥、傅家麟[④]为正副馆长，以逐步开展南洋研究工作。海疆学术资料馆成为南洋研究馆附属的海疆资料室，厦门大学将该馆收藏的有关东南亚历史、华侨华人、海外交通贸易史、地方志等大部分文献资料划归南洋研究馆。

厦门大学于1951年开始筹办人类博物馆，藏有很多有关南洋史地、风俗、人种等各方面资料，并根据地理环境、学术分工及本身设备条件，将南洋史研究作为历史学专业的发展方向。[⑤] 同年，学校实行院系调整。1952年8月，厦门大学“确定历史学专业及其南洋史专门化为发展重点”。1952年，南洋研究馆更名为南洋研究室。陈盛明任厦门大学资料科科长，罗耀九任南洋研究室秘书。1953年3月，厦门大学人类博物馆正式对外开放，成为高校中唯一一所人类学专门性博物馆，林惠祥任馆长。

---

① 不久林惠祥辞去馆长职务，陈盛明重任馆长。

② 陈宪光：《厦门私立海疆学术资料馆沧桑》，《海内与海外》1999年第6期。

③ 陈宪光：《厦门私立海疆学术资料馆沧桑》，《海内与海外》1999年第6期。

④ 又名傅衣凌，著名历史学家。

⑤ 1934年，林惠祥创办（私立）人类博物馆筹备处。1951年，他将长期搜集的海内外珍贵文物全部捐献给厦门大学，经中央教育部批准，同年成立厦门大学人类博物馆。

二、南洋研究所正式成立

1956年,中侨委决定在厦门大学成立中央直属的"南洋研究所"。同年3月,时任厦门大学党委书记、副校长陆维特兼任南洋研究所所长,人类博物馆馆长林惠祥教授任副所长。南洋研究所下属的"资料室"继承了此前机构所藏资料,陈盛明任南洋研究所资料室副主任,主持资料室工作。南洋研究所是当时国内极少数能直接向海外征集书籍和报刊的单位之一,经批准,在厦门海关特设一个信箱,海外团体和个人可以通过香港或广州口岸将资料寄至这个海关信箱。1956年7月28日,南洋研究所通过《福建侨乡报》公开向海内外征求有关华侨问题和东南亚各国政治、经济、文化、教育等方面的图书、报刊、文物。此后,研究所馆藏资料规模进一步扩大。

陆维特(1909—1991)
首任南洋研究所所长,厦门大学党委书记、副校长

林惠祥(1901—1958)
首任南洋研究所副所长

1956年10月1日,南洋研究所正式成立。翌日下午,研究所举行庆祝成立大会。陆维特所长指出:"南洋研究所是一个科学研究机构。它的任务是研究南洋(东南亚)华侨有关政治、经济和文化教育问题,和南洋华侨所在国的历史、地理、人种、风俗习惯和文物制度等问题","南洋研究所的成立,是值得学术界、华侨同胞及东南亚国家的朋友们兴奋的一件富有意义的事件。"①

南洋研究所下设研究室、编译室、资料室、办公室等机构,并在厦门大学人类博物馆中增设南洋博物部分,教职工有韩振华、庄为玑、陈碧笙、陈国强、陈盛明、

---

① 厦门大学校史编委会编:《厦门大学校史资料:1949—1966》(第三辑),厦门大学出版社,1989年,第118页。

陈丽娘、陈声贵、陈水、王云翔、王懋和、林克明、林金枝、林伍珖、林事恒、林俊绵、桂光华、蔡寿康、黄彩雾、黄循英、叶文程、吴永恒、庄德明、卢惠风、蒋炳钊、谢丽仁、颜甘沛等约50人。

1956年10月2日，厦门大学南洋研究所、华侨函授部成立大会全体人员合影

1956年10月8日，印度尼西亚《生活报》以《厦大南洋研究所华侨函授部国庆日正式成立》为题，转载中国新闻社厦门消息。同月11日，缅甸《新仰光报》也做了转载。同月19日，印尼《生活报》以《厦门大学南洋研究所设四个研究组》为题，详细报道厦门大学南洋研究所建立了政治经济、文化教育、民族考古及中国与南洋关系史等4个研究组，主要研究华侨问题，收藏了1600多种有关南洋问题的图书，有7位翻译人员，27种外文报刊。该文还提到，南洋研究所不仅本身担负科学研究的任务，而且极力推动和帮助国内学术界进行南洋问题的研究。

廈大南洋研究所華僑函授部
國慶日正式成立
報考者已超招生人數幾倍

【廈門五日中國新聞社電】廈門大學南洋研究所和華僑函授部在十月一日正式成立。南洋研究所主要研究南洋（東南亞）華僑有關的和南洋華僑所在國有關的科學問題，以便爲華僑服務，加速祖國社會主義建設和促進我國與南洋各國之間的友誼合作，共同爲世界和平事業服務。南洋研究所下設辦公室、研究室、資料室、編譯室等，並在原來廈大附設的人類博物館中增設南洋博物部分。廈門大學副校長陸維特任所長。廈門大學人類博物館館長林惠祥教授任副所長。

廈門大學華僑函授部是專門培養華僑師資而設立的。目前開設數學、物理和化學三科，招收具有高中畢業程度的華僑在職的中等學校教師或社會知識分子，要求在三年內達到國內高等學校專修科畢業程度。函授部決定在今年招收新生三百名，在今年暑假向南洋華僑發出招生消息後，報考人數超過招生人數好幾倍。目前正在組織力量評閱試卷，不久即將正式開學。

1956 年 10 月 8 日，印度尼西亚《生活报》报道南洋研究所正式成立

三、面向东南亚与华侨的研究特色及成果

考虑到中山大学的东南亚研究侧重越南、泰国等半岛地区国家，厦门大学南洋研究所成立后将重心集中在海岛地区国家，并根据华侨事务委员会的指示将短期工作重点放在南洋华侨史、中国与东南亚关系史方面。[①]

南洋研究所重视田野调查、资料翻译和史料搜集，由此开展科学研究，并得到国内外人士的支持。众多国内学者、归侨和国外华侨赠送了大量宝贵的书刊资料。南洋研究所也经常组织侨乡调查，及对新老归侨的访问，了解有关南洋华侨的情况。

(一)深入实地调查，拓荒东南亚华侨华人史与中外关系史研究

1956 年寒假期间，厦门大学章振乾教授等人深入晋江、厦门等侨乡进行实地调查，参阅几百篇有关华侨、侨区的历史和现状的资料，经过 4 个多月的研究，

① 张小欣：《新中国东南亚研究机构的创设与变迁(1949—1984)——以厦、中、暨三校为中心》，《南洋问题研究》2017 年第 2 期。

写成 4.5 万字的论文《福建侨乡农村经济探论》。[①]

1956—1957 年，南洋研究所为了配合华侨史的撰写工作，先后对晋江专区进行了六次侨乡调查。调查成果包括：华侨史迹 8 处、华侨族谱 80 部、华侨传统歌谣 4 件、口述资料 70 件、侨务文件 105 件、墓志铭 26 件、其他资料 26 件，共计 295 件。这些资料由庄为玑、林金枝、桂光华整理成《福建晋江专区华侨史调查报告》，刊于《厦门大学学报(社会科学版)》1958 年第 1 期。该刊同期还发表了南洋研究所副所长林惠祥教授的遗作《南洋马来族与华南古民族的关系》。林惠祥(1901—1958)是我国著名人类学家，也是南洋研究的开拓者和提倡者之一。[②] 1958 年，中侨委派福建省华侨事务委员会副主任陈曲水[③]来担任南洋研究所副所长兼华侨函授部主任。

1957 年，韩振华发表《公元前二世纪至公元一世纪中国与印度东南亚的海上交通——汉书地理志粤地条末段考释》一文，并翻译《印度尼西亚古代史上的室利佛逝》，这是南洋研究所最早刊发的有关中外关系史研究成果以及东南亚古代史研究译文。

1958—1960 年，南洋研究所接受国家科学技术规划委员会任务，调查近代华侨投资国内企业史料，项目由庄为玑、林金枝负责，研究所调配了精干研究人员参与调查工作。这些人员有吴光瑜、温广益、桂光华、李滋仁、许振保、陈源、张志耀、陈焕祥、郑庆良等。调查地区为广东、福建两省 48 县市和上海等地，其中广东省有广州、汕头、梅州、惠阳、江门、台山、海南岛等 25 个县市，福建省有厦门、漳州、泉州、莆田、诏安、永春、福州等 23 个县市，其中闽粤沿海的各县侨区均

---

① 参见缅甸《人民报》1957 年 4 月 29 日。《福建主要侨区农村经济探论——侨区农村调查之一》(章振乾、陈克俭、甘民重、陈可焜)发表于《厦门大学学报(社会科学版)》1957 年第 1 期。

② 新加坡叶钟铃耗时近 20 年收集整理《林惠祥南洋研究文集》，该书于 2009 年由北京民族出版社出版。

③ 陈曲水(1902—1985)，知名华侨事务活动家和教育工作者。1926 年 12 月毕业于集美师范学校，1929 年到菲律宾怡朗华商学校任教，1936 年参与组织菲律宾怡朗华侨救亡协会。1947 年 11 月到香港，从事华侨爱国统一战线工作。1950 年 1 月返闽。历任福建省华侨事务委员会副主任，集美华侨补习学校校长，中共厦门大学党委常委，厦门大学统战部部长、南洋研究所副所长、华侨函授部主任等职。1965 年离休后任福建省侨联名誉主席，1978 年继续当选为中华全国归国华侨联合会委员。

进行了调查。庄为玑和林金枝依据调查所得原始资料，结合历史文献和档案，于1960—1961年整理出《近代华侨投资国内企业史资料选辑》初稿，分广东卷、福建卷和上海卷。1962年，由林金枝继续广东卷和其他两卷的充实整理、修改、定稿工作。这三卷本系列选辑于20世纪80年代由福建人民出版社相继发行，形成了至今仍是华侨投资史最系统、最完整的资料，为国内外学术界所重视。

1958年，印尼国内政治斗争复杂多变，演化为不加区分地反对整个华侨社会的运动。1959年，苏加诺总统颁布《第十号总统法令》，禁止外侨在乡镇地区经营零售商业，使华侨问题成为中印尼关系中的突出问题。为制止这一问题的扩大，南洋研究所配合撰写数十篇文章供新闻社向外发表，驳斥印尼反华的种种谬论，1960年又在中侨委的直接领导下，集中主要力量编写《印度尼西亚华侨史》和《印度尼西亚华侨经济》两本书。这一时期，东南亚国家陆续出现排华反华浪潮，中国政府为保护侨民采取了“撤侨”政策，接侨回国并进行安置。1962年9月—1963年1月，南洋研究所根据当时国际形势的变化及国内发展的需求，组织研究人员对当时属于广东省的海南兴隆华侨农场，福建省常山、双阳、北硿华侨农场的归侨，以及当时临时回国，居住在广州、福州、泉州、厦门等地华侨大厦的华侨工商业者，共1000余位来自印尼、马来(西)亚、新加坡等多个国家的归侨进行了访谈，留下了《访问印尼归侨调查材料(系列)》、《印尼华侨工人调查记录》、《访椰城汽车修配业刘海泉记录材料》、《访问马来亚归侨记录》等珍贵口述资料。[①] 其中吴凤斌承担的契约华工采访资料上报后，1964年《侨务报》第三期刊登了他整理的《锡矿牛马五十年》一文。

1963年4—7月，奉中侨委的指令，由厦门大学南洋研究所和中山大学历史系东南亚研究室组成联合调查组，到广东阳江、织篢华侨农场调查契约华工，调查组成员有吴凤斌(组长)、桂光华、黄重言、刘玉遵4人。口头采访完毕后，调查组成员分头整理汇编成《“猪仔”华工访问录》。1978年，南洋研究所内部发行的《华侨问题资料》第1～2期连载了部分调查，题名为《一页“猪仔”华工血泪史》，这是关于此份调查记录的首次排印。2016年，广东人民出版社正式出版《“猪

---

① 这批资料中的大部分已由南洋研究院汇编出版。参见厦门大学南洋研究院编：《东南亚华侨口述历史丛编》8册，广西师范大学出版社，2018年。参与口述访问和整理工作的南洋研究所人员主要有：张子茂、吴凤斌、林金枝、林事恒、桂光华、黄有土、林克明、汪慕恒、庄为玑、李滋仁、黄循英、潘青萍、林伍珖、李秉濬、韩振华、魏嵩寿、魏学坚等。

仔"华工访问录》。该书已成为归侨调查、华侨华人史研究的经典著述。

(二)重视翻译和资料整理工作

1957 年 1 月,《南洋问题资料译丛》季刊首次出版,该刊发行延续至今,[①]主要翻译发表或连载外国著名学者有关亚太及东南亚地区各国政治、经济、历史、华侨华人等问题的最新的、重要的研究成果,以及有价值的相关文献资料与学术动态。自创刊以来,该刊曾译载英国的东南亚华侨问题研究权威、伦敦大学教授布赛尔(Victor Purcell)的《东南亚的中国人》;美国东南亚研究专家、康奈尔大学教授施坚雅(G.W.Skinner)的《泰国华侨社会:史的分析》等世界学术名著,具有广泛的影响。

《南洋问题资料译丛》创刊号封面

1957 年 7 月,历史学家薛澄清从印度尼西亚回国,在南洋研究所担任研究员,亦从事翻译工作。除了英语之外,他兼通荷兰语、日语、印尼语。1958 年 1 月,厦门大学历史系调查天地会的秘密组织闽南小刀会史料,薛澄清与叶国庆到

---

① 1965 年仅两期,1966 年发行一期后停刊至 1972 年,1975 年更名为《南洋资料译丛》,属南洋研究院主办的出版物,1987 年 2 月公开发行。2015 年之前,该刊翻译工作主要由南洋研究所(院)人员负责。

同安灌口镇，搜集小刀会首领黄位和黄志信的事迹。[①]

1957—1958年，资料室人员编纂《南洋问题报刊资料索引》，为南洋研究所资料整理传统之发端。1958年和1959年，南洋研究所先后编印《南洋问题报刊论文索引》和《南洋动态资料》，刊登整理的东南亚学术资料以及翻译的时事资讯。《南洋动态资料》于1962年6月停刊，共计54期。从1962年11月开始，该资料改名为《南洋问题参考资料》。1959年，南洋研究所编印《华侨问题图书总目》。

1961年，南洋研究所下设的研究室包括历史和政治经济两个组，政治经济研究组之下又设印尼、缅甸、印度支那、泰国、马来亚、菲律宾等小组。编译室有英、俄、日、法、印尼、泰国、越南、荷兰等文种的翻译人员。全所共43人，其中研究人员有18人。在图书资料方面，共藏书1.05万册，各种杂志合订本2500册，国外华侨中文报和各国外文报合订本1200册，各种剪报合辑本1200册，还有一些译稿资料、缩微胶卷、调查报告、报刊论文索引等。

1962年夏，台湾海峡形势紧张，厦门紧急疏散人员，厦门大学只留500多人组成武装民兵营保卫学校。南洋研究所人员除留8人(以后又走几位)外，其余全部撤走。南洋研究所将珍贵图书资料装箱运往内地，由吴凤斌押运，先运往华安一中，后考虑不妥，又由吴福相助，转运至长汀。南洋研究所图书资料放置长汀数年，年年派员检查，后因科研发展所需，方陆续运回。

以2019年馆藏资料统计，1956年—1966年5月间，南洋研究所庋藏专题剪报2700余册[②]，另有报纸按语种数量排序如下：华文报116种、印尼文报67种、英文报23种、缅文报10种、泰文报6种、越南文报5种、法文报4种、荷兰文报2种。在华文报纸中，印尼最多，有30种；泰国次之，有15种，其他国家依次为：马来西亚14种、新加坡10种、越南10种、缅甸9种，柬埔寨8种、菲律宾4种、老

---

① 叶国庆：《回忆挚友薛澄清先生——五十年代的历史学家》，中国人民政治协商会议福建省长泰县委员会文史资料研究委员会编：《长泰文史资料》第10辑，编者印行，1987年。1940年，薛澄清(1907—1960)翻译荷兰汉学家施列格(G.Schlegel)著作《天地会研究》，由长沙商务印书馆出版。

② 有关海疆学术资料馆的剪报内容已经由厦门大学图书馆整理出版。参见萧德洪、蒋东明主编：《厦门大学海疆剪报资料选编·东南亚专辑》24册，厦门大学出版社，2016年；萧德洪、蒋东明主编：《厦门大学海疆剪报资料选编·华人华侨问题专辑》15册，厦门大学出版社，2018年。

挝 2 种，另外还有香港《华侨日报》等侨报 8 种。鉴于中国与东南亚国家的外交关系等原因，研究人员无法赴东南亚实地调研，报纸成为获取东南亚最新资讯的重要渠道。这些报纸的立场不同，研究者可以借此比照，以更全面、客观地做评析。

为便于报纸保存和利用，南洋研究所通常的做法是收藏 1～3 份东南亚报纸，根据不同主题做成“剪报”。剪报提高了报纸使用效率，由于大部分信息已经分类汇总成册，研究人员处理同一个主题信息时通常无须再逐份查阅。南洋研究所馆藏剪报的报纸最早来源于 1909 年。这些剪报专题丰富，内容既有东南亚各国华侨华人新闻，亦有中国侨乡新闻，及时反映“保护侨汇”、“安置归侨”、“双重国籍问题”等重要侨务问题与政策；既有东南亚各国外交与政情、经贸、人口，亦有社会风情，各国及华侨华人文化教育状态。剪报制作注重史料甄选与梳理，是资料人员与科研人员合作的研究成果，具有较高的学术价值和史料价值。

（三）举办研讨会，开展科学研究

1958 年 4 月，南洋研究所举办第一次科学讨论会。田汝康、韩振华、何启拔等特约研究人员和所内研究人员提交《近代华侨史的阶段问题》、《马来亚华侨人口的自然变动》等 6 篇论文。

1959 年 5 月 8—13 日，南洋研究所召开第二次科学讨论会。与会代表来自中山大学、复旦大学、暨南大学、南京大学、福建师范学院、中国科学院广东分院哲学社会科学研究所等机构，中山大学副校长陈序经教授亦莅临讨论会，厦门大学校长王亚南主持会议。与会者讨论了《东南亚政治经济的发展》、《华侨与东南亚各国人民的传统友谊》、《福建华侨企业调查（1890—1949）》等论文 12 篇。会议期间，与会代表还举行了科学研究工作经验交流与协作问题的座谈会。会后，南洋研究所政治经济研究组整理撰写了《南洋研究所第二次科学讨论会几个重要问题的讨论纪要》。此次会议是南洋研究所首次召开的全国性学术讨论会。这两次科学讨论会论文和纪要刊登在当年编印的内部资料《厦门大学南洋研究所集刊》。1959 年 12 月，第二辑集刊增印，收录《最近印度尼西亚的政局》（汪慕恒、魏学坚撰）、《在马来亚的外国资本》（何启拔撰）、《马来亚的橡胶》（林伍珗撰）等五篇文章。

1962 年 3 月，为纪念郑成功收复台湾 300 周年，厦门大学举行了“郑成功研究学术讨论会”，来自北京、南京、上海、广州、杭州等地的学者提交论文 32 篇，达 40 多万字。[①] 南洋研究所陆维特、韩振华、庄为玑、桂光华、林金枝、吴凤斌、温广益等人参加会议。

1963 年 12 月 9 日，由南洋研究所主办的福建省东南亚学会成立大会暨 1963 年首届年会在厦门市召开。福建省东南亚学会是福建省最早成立的民间学术性社会团体之一，也是福建省最早研究东南亚地区政治经济、文化社会等方面的学术团体，联络地址设在厦门大学南洋研究所。来自北京、上海、广州、福建等地专家学者近 90 人参加大会，其中有张铁生、司徒赞、朱杰勤等人，大会选举产生了福建省东南亚学会理事，陆维特任会长，徐平[②]、韩振华任副会长。与会代表提交了《近代华侨投资国内企业调查报告》(林金枝撰)、《论美西战争开始后到美菲战争爆发前(1898 年 4 月—1899 年 2 月)的美菲关系》(王启明撰)、《泰国的土地关系》(王承惠撰)、《缅甸奈温政府经济措施》(张子茂撰)、《战后马来亚的外国垄断资本》(陈逸光撰)等论文十余篇，对东南亚各国政治经济、社会与历史，以及东南亚各国华侨问题进行讨论。汪慕恒在会议上发表了论文《十九世纪末、二十世纪初印度尼西亚民族工业与华侨工业的产生与发展》，认为由于殖民主义经济的压迫和剥削，广大印尼人民的日益贫困，阻碍了印尼民族资本和华侨资本的积累，华侨工业和印尼民族工业处于同一经济地位。他进而提出：战前，东南亚华侨已成为居住国当地民族的一个组成部分，东南亚华侨资本已成为当地民族资本的一个组成部分。这一学术观点引起争鸣，直到 20 世纪 80 年代，才逐步被国内学术界所接受。

---

① 林鹰:《归侨学生热爱的厦门大学》,《棉华日报》1962 年 8 月 12 日，第 5 版。

② 徐平(1918—1982)，原名崇昌，1945 年西南联合大学历史系毕业，1948 年在泰国任教时参加革命，回国后，先后在中共中央对外联络部、中华人民共和国华侨事务委员会任职，1958 年到南洋研究所工作，历任副所长、副书记、书记等职。

1963 年 12 月，福建省东南亚学会成立大会暨一九六三年年会代表合影

（四）南洋研究所的定位、规划与问题

1961 年 4 月 18 日，中共厦门大学委员会颁发《关于面向东南亚，面向海洋的情况报告》，该报告提及南洋研究所成立“主要任务是进行关于东南亚问题（包括华侨问题）的科学研究，系统搜集有关图书资料，培养关于东南亚问题的专门人才，总的目的是为党的外事和侨务工作服务”。同时于 1956 年 10 月成立的华侨函授部，主要功能是为海外华侨学校培养教师。华侨函授部成立时设数学、物理、化学三门专修科，后又陆续增设中国语文专修科，中医内科进修班、针灸班、中级语文进修班和化工技术班。至 1961 年，函授生最多的是来自印尼、柬埔寨、缅甸三国，其次是新加坡和马来亚。

《关于面向东南亚，面向海洋的情况报告》进一步指出，南洋研究所存在的主要问题是人员数量不足，质量不高。业务人员除进行华侨问题的研究之外，已无力进行东南亚各国问题的研究。研究所的领导也亟待加强。在翻译力量方面，缅甸、柬埔寨、老挝、菲律宾等文种还是空白点。

1961 年 5 月 26 日，中共厦门大学委员会发布《关于进一步贯彻“面向东南亚面向海洋”的发展方向的方案》，对学校的东南亚研究和教学方案做了总体规划。该方案提出南洋研究所的研究范围除已有东南亚的印尼、缅甸、柬埔寨、南越、老挝、马来亚（包括新加坡、北婆罗洲）、泰国、菲律宾等 8 个国家之外，在两三年内拟扩大到南亚的印度、巴基斯坦、锡兰等国，并与兄弟地区有关研究单位适当分工，有所侧重。目前阶段的研究以印尼地区为重点，五年后，研究重点扩大到泰国、缅甸和印度。研究内容包括政治、经济、历史、哲学思想、教育、语言学等方面，华侨问题则是其中的一个组成部分。与此相适应，机构和人员要有较大的发展，机构除把已有的政治经济研究组和历史研究组扩大为研究室外，拟陆续增设哲学思想、教育、语言文学、华侨问题等 4 个研究室。编译室和资料室也同时扩大。南洋研究所应结合研究工作，采取招收研究生、选派人员出国留学、选派人员前往建交国进行实地调查，到使、领馆参加工作等来培养专家和干部。研究人员还应尽可能兼任文科各系有关专业的教学工作。文科各系应密切配合并以南洋研究所为基地，开展东南亚、南亚各国政治经济、历史、语言文学等方面问题的研究。从 1961 年开始，厦门大学逐步创造条件，增设东南亚语言文学、东南亚和南亚史、东南亚和南亚经济等新专业。外文系陆续开出东南亚各国语言课程，最先开出的是印尼语课程。在人员配置上，南洋研究所需增加大学毕业以上水平的专职研究人员 25 人，翻译人员 11 人，高级资料人员 3 人。

1962 年 4 月，在纪念万隆会议 7 周年之际，中国亚非学会在北京成立。同年 5—6 月，中央部委领导召集中国科学院广州分院东南亚研究所、厦门大学南洋研究所、中国科学院亚非研究所的负责人在北京商讨亚非研究工作。三所负责人在北京期间就合作问题达成纪要并成文交换。[①]

1962 年 6 月 4 日，中侨委方方副主任召集 9 个所传达了周恩来总理和中侨委廖承志主任的相关指示："研究所应搞专题，出版书使广大群众能看得懂……各单位要搞有分析的东西。"廖承志对南洋研究所的专门指示是："必须与兄弟所分工，南洋研究所以研究华侨为中心，即华侨问题研究所，不搞动态，不搞热潮，不承担当前为政治服务的任务，这些任务由外交部管。应对华侨各个历史时期的重大事件，如红溪事件，做深刻的科学研究。南洋研究所不搞一般性知识丛书，要搞基础的系统的历史的书，先写好印尼华侨经济和华侨历史两本书，然后搞泰国、新马。"干部选用方面，要"从长远眼光培养干部，要争取老知识分子、老

---

① 张小欣：《新中国东南亚研究机构的创设与变迁(1949—1984)——以厦、中、暨三校为中心》，《南洋问题研究》2017 年第 2 期。

华侨、对政治历史有经验的人”。[①]

1964 年 3 月，高等教育部召开全国高等院校科研布置工作会议，强调外国研究的重要性和必要性，培养研究队伍。会议还提出，高校在区域研究上要有所分工、侧重，避免同质化。云南大学研究西南亚及泰、缅与中国关系史，厦门大学、暨南大学、中山大学虽然都面向东南亚，但要分工，中山大学研究东南亚各国历史，包括古代史，但重点是近现代史。厦门大学、暨南大学研究现状（第二次世界大战后的现状），其中暨南大学东南亚研究所以越南、泰国为重点，兼顾柬埔寨、老挝、缅甸、印尼、新马菲，厦门大学南洋研究所以印尼、新马菲为重点，兼顾印度支那、泰、缅。[②]

1963 年 5 月，南洋研究所人员在徐平副所长率领下，到同安洪塘乡下张村和古宅村进行为期 40 天的农村社会主义教育运动。1964 年 10 月—1965 年 9 月，南洋研究所第二批人员前往南安县进行社教工作。1965 年 10 月，第三批人员到上杭县参加农村社教运动，为期一年，并进行“四清”。1965 年，厦门大学校工作队进驻南洋研究所，发动群众，整顿领导班子。

1963 年 6 月，南洋研究所有 52 人，含研究人员 19 人，行政人员 10 人，辅助人员 11 人，工勤人员 2 人，其他人员 10 人。其中既有归国华侨，如来自新加坡和马来亚的何启拔、杨志针、杨成、林伍珖，泰国的徐平、许华，印尼的陈丽娘、温广益、黄丁兰、陈曾唯、陈安尼，越南的黄循英，缅甸的钟明等，也有在中国大陆成长并接受大学教育的学者，如韩振华、黄文鹰、魏嵩寿、林克明、林金枝、桂光华、吴凤斌，还有祖籍台湾省的学者，如汪慕恒，他们作为中国东南亚研究的第一、二代学者，相互协作，共同推动了东南亚和华侨华人研究、翻译及资源建设事业的发展。

1966 年春，南洋研究所人员增至 63 人，其中资料室 8 人，编译室 9 人，历史研究室 8 人，印尼研究室 12 人，马来亚研究室 6 人，菲律宾研究室 5 人，泰国、缅

---

① 《方方主任传达周总理在一次翻译会上的谈话及廖主任对南洋所工作的几点指示》（1962 年 6 月 4 日），暨南大学档案馆藏档案 DQ11—242，第 1～8 页。转引自张小欣：《新中国东南亚研究机构的创设与变迁（1949—1984）——以厦、中、暨三校为中心》，《南洋问题研究》2017 年第 2 期。

② 张小欣：《新中国东南亚研究机构的创设与变迁（1949—1984）——以厦、中、暨三校为中心》，《南洋问题研究》2017 年第 2 期。

甸、印支研究室各 2 人。

1969 年，厦门大学革命委员会（以下简称“厦大革委会”）宣布撤销南洋研究所。所属人员除少数留校办、外文系和图书馆外，大部分下放农村，地点遍及闽南闽西各县。这部分人员在半年至三四年后陆续调回厦门大学或厦门市内其他单位。

在创建初期的十三年间，南洋研究所从研究、翻译与资料三个方面引进国内外优秀人才，其中不乏归国华侨或侨属侨眷，这支东南亚与华侨研究专业团队为研究所的发展奠定坚实基础，做出重要贡献。他们重视田野调查与集体合作，深入一线，基础研究与服务国家政策相互协调、借重；重视东南亚文献的搜集、汇编和分类，特别是当地语种的文献，建成面向东南亚国家和华侨的特色资料库；重视翻译工作，专门建立了保障服务学术研究的编译室，出版《南洋问题资料译丛》季刊，由此形成了南洋研究所以学术报国、担当使命之优良传统，乃至厦门大学的东南亚与华侨华人研究、中外关系史研究学术传统与定位，开创了中国东南亚研究与华侨华人历史研究的新局面。另一方面，在此期间，南洋研究所的研究比较封闭，以“内部研究”和“内部资料”为主。由于受到政治运动的干扰，一些学术成果和教材片面地突出政治斗争与革命运动。南洋研究所被撤销后，学术研究、翻译和资料建设工作陷于停顿。

第二节　南洋研究所复办（1972—1977）

1972 年，随着国际形势的变化，中国对外关系调整，东南亚的研究工作需要重新启动。地处东南沿海的国际问题研究机构南洋研究所，由于系中侨委创办，历时较长、硕果累累，并在云南省历史研究所的推动下，于 1972 年 11 月在厦门大学率先复办。研究所人员有陈国金、韩振华、陈丽娘、陈声贵、汪慕恒、何启拔、李国梁、林伍珖、温广益、高红印、黄丁兰、刘爱华等十三人，厦大革委会副主任林汝南兼任南洋研究所所长。

南洋研究所复办后，陆续调回下放教师。1973 年，南洋研究所人员包括徐平、林金枝、张南舟、许华、吴凤斌、蔡寿康、陈仁雅、李承志、李滋仁、吴福、李希炳、黄汉生、黄彩雾、吕花盒等。同年 8 月，厦大革委会副主任赵源兼任所长。南洋研究所设政治经济研究室、历史研究室、华侨研究室、编译室、图书资料室和办公室，有 30 多人。

厦门大学南洋研究所自 1956 年创办以来，就有编写《南洋华侨史》的规划，后因故暂停。1973 年，南洋研究所复办后，曾接受(北京)人民出版社编写《南洋华侨史》的约稿，后于同年 11 月，改为编写《中国东南亚友好关系史》，但因故再次暂停。1981 年 9 月，《〈南洋华侨史〉大纲编写(初稿)》在此基础上修改而成[①]，10 年间，研究室前后三次集体讨论修改，1994 年，《东南亚华侨通史》终由福建人民出版社出版。

1973 年，《南洋问题资料译丛》复刊，每年出版 4 期。1975 年 2 月，《南洋问题资料译丛》从第 1 期开始更名为《南洋资料译丛》。1974 年 5 月，南洋研究所季刊《南洋问题》创刊。该刊为国内最早创办的东南亚与华侨华人研究刊物之一，延续至今，主要刊载中外学者有关亚太和东南亚各国政治、经济、历史、华侨华人等问题的最新成果，以及相关领域的研究资料和学术动态。此刊是中国东南亚及华侨华人研究领域中历时最长的刊物，也是该领域的权威刊物之一。

南海诸岛问题研究是一个关系国家领海主权归属的重大课题，南洋研究所是中国较早从事相关研究并取得显著成果的学术机构。1974 年 1 月，西沙海战爆发。随后，南洋研究所全体人员在春节期间查阅研究有关我国南海诸岛的资料，并上报中央有关部门参考，得到厦门大学校领导和外交部的肯定。同年 9—10 月，研究所派韩振华、林金枝、吴凤斌三人到广州搜集资料。1974 年 11 月—1975 年 1 月，由副所长徐平带队前往北京联系该课题工作任务，同时在京、宁、沪各地搜集有关南海诸岛资料，编成《我国南海诸岛史料汇编大纲》初稿。1975 年 12 月—1976 年 3 月，南海诸岛调查组奉外交部之命，持外交部的介绍信到广州查阅资料。

1976 年 6—8 月，南海诸岛调查组先后在北京的中国第一历史档案馆、南京的中国第二历史档案馆、上海图书馆与徐家汇外文图书馆，查阅和搜集有关南海诸岛资料，后又查阅了大连馆藏的日本满铁资料东南亚文库，摘抄并复印许多重要资料，编成《我国南海诸岛史料汇编》，共三册。

---

① 韩振华：《〈南洋华侨史〉大纲编写(初稿)》，《南洋问题》1982 年第 2 期。

1977 年 5—7 月，南海诸岛调查组在书记陈启英率领下，持外交部和海军南海舰队的介绍信，到西沙群岛进行调查，获得大量我国渔民居住西南沙群岛的活动证据和祖辈相传的西南沙航行路线《更路簿》，整理成《我国南海诸岛史料汇编》续编三册，为捍卫我国领土主权提供了学术支持。

在 1972—1977 年学术恢复期，南洋研究所延续了为政府决策提供参考咨询的服务功能，同时重视东南亚国家的政治经济研究与资讯建设，集体编写了《东南亚五国经济概况》，1976 年 3 月由人民出版社出版。此书为南洋研究所首部正式出版著作，也是新中国成立以来较早的东南亚经济研究专著，参加编写者有吴志生（主编）、林伍珖、汪慕恒、李滋仁、高红印、杨成、温广益、黄丁兰、蒋细定、陈丽娘、沈红芳、林淑娟、郁贝红。在此期间，研究所李国梁、温广益参与国内重大课题“1973 年世界石油危机对中国的影响”，负责东南亚石油开发史等研究，后集成《第三世界石油斗争》一书，1981 年由生活·读书·新知三联书店出版。

1973 年，陈声贵、李国梁前往长汀，先将报纸运回南洋研究所。1976 年夏，李国梁、钱文宝与校图书馆工作人员一起到长汀载回余下的书刊。与此同时，研究所继续加强对国外相关资料的追踪、翻译与整理：编纂《南洋问题大事记》、《资料选编》；编译室翻译《世界各国军事力量的对比》、《开发援助中的伙伴关系》等著作，编印《南洋问题资料》；资料室制作了 200 余册剪报，对 20 世纪 50 年代至 70 年代发行的中外文期刊中有关东南亚的论文信息进行整理，编纂《1956—1968 年上半年苏联俄文期刊中有关东南亚地区论文、资料目录索引》、《一九七三年进口期刊中有关东南亚地区论文、资料目录索引》、《一九七二—七四年中文内部期刊有关东南亚地区论文、资料目录索引》等汇编资料，并于 1973 年 11 月与云南省历史研究所资料室合编《日本〈亚远经济委员会通讯〉（旬刊）第 1—500 期中有关东南亚地区文献目录索引》、《1965 年—1973 年上半年几种日文期刊中有关东南亚地区论文、资料目录索引》、《1966—1972 年新加坡、香港中文期刊中有关东南亚地区论文资料目录索引》。此外，1975 年，南洋研究所派出人员到北京中国图书进出口总公司等处搜集部分图书资料，后再派汪慕恒、沈红芳等人前往云南省历史研究所。

1977 年秋，徐平副所长、赵文骝、沈红芳先后赴昆明、广州，与云南省历史研究所东南亚研究室[①]领导侯方岳、陈吕范等，以及广州中山大学历史系东南亚研究室[②]负责人刘玉遵、刘迪辉等同行进行学术交流，确定次年在厦门大学召开学术讨论会，为日后建立南方东南亚研究机构之间的合作打下了较好的基础。

在这一学术恢复期，南洋研究所调整人员结构，注重外语人才的引入，创办新的研究季刊《南洋问题》；根据国家战略需求，开展南海问题研究；出版东南亚经济史研究著作，编印国内外有关东南亚和华侨华人研究的翻译与资料整理成果；补充停办期间的缺藏资料，在一定程度上修补了“文化大革命”造成的学术断裂，以学术之科学精神与爱国担当之情怀赓续东南海疆之光，为中国东南亚研究和华侨华人研究的整体规划与长远建设进一步夯实了基础。

第三节　南洋研究所中兴(1978—1995)

1977年以来，高考制度的恢复以及“尊重知识、尊重人才”、“实践是检验真理的唯一标准”的提出掀开了中国第二次现代化的序幕，也成为厦门大学南洋研究所发展的新契机。1978年2月，南洋研究所制定了科研三年、八年和二十三年远景设想，为未来的发展指明了方向。1978年12月，中国共产党召开第十一届三中全会，提出对内改革、对外开放的政策，南洋研究所人员从长期的“封闭式”研究转向开放交流式研究，逐步突破东南亚和华侨史问题研究的禁区，开展项目研究，以学科建设促进专业人才的培养，在国际交流、科学研究和资料建设等方面取得令人瞩目的成就。

一、由科研转向兼顾教学

1978年，南洋研究所开始由科学研究转向兼顾教学，以多学科建设推进跨专业人才的制度性培养。1980年，韩振华晋升为教授，招收首期历史专业硕士

① 即后来的云南省社科院东南亚研究所。

② 即后来的中山大学东南亚研究所。

研究生庄国土、李金明，方向为中国和东南亚关系史，1982 年 7 月，他们成为南洋研究所首批硕士学位获得者。1982 年，南洋研究所招收世界经济专业硕士生，指导教师为何启拔教授。1984 年 1 月，国务院批准韩振华为专门史（中外关系史）专业博士研究生导师，开启了国内首批东南亚史、华侨史方向博士研究生的培养工作。庄国土、李金明为首期博士生。1985 年 2 月 16 日，韩振华被选为国务院学位委员会历史学科评议组成员。1987 年 7 月，李金明成为南洋研究所培养的首位博士毕业生。根据教育部公布的中国大陆文科首批获得博士学位名单，李金明为专门史首位博士。

南洋研究所的这一重要变化为日后系统的、长远的基础研究储备了必需的专业人才，南洋研究所因而成为中国东南亚研究与华侨华人研究的人才摇篮，为中国的东南亚与华侨华人研究和资料建设持续注入活力，使相关领域的教学科研和基础建设进入新的全面的发展时期。

1981 年，南洋研究所研究人员廖少廉通过全国外语考试，以优异成绩取得到美国康奈尔大学东南亚研究部进修的资格。1984 年 4 月 25 日，廖少廉借鉴国外区域研究的跨学科研究理论和成果，在《应该加强跨专业的交流与合作》一文中，提出国内高校“要采取相应的措施，有意识地从课程设置到科研项目的协同合作，进行通盘考虑和安排，创造不同专业交流与合作的机会和条件”。

1986 年 9 月，厦门大学研究生院试办，韩振华教授发表文章《加强各学科联系与合作》，对如何培养有独立研究能力的高级研究人才的问题做了进一步的探讨。他指出科研越来越需要更多的学科共同联系与合作。以与历史学有关的学科来讲，它需要有以计量历史学来研究历代的财经问题、人口问题；需要有以人类学、民族学、民俗学、考古学、语言学和社会学等知识来丰富其研究内容；需要从法学的角度来探索历史上不同时期的法制的地位和作用；需要有政治学理论和知识来进行对国内和国际政治关系历史的研究和比较研究。这为日后南洋研究所从传统的史学研究向多学科的综合性研究转变提供了学理依据，开拓性地推动了中国东南亚研究的跨专业人才的培养。

1987 年，根据厦门大学与荷兰莱顿大学学术交流协议，庄国土到莱顿大学进行客座研究兼荷兰文著作翻译工作。1989 年，荷兰路口店出版社出版了［荷］包乐史著，庄国土、程绍刚翻译的《中荷交往史（1601—1989）》。1992 年，“中央研究院”近代史研究所出版庄国土翻译的《荷兰华人的社会地位》［英国彭轲(Frank N. Pieke)著］。1992 年，袁冰凌赴荷兰莱顿大学攻读博士学位，为期 4

年，另加学荷兰语2年。

1978—1995年间，南洋研究所的人员数量先是逐步增加，到20世纪90年代初，由于退休人数增多，编译人员和资料人员数量锐减。1981年1月，南洋研究所有47名科研和工作人员，其中助理研究员以上有21名。1987年，在职教职工增为51人。其中政治经济研究室20人，历史研究室7人，华侨研究室4人，编译室5人，资料室9人，办公室4人。1994年，在职教职工减至36人，其中教授6人，副教授12人，编译室3人，资料室4人，离退休教职工23人。

二、发挥东南亚研究与华侨华人研究主力军作用

(一)从"中国中心论"立场转向以海外华侨华人的立场来开展研究，研究视角多样化、客观化

1978年5月27日，中共厦门大学委员会发布《关于成立学术委员会，恢复、扩建和新建科研机构的决定》，南洋研究所在扩建科研机构之列，副所长徐平为厦门大学哲学社会科学学术委员会副主任委员，韩振华、吴志生为委员。

南洋研究所长期重视基础研究。自1978年以来，随着由科研转向兼顾教学，南洋研究所开始探索在高校进行东南亚与华侨华人学科研究和人才培养，以科学的方法，开展长远、系统的基础研究。这一时期，南洋研究所共毕业28名硕士生，6名博士生，1990年，庄国土获厦门大学"南强奖"一等奖。以李金明、庄国土、聂德宁、廖大珂等为代表的本所培养的优秀学子，随后成为中国东南亚和华侨华人研究、南海问题研究的骨干，为东南亚和华侨华人问题、南海问题等研究做出突出贡献。

1983年，南洋研究所制定《科研业务人员和干部的考核制度》，对业务人员的教学科研水平提出具体的要求。1986年，南洋研究所进行了一次较为广泛的讨论，提出以建设(1)发展经济学(在发展经济学的理论指导下进行亚太地区与东盟地区经济问题研究)，(2)东南亚华侨史与东南亚华侨经济史，(3)东南亚古代史、近代史、现代史，(4)中南(洋)关系史等学科为基础开展系统的基础研究。在现实社会强调为当前现实服务和追求直接效益的冲击下，南洋研究所仍有少

数人坚持这种科研方向。[①]

时任南洋研究所所长汪慕恒教授认为：长远科研方向的选定，须要遵从的原则：(1)有重大意义的课题；(2)符合大专院校国际问题研究所建立新学科与系统基础研究的方向；(3)有理论扩展的较广阔余地；(4)有较长期扩展研究的空间。他提出，东南亚华侨史问题、东南亚华侨经济问题的科研工作者应该以探索、揭示东南亚华人如何移居到当地、如何在当地生存下来并取得发展的客观规律为任务，并以揭示出来的规律作为党与政府制定和修订华侨政策的科学依据。[②]由此，南洋研究所逐步从“中国中心论”立场转向以海外华侨华人为中心的立场，以尊重社会科学研究的客观规律来确立科学的规范，制定人才培养规划，推进教学科研工作的开展。

(二)通过积极参与创办学术团体，举办并参加重要的国际性、全国性和专题性学术研讨会，发挥东南亚研究与华侨华人研究的主力军作用

1.中国东南亚研究会

1978年7月，南洋研究所与云南省历史研究所、中山大学东南亚历史研究室在厦门大学联合主办“东南亚问题科学讨论会”，这是“文革”后首次全国性的东南亚学术研讨会，出席大会的有来自北京、上海、南京、南宁、昆明、海口、广州、郑州、福州、厦门等地专家学者70多人，其中有田汝康、朱杰勤、金应熙、何肇发等教授，南洋研究所参会43人，有韩振华、汪慕恒、李国梁、赵文骝、蒋细定、周世雄、钱文宝等。会议由时任云南省历史研究所所长侯方岳、中山大学东南亚历史研究室刘迪辉主任、南洋研究所副所长徐平共同主持。会议期间，中国东南亚研究会成立。中国东南亚研究会是研究东南亚问题(包括历史、经济和现状)的专业工作者和业余爱好者的全国性学术团体。

---

① 汪慕恒：《有关东南亚问题研究的几点体会》，陈乔之、黄滋生、陈森海主编：《中国的东南亚研究：现状与展望》，暨南大学出版社，1992年，第26页。

② 以上参见汪慕恒：《有关东南亚问题研究的几点体会》，陈乔之、黄滋生、陈森海主编：《中国的东南亚研究：现状与展望》，暨南大学出版社，1992年，第26～27页。

1978 年 7 月,“东南亚问题科学讨论会”在厦门大学举行

1980 年 7 月 14 日,中国东南亚研究会第二届年会在昆明召开,南洋研究所何启拔、韩振华、温广益、杨成等提交论文。会上,徐平、韩振华被选为副会长。1986 年 9 月 5—10 日,中国东南亚研究会第三届年会在南宁举行,韩振华被选为会长。

1992 年 6 月 22—27 日,经民政部注册登记会址设在厦门的中国东南亚研究会,于厦门大学召开第四届年会暨学术讨论会,厦门大学研究人员提交论文 32 篇。大会期间进行了换届选举,产生了第四届理事会,理事会推选孙福生担任会长,林金枝、廖少廉等为副会长,庄国土为秘书长。南洋研究所从此成为中国东南亚研究会挂靠机构,具体组织这个国家一级协会的学术交流和日常工作,为中国东南亚研究会和我国的东南亚研究事业不断发展做出了积极的贡献。

2.中国中外关系史学会

1981 年 5 月 15—22 日，中外关系史学会成立大会暨第一次学术讨论会在厦门大学举行，这是新中国成立后中外关系史研究会议之嚆矢。大会推选孙毓棠为会长，韩振华、姚楠为副会长，马雍为秘书长，林金枝等人为副秘书长。该学会的宗旨是总结历史上中外关系的经验，为我国的外交工作提供有益的资料和借鉴。

1981 年 5 月，中国中外关系史学会成立大会暨第一次学术讨论会全体代表合影

1986 年 9 月 15 日，中外关系史学会第二届年会暨学术讨论会在宁波召开，韩振华被选为中外关系史学会会长，林金枝为常务理事，吴凤斌为副秘书长兼会刊《中外关系史通讯》主编，该会出版《中外关系史译丛》、《中外关系史论丛》、《中外关系史通讯》三种刊物。

3.福建省东南亚学会

1979 年 4 月，福建省东南亚学会第二次科学讨论会在福州召开，南洋研究所科研人员提交的论文有《关于南洋华侨研究的几个问题》等 18 篇。会议紧紧围绕着华侨和华人问题，从理论上和实践上进行深入讨论，并对华侨的实质问题展开探索。

1981 年 6 月 2—8 日，福建省东南亚学会第三次代表大会暨科学讨论会在南洋研究所召开，与会者就华侨史的分期问题、华人和华侨的区别、华侨华人现状及其与祖籍国和居住国的关系等问题展开讨论。大会选举产生第三届理事会，会长赵源，副会长徐平、韩振华等 4 人，秘书长蔡仁龙，副秘书长蔡寿康等 2 人，常务理事陈碧笙、林克明、吴志生等 12 人。

1986 年 8 月 18—23 日，福建省东南亚学会第五次会员代表大会暨学术讨论会在厦门大学召开。会议对东南亚问题和华侨华人问题进行深入讨论，并对东南亚研究工作进行安排部署。大会选出该届理事会：会长韩振华，副会长汪慕恒等，秘书长蔡仁龙，副秘书长李国梁等，顾问何启拔、陈碧笙、魏嵩寿等。

4.福建省华侨历史学会

1981 年 12 月，中国华侨历史学会在北京正式成立。在该学会的推动下，1982 年 5 月 18—19 日，福建省有关部门及厦门大学南洋研究所等科研机构召开福建省华侨历史学会筹备会议。1984 年 2 月 21—25 日，福建省华侨历史学会成立大会暨第一届学术讨论会与福建省东南亚学会第四次学术讨论会在厦门大学召开。与会者有来自省内外近七十个单位的科研和侨务部门代表 130 余人，南洋研究所有 29 人参加，其中有福建省东南亚学会会长赵源、副会长韩振华。与会代表提交 70 多篇论文，对华侨史的各种问题、东南亚国家的经济发展问题、华人的同化及文化教育问题以及如何发挥华侨在振兴福建中的作用等问题进行讨论。大会选举产生第一届理事会，韩振华、何启拔为副会长。理事会决定出版《福建华侨历史通讯》，刊印《华侨问题论丛》。

1984 年 2 月，福建省华侨历史学会成立暨东南亚学会第四次学术讨论会留影

1987 年 9 月 12—15 日，在厦门大学召开福建省华侨历史学会第二次会员代表大会暨学术讨论会。与会者侧重探讨第二次世界大战后华侨华人经济的演变、特点和前景，并选举产生第二届理事会，南洋研究所韩振华、蔡仁龙任副会长。

5.南洋研究所主办的重要会议

1979 年 10 月 13—20 日，由国家计委经济研究所、福建省计委和厦门大学南洋研究所联合主办的“亚洲部分国家和地区经济讨论会”在厦门市召开，外交部国际问题研究所、外贸部、中国社会科学院世界经济研究所、北京大学、人民出版社等约 60 个单位，100 多人参会。会议主要讨论新加坡、韩国、印度、伊朗以及中国香港和台湾地区的经济发展速度问题，探讨这些国家和地区的经验教训，并联系我国实现四化建设，提出一些看法、意见与建议。

1981 年 6 月 2—8 日，为庆祝厦门大学建校 60 周年，南洋研究所召开“战后东盟国家经济发展道路问题”科学讨论会，集中讨论了“战后发展中国家出现走资本主义经济道路可能性的条件”、“何谓殖民地经济以及如何划分殖民地经济结构和殖民地经济结构残余的界限问题”、“如何看待发展中国家的外资”等问题，具有重要的理论和实践意义。

1984 年 10 月 9 日，由中国社会科学院拉美等研究所、厦门大学南洋研究所、北京大学亚非研究所主办的“发展中国家经济发展战略”学术讨论会在厦门大学召开。到会代表 61 人，南洋研究所有 28 人参加。与会者讨论了战后发展中国家经济发展战略的含义、制定和实施等问题，探讨对中国四个现代化建设的借鉴意义。

1984 年 10 月 23—25 日，厦门大学举行纪念陈嘉庚诞生 110 周年大会暨首届陈嘉庚学术讨论会。全国政协委员、中华全国归国华侨联合会（以下简称“中国侨联”）顾问张楚琨，澳大利亚弗林德斯大学高级讲师杨进发博士，香港远东文史研究所所长吴景宏教授等人在大会做了学术报告。会议期间，福建省华侨历史学会，福建省东南亚学会，厦门大学陈嘉庚研究室、南洋研究所，华侨博物院，集美学校委员会等团体和机构共同倡议筹备成立全国性的“陈嘉庚研究会”。会议由厦门大学陈嘉庚研究室副主任蔡仁龙做总结。

1986 年 10 月 12—16 日，“厦门大学南洋研究所 30 周年学术讨论会”召开，云南省社会科学院东南亚研究所、中山大学东南亚历史研究所、暨南大学东南亚研究所、中国华侨历史学会、现代国际关系研究所、中国社会科学院世界政治经济研究所、北京国际广播电台、上海国际问题研究所、菲律宾碧瑶菲中了解协会等机构 43 名代表参会。与会学者对东盟国家在 20 世纪六七十年代经济迅速发展、80 年代初期经济衰退的原因，80 年代经济调整的性质、方向、前景，战后东南亚华侨华人问题的变化趋势和南洋华侨史的若干理论问题，进行了讨论。

1986 年 10 月,厦门大学南洋研究所建所 30 周年学术讨论会合影

1989 年 4 月 25—28 日,南洋研究所与中国华侨历史学会、新加坡南洋学会联合举办的"战后海外华人变化国际学术讨论会"在厦门鼓浪屿召开。南洋研究所负责主办,副所长李国梁担任大会秘书长。参加会议有来自东南亚国家、澳大利亚、新西兰、日本、美国、荷兰、德国,以及香港、台湾地区和境内各省市的中外代表 134 人(含国外学者 38 人),提交论文 74 篇。这次会议是新中国成立以来规模最大的一次研究海外华人战后变化的国际会议,也是南洋研究所首次与境外机构合作举办的国际会议。从海外学者来看,这次会议的参与者大部分是华裔、华人学者,从侧面反映了战后海外华人社会发生的重大变化。论文涉及海外华人经济、社会、教育、文化、新闻传播、文学、华人参政、华人问题研究动态等内容,研究的华人所在国家和地区,除了东南亚之外,还有多年来国内探讨较少的欧洲、日本、新西兰等。会议期间,新加坡李绳毅教授、荷兰吴银泉教授、美国威尔莫特教授(W. E. Willmott)、德国傅吾康教授(Wolfgang Franke)分别做了题为"战后新加坡与台湾的经济发展:两个不同的华人经济发展模式"、"印尼民族的形成与华侨"、"柬埔寨华人元宵节的游神活动"、"华文碑铭资料研究"的专题

报告,会议还安排“战后海外华人认同问题”、“海外华人妇女与中国妇女”两场自由讨论。1990年8月,中国华侨出版公司出版《战后海外华人变化国际学术研讨会论文集》,有中英文论文和中文论文两个版本(郭梁[①]主编)。

1991年9月15—16日,南洋研究所举行35周年所庆,召开学术研讨会。随着国际形势趋于缓和,各国之间的政治经济和文化交流日益密切,对国际问题的研究成为国内学术界的热点。1992年,厦门大学出版社出版《南洋研究论文集:厦门大学南洋研究所35周年所庆纪念特集》,汇集的研究成果包括亚太地区经济形势与中国的关系,华侨华人历史、现状与中国的联系,中外关系的专题研究,对繁荣和促进相关学术领域的研究起了一定的作用。

6.南洋研究所研究人员参与的其他主要会议

1983年5月3—10日,全国第二届世界民族学术讨论会在北京召开,厦门大学南洋研究所吴凤斌、历史系吴文华参加大会并提交论文。与会学者认为民族研究是一门多学科综合研究的重要领域,华侨华人的实质是民族问题,从民族角度研究更为深入。

1987年8月24—28日,林金枝、吴凤斌、李国梁参加在大连召开的中国太平洋历史学会第二次学术会议,提交了有关华侨华人历史研究的论文。陈翰笙教授做了“必须加强印尼的研究”和“华侨与近代中国关系”的专题报告。与会者认为该会的优势在于文理渗透与多学科互补。会议期间,李国梁被选为该学会理事。

1989年11月8日,应福建省侨办邀请,蔡仁龙、林金枝、吴凤斌前往福州参加福建省华侨志审稿会议,对省华侨志提出许多有益建议,并提供丰富的补充材料。

1991年11月4日,黄乃裳开发婆罗洲诗巫垦殖场90周年学术讨论会在福建省侨联大厦召开。汪慕恒、蔡仁龙、吴凤斌做专题报告。同年12月4—9日,中国华侨历史学会第三次会员代表大会暨中国华侨历史学会十周年学术讨论会在北京召开。韩振华、林金枝、蔡仁龙、吴凤斌等与会发言。

---

① 郭梁为李国梁之笔名。

1993年8月26—29日，福建省华侨历史学会、东南亚学会举办的“海外华人经济”研讨会在厦门大学举行。同年10月18日，林金枝与吴凤斌教授参加在南安市梅山镇芙蓉乡召开的纪念李光前100周年诞辰暨创办国光中学50周年大会和李光前学术讨论会。1993年11月28日—12月2日，“世界华侨华人经济”国际学术讨论会在汕头大学召开。南洋研究所李国梁、林伍珖、赵文骝、蒋细定等11人参会，是参加人数最多，并提供最有分量论文的单位。

1994年8月18—23日，“海上丝绸之路与潮汕文化”研讨会在汕头召开，出席大会的有日本、英国、法国、中国大陆和港澳地区代表90人，提交论文57篇。南洋研究所出席人员有李金明、廖大珂、聂德宁等人，吴凤斌、林金枝教授为会议主持人。与会代表探讨历史上海上丝绸之路的发展与我国改革开放的历史意义和现实意义。

（三）开展南海诸岛研究，为国家捍卫南海主权提供坚实依据

1979年，中央调查部来函称南洋研究所的《我国南海诸岛史料汇编》对决策咨询具有重要参考价值。同年8月，新华社内参对韩振华、吴凤斌两篇关于我国西沙群岛和南沙群岛主权的论文《古帕拉塞尔考》、《驳南越阮伪政权〈白皮书〉所谓拥有我国西南沙群岛主权的论据》做了报道。

1979年11月13—20日，南洋研究所主办南海诸岛专题讨论会，这是1949年以来首次有关南海诸岛专题讨论的盛会。外交部、中国科学院地理研究所、地质部海洋地质司、复旦大学、南京大学、广东省博物馆等20多个单位共40余位专家学者参会，提交论文28篇，其中南洋研究所提交了《我国中沙群岛的历史沿革》等19篇论文。1980年1月，南洋研究所南海诸岛调查组参与外交部关于我国西沙、南沙群岛主权白皮书的起草工作。同年2月22日，外交部致函厦门大学，对学校及南洋研究所领导的热情支持和积极协助，特别是韩振华、林金枝、吴凤斌三位同志不辞辛苦，夜以继日，为我国对外斗争做出有益贡献表示衷心的感谢。

1987年8月16—23日，在我国收复南沙群岛七小岛之前，应北京海军司令部海军军事研究所来函邀请，林金枝和吴凤斌赴京做南海诸岛专题讲座报告共4次，并就有关问题，特别是南沙群岛问题进行了座谈。1991年9月18日，南海

诸岛国际学术讨论会在海南岛海口市召开，韩振华、林金枝、吴凤斌参会。

1993 年 2 月，南洋研究所召开“南沙群岛专题讨论会”。参加会议的有国家科委、北京大学、南京大学、同济大学、海洋大学、中山大学、华南师范大学、兰州大学以及厦门大学科研处、南洋研究所、海洋系、亚热带海洋所等机构代表。南洋研究所参加人员有：韩振华、林金枝、吴凤斌、庄国土、李金明、李国梁、廖大珂、曾伊平、陈丽娘、李绍宗等。在讨论会上，中华人民共和国国家教育委员会科学技术司王志华传达了“八五”南沙群岛综合科学考察专题研究计划的安排与部署。经讨论后，各单位针对有关专题，提出论证计划。

1978—1995 年间，《南海诸岛史地考证论集》（韩振华著）、《西沙群岛和南沙群岛自古以来就是中国的领土》（韩振华、林金枝、吴凤斌等著）、《祖国的南疆——南海诸岛》（林金枝、吴凤斌著），以及论文《驳越南当局所谓黄沙、长沙即我国西沙、南沙群岛的谬论》（韩振华、吴凤斌著）等著述，以大量史实论证了西沙和南沙群岛自古以来就是中国的领土，有力地驳斥了越南当局妄图侵占我国西沙、南沙群岛的种种“论据”。

三、与境外学术交流与合作的开端及推进

1980 年 9 月，以王赓武为团长的澳大利亚国立大学东南亚学者访华团访问厦门大学，参观了南洋研究所，并与研究人员进行交流。这是南洋研究所成立以来的国际学术交流之滥觞。此后，不断增多的境内外学术交流，既有助于南洋研究所研究人员对东南亚国家进行实地调研，从事科学的研究，提升学术品质，又有助于进一步了解世界上最新的东南亚研究成果，发现差距，从而对东南亚国家的政治经济与社会文化问题进行整体的观察，做比较性研究，从中发现规律，探索新的问题。

(一)构建境外学术交流格局，开展资料交换

1980 年 9 月 17—20 日，澳大利亚人文科学院院长、澳大利亚国立大学太平洋研究院院长王赓武为团长的东南亚学者访华团来厦门大学访问，成员有詹姆

士·J.福克斯、加文·W.琼斯、J.A.C.麦凯、大卫·G.马尔、皮特·托马斯·麦考莱、安东尼·约翰·斯塔尼普·里德、伊恩·弗雷德里克·哈威·威尼逊。访华团成员与南洋研究所、台湾研究所、历史系、经济系等单位的东南亚研究人员举行学术讨论会。王赓武团长在会上介绍了外国对东南亚的研究情况。会中双方就共同关心的学术问题进行广泛而热烈的讨论,并就双方建立学术联系、人员交流、合作研究等问题交换了意见。访问期间,访华团莅临南洋研究所参观,互赠资料。王赓武教授做了"华侨史有关问题"学术报告。1981 年,澳大利亚国立大学太平洋研究院出版《中国的东南亚问题研究:报告书》,指出从图书设备、其他辅助设施和研究人员等方面来看,南洋研究所是他们访问过的配备最佳的一个研究机构,在中国对东南亚发展的学术研究方面起重要的作用,值得向澳大利亚社会科学院提出有关东南亚群岛研究的合作资助问题。

自此,南洋研究所人员与境外学者的交流合作逐渐加强,法国苏尔梦(Claudine Salmon)、荷兰包乐史(Leonard Blussé)、美国王念祖、英国韩素音、日本滨下武志、澳大利亚颜清湟、新加坡黄望青、加拿大魏安国等十多个国家的 100 多位国际知名专家学者先后到访,推进合作研究与资料交换,亦留下一段段令人难忘的历史佳话,谱写"借知性点亮前行之灯,拥情怀温暖风雨兼程"之新篇章。

1.澳大利亚学者

1983 年 7 月 20—30 日,澳大利亚国立大学太平洋研究院院长王赓武教授再次莅临南洋研究所。他先做了两场报告,介绍澳大利亚和东南亚国家学者对东南亚和华人华侨研究的情况,并阐述自己对华侨和华族的看法,同时对新加坡、马来西亚华侨教育的产生、发展和变化,及由此变化引起的各种问题,发表见解。其后,王赓武教授又多次与南洋研究所、台湾研究所、历史系有关人员举行座谈会。同年 8 月 8—20 日,澳大利亚墨尔本国立维多利亚博物馆亚洲馆馆长约翰·盖依来厦门大学访问,为南洋研究所、人类博物馆人员做学术报告,就中国陶瓷器在东南亚的历史地位与作用阐述了自己的见解,同时还用幻灯机放映实物照片,对中国陶瓷器和越南、泰国等国陶瓷器的区别和联系,做了比较分析。

1983 年 7 月，澳大利亚国立大学王赓武教授(左二)访问南洋研究所

1983 年 11 月 1—5 日，澳大利亚悉尼大学李全寿教授来校访问。李全寿是首位用马来语编写马来新文学的学者。他在南洋研究所做了题为“当前新加坡、马来西亚和印尼华人华侨教育动态”的报告，并进行座谈。同年 11 月 2—11 日，澳大利亚阿德莱德大学颜清湟博士到访厦门大学，向南洋研究所、历史系和海外函授学院人员做了关于 19 世纪至 20 世纪初新加坡和马来西亚华侨社会史的研究报告，同时对新马华人华侨现状和澳大利亚东南亚学者研究华人华侨的状况进行多次座谈和探索。

1984 年 4 月 11—17 日，澳大利亚国立大学太平洋研究院研究员鲍雪侣博士(Sally Borthwick)来南洋研究所查阅资料，并做“关于新加坡华人教育问题”报告，阐述了自己的看法。同年 10 月底到 11 月上旬，澳大利亚弗林德斯大学历史系杨进发博士来访，先后做了关于“从新华领导看新华社会两种传统”和“战前陈嘉庚的政治思想及其社会”的报告。

1986 年 5 月，澳大利亚澳华历史博物馆馆长廖伊丽斯、廖真强来南洋研究所访问。1991 年 4 月，澳大利亚悉尼大学研究所刘渭平教授来厦门大学进行学术访问，与南洋研究所、历史系等人员举行有关澳大利亚华侨华人历史和现状的座谈会。

2.欧洲学者

1980 年 12 月 29 日—1981 年 1 月 14 日，根据中荷文化交流计划，荷兰莱顿大学欧洲发展史研究中心研究人员包乐史博士来厦门大学进行学术交流。他与南洋研究所、历史系有关人员进行多次座谈，交换对中国与东南亚关系史、东南亚华侨史等若干问题的学术观点，并介绍荷兰和莱顿大学研究东南亚，特别是印尼的情况，互相赠送各自部分研究成果和图书资料。1985 年 12 月初，荷兰研究印尼华人华侨史专家、印尼华裔黄隆泰先生来厦门进行学术访问，并赠书南洋研究所，做了关于中国 China 真名问题的报告，引起与会者很大反响。

1982 年 11 月 23 日，英国学术院院士、伦敦大学亚非研究院博克斯(Boxers)教授来南洋研究所进行学术访问，双方就中西交通史、中外关系史问题进行交谈，并互赠资料。1987 年 4 月 19 日—24 日，英国肯特大学东南亚研究中心主任华生博士莅临厦门大学，与南洋研究所人员就有关印尼经济等问题进行多次座谈，并做“1966 年以来苏哈托的印尼”专题报告。1993 年 12 月—1994 年 1 月，英国伦敦大学亚非研究院安德罗・哈丁博士来厦门大学交流访问，到南洋研究所搜集有关资料，并向有关人员做了题为“马来西亚华人的法律地位”的报告。

1983 年 12 月 16—20 日，法国国家科学研究中心语言学者艾利丝・卡蒂耶来厦门大学访问，与南洋研究所和中文系等相关人员，就有关印尼语和汉语的一些问题及印尼归侨语言变化进行对比分析和探讨，还对印尼归侨语言变化再做深入调查研究。1984 年 9 月下旬，法国国家科学研究中心历史学家让・菲利普・贝雅到访南洋研究所，做了关于华侨历史和现状问题的报告。1989 年 10 月 11—14 日，法国汉学家、印度尼西亚问题专家德尼・龙巴尔教授(Denys Lombard)和苏尔梦博士访问南洋研究所，就有关法国研究东南亚现状、伊斯兰教对东南亚的影响和华文教育等问题进行了座谈。

3.北美学者和官员

1982 年 4 月 12 日，美国旧金山华侨历史学会会长、旧金山中华文化基金会会长麦礼谦先生与夫人张玉英女士到厦门大学南洋研究所进行学术访问。麦礼谦先生向南洋研究所、海外函授学院、历史系和台湾研究所等机构人员做了关于美国华人历史及其研究的专题报告。同年 12 月 20 日，美国加州大学伯克利分校王灵智教授到访南洋研究所，与科研人员就有关华侨和华人史的问题，特别是有关美洲与东南亚华侨和华人的历史和现状、华侨和华人今后的发展趋势等问题进行交谈，并互赠有关资料。

1983 年 8 月 15—21 日，加拿大温哥华卑诗大学历史系魏安国教授来厦门大学访问，与南洋研究所人员，就华侨史特别是菲律宾华侨史问题进行座谈。双方初步交换了今后合作的意见。1994 年 12 月 7 日，魏安国教授再次访问南洋研究所。

1984 年 5 月 5—21 日，联合国亚太经济社会理事会高级经济事务官员张永顺先生来厦门进行学术交流，在厦门大学期间，先后做了“东南亚地区的出口加工区”、“东盟国家的经济与贸易发展”等报告，并进行多次座谈。

1991 年暑期，美国俄亥俄州莱特州立大学袁清教授来厦门大学访问。与南洋研究所和历史系有关人员就华人华侨和明清史问题进行了座谈与切磋。1993 年 11 月，美国布鲁金斯研究所高级研究员，著名的亚洲、太平洋及中国问题研究专家哈里·哈丁博士来厦门大学进行学术交流，与南洋研究所、历史系、海外教育学院及厦门市有关单位，就美国人对中国经济圈的看法问题，做了专题报告和座谈。同年 11 月 17—23 日，美国加州大学伯克利分校王爱华教授来校交流，向南洋研究所等有关单位人员做了关于“美国华人的发展变化”的专题报告。

4.日本学者

1983 年 3 月 25 日，日本东京大学东洋文化研究所中国经济史专家滨下武志前来厦门大学进行学术交流。滨下武志和南洋研究所历史研究室有关人员进行两次座谈，先后对有关华侨史的问题、华侨投资和侨汇业的发生发展与国内外关系、侨汇业在中国经济史上的地位和作用，以及中国经济史等一些问题进行了讨论，并互相赠送有关研究资料，就今后合作问题交换了意见。1984 年 1 月 13 日，日本爱知学院大学樱井明治教授来南洋研究所访问，并与所内人员就马来西亚、新加坡华语教育史等问题交流了学术观点。

1985 年 9 月,日本名古屋大学经济学部林善义教授访问厦门大学,与南洋研究所等单位有关人员,就中国经济史、明清经济、华侨经济等问题进行了多次座谈,并做了“日本对中国经济史研究动态”的专题报告。同年 12 月,日本国际大学游仲勋教授来南洋研究所进行学术交流。12 月 21 日,游仲勋因事故不幸受伤,厦门大学医院书记和副院长亲自部署工作,副校长王洛林和外事办负责人到医院慰问,南洋研究所李国梁、刘晓民与医护人员全力精心护理。游仲勋教授很快恢复了健康,并于 1986 年 1 月 12 日顺利返回日本,谱写了一首中日人民的友谊之曲。

1989 年 10 月 4—9 日,日本秋田大学教育部助教授山下清海来访,并就有关马来西亚华人社会的一些问题进行了座谈。1991 年 8 月中旬,日本亚洲经济研究所原不二夫教授来南洋研究所,就战后马来西亚与中国关系的问题,进行了认真探讨,交换了彼此不同看法。同年暑假,日本立教大学文学部教授戴国辉来访,与所内人员就东南亚华侨华人现状进行了交流。1993 年 12 月—1994 年 3 月,日本国际大学山岸猛教授来厦门大学访问,与南洋研究所有关人员,就华侨华人问题进行座谈。

通过以上按时间顺序梳理的来访国外学者情况,可以看出对东南亚关注的主要国家,这些国家或与东南亚相邻,或有历史渊源。此外,亦可看出不同国家学者侧重的研究对象国和研究领域有所不同,有着不同的学术传统和利益关切。这些国际学术切磋不仅开阔了南洋研究所科研人员的研究视野,也增进了跨国学者间的友谊,促进了学术共同体的建立。

5.东南亚国家访问团及学者

1983 年 5 月 10—11 日,菲律宾菲华联谊会组织青年学生旅行团一行 40 人,在团长、《世界日报》编辑沈文带领下,来厦门大学参观访问,听取了南洋研究所林金枝所做的“华侨历史的几个问题”报告。这是最早访问南洋研究所的东南亚团体。

1992 年 10 月 16 日,菲律宾《读者文摘》研究部主任特里莎·玛利亚·秋斯道蒂、菲律宾路易西达公司经理玛利斯·里耶丝·麦克美雷来厦门大学进行学术访问,查阅了南洋研究所资料,到角美鸿渐村对许氏家族源流进行了考察,并与南洋研究所有关人员，就考证许氏家族源流等问题进行了认真的探讨与座谈。

在东南亚国家中，新加坡学术团体和学者来访南洋研究所的人次最多，其中多次是在 1990 年新加坡与中国建交之前，体现了新加坡在东南亚地区学术研究和资料建设的中心地位。

1984 年 10 月 16—19 日，新加坡渣打银行高级顾问、前新加坡经济咨询顾问主席黄望青来南洋研究所访问，做了题为“新加坡和日本经济发展”的报告。翌年 9—11 月，黄望青先生再次来厦门大学讲学，被聘为客座教授。他向南洋研究所、历史系和海外函授学院等单位有关人员做了两场专题报告，主题为“新加坡经济发展及其对东盟经济的影响”和“东南亚各国对待华人的政策及华人经济的前景”。

1985 年 10 月，新加坡南洋学会时任会长魏维贤，副会长林我铃与学者崔贵强、吴振强、李励图来南洋研究所访问，并做了有关“南洋学会今昔”及“东南亚华侨华人与东南亚关系”等问题的报告。吴振强博士谈及中国海洋史研究发展近况，特别介绍了台湾“中央研究院”出版的《中国海洋发展史论文集》。同年 11 月 23—28 日，新加坡国立大学社会学系讲师郭振羽博士来厦门大学访问，向南洋研究所等单位有关人员做了“新加坡的家庭与社会变迁”和“新加坡的语言状况和对华人的认同问题”两场专题报告。

1986 年 5 月，新加坡亚洲学会代表团陈田启、林孝胜、杨松年、柯木林等学者到厦门大学进行学术交流。1987 年 5 月 14 日，新加坡东南亚教育研究中心王秀南教授来南洋研究所进行学术访问。

1991 年 4—5 月，新加坡宗乡会馆联合总会学术主任柯木林来访，与南洋研究所人员探讨新加坡宗乡会馆存在的历史意义和现实意义、宗乡会馆在沟通两国文化交流、弘扬中华文化以及经济合作方面的作用、华人文化存在的合理价值等问题。1995 年 11 月 3—4 日，新加坡东南亚研究所[①]所长 K.善杜（K. S. Sandhu）博士为首的东盟国家国际关系学界代表团一行 8 人来厦门访问，这是东南亚国家的国际问题研究人员首次组团来访。代表团成员有：新加坡国立大学经济系副教授谢秀瑜，印度尼西亚战略与国际问题研究中心研究部主任哈迪·索萨斯特罗、公共事务部主任克莱拉·乔沃诺，马来西亚马来大学经济与管

① 该所于 2015 年 8 月 13 日正式更名为新加坡尤索夫伊萨东南亚研究所。

理系教授莫汉默德·阿利夫，菲律宾大学教授丹特·坎拉斯，泰国朱拉隆功大学经济系讲师胡安·阿贾南特及夫人等。东盟国家国际关系学界代表团来厦访问期间，与南洋研究所、历史系和经济系等单位有关人员分别进行座谈，双方交流彼此学术研究情况，并对此后学术交流交换了意见。

此外，随着1974年以来，中国与马来西亚、泰国和印度尼西亚等国家相继建交、复交，这些东南亚国家亦有学者和团体来南洋研究所访问、交流。

1985年12月9—12日，泰国朱拉隆功大学普瓦东·颂巴色(孙顺兴)博士来厦门进行学术访问。普瓦东·颂巴色博士在南洋研究所做了“泰国华人史”和“泰国研究华人史现状”两场专题报告，并与同行就今后学术交流和合作进行了多次座谈。1988年12月29日，泰国华人历史研究会会长江白潮来访，做了题为“泰国华人华侨现状探讨”和“危机中的华族”的报告。1989年10月11—13日，泰国朱拉隆功大学亚洲研究中心主任强博士和泰国国立法政大学东亚研究所所长朱拉其博士来所访问，并就中泰关系史的一些问题进行座谈。

1991年4月2日，印尼全国工商总会高级顾问、印尼雅加达工商总会对华经济贸易委员会主席黄道根博士和印尼顺道集团主事蔡顺安来厦门大学访问，与南洋研究所等单位进行了交流。这是1990年中国和印度尼西亚恢复交往后，印尼学者首次来厦门访问。

1994年4月19—21日，马来西亚中华大会堂联合会文化访问团一行35人，由会长丹斯里林玉静率领，来厦门大学进行文化交流。在南洋研究所举行的座谈会上，双方就开展文化科学交流、交换科研成果以及海外华侨华人子女到厦门大学就读等问题进行初步磋商。

6.台湾和香港地区学者

1991年8月22—30日，台湾政治大学历史研究所博士生李盈慧来南洋研究所查阅资料，就台湾研究华侨华人状况进行了交谈。这是台湾地区研究者首次到访南洋研究所，开启了两岸三地的学术交流。

1992年6月22日，香港岭南学院亚太研究中心主任黎凤慧博士来南洋研究所进行学术访问，做了题为“南海主权纷争”的报告，并对“共同开发”提出自己的见解。

1993 年 6 月 17—26 日，台湾“中央研究院”近代史研究所研究员、台湾地区海外华人研究学会会长张存武来厦门大学访问。张存武向南洋研究所、台湾研究所、历史系、海外教育学院等机构人员以及留学生做了“关于台湾研究东南亚现状”的报告。同年 10 月 20—21 日，台湾大学傅崐成、庄文恩教授等 3 人来厦门大学进行学术访问，与南洋研究所、海洋系和台湾研究所等单位人员，就中国南海海域及南海诸岛主权问题进行了座谈，对两岸进行南海诸岛合作研究进行了磋商。

1994 年 3 月 15—18 日，台湾东吴大学日本文化研究所唐松章博士来校访问，向南洋研究所科研人员做了关于亚洲华侨华人问题的报告，对日本华侨华人和东南亚华侨华人的地位做了比较分析，阐述了华人认同的趋向。1994 年 12 月 29 日—1995 年 1 月 2 日，台湾《华侨经济年鉴》主编陈怀东来厦门大学进行学术访问。陈怀东在南洋研究所就有关华侨华人经济的理论依据，华侨华人资本形成、发展与变化，以及当前华侨华人经济状况与趋势，做了报告，阐述看法。

1994 年 4 月 20 日，香港大学地理学郗龙教授来厦门访问，与南洋研究所、历史系等相关人员，就有关东南亚史和华人农业等问题进行交谈。

（二）以国际合作协议为助力，搭建中外学术交流之桥梁

1982 年 12 月 23 日，荷兰莱顿大学汉学院梁兆兵教授(J.C.P.Liang)到厦门大学进行学术交流，与南洋研究所韩振华教授等研究人员，就有关郑成功的研究、17 世纪至 18 世纪东南亚和中国的对外贸易与东南亚华人华侨等问题进行了座谈，会上双方就今后资料、翻译和研究等工作交流与合作一事，达成初步协议，并交换了有关资料。

1983 年 10 月 16—21 日，由荷兰莱顿大学校长卡特·凯恩先生、莱顿大学汉学院院长许理和教授、莱顿大学历史系包乐史博士等三人组成的学术代表团访问厦门大学，与厦门大学校长田昭武教授、副校长未力工，南洋研究所副所长韩振华教授及南洋研究所等人员会谈。访问期间，双方提出两校学术交流的设想，并签订了莱顿大学和厦门大学学术交流协议书，以南洋研究所和莱顿大学汉学院为协调单位，开启了厦门大学南洋研究所与荷兰莱顿大学在资料交换、人员交流、合作研究等方面的长期合作。这也是南洋研究所首次与境外学术机构进

行合作。

1983 年 10 月 19 日，莱顿大学校长卡特·凯恩先生(左)
与厦门大学校长田昭武教授在协议书上签字

1984 年 4 月 8—12 日，荷兰皇家协会会员、荷兰—印尼文化交流委员会主席、莱顿大学东南亚与太平洋研究系主任蒂欧(A. Teeuw)教授来厦门大学访问南洋研究所等机构，先后做了题为“荷兰学术界研究印度尼西亚问题概况”和“现代印度尼西亚文学问题”的报告，并进行座谈。

1985 年 8 月 21—26 日，荷兰阿姆斯特丹大学现代亚洲史研究所所长吴银泉教授来厦门大学进行学术访问。访问期间，吴银泉与南洋研究所、历史系领导就学术交流问题取得初步协议，并制定 1986—1988 年学术交流计划，同意就有关“东南亚华人史”课题范围进行合作研究，互派学者，举行国际研讨会。1986 年 11 月，荷兰阿姆斯特丹大学现代亚洲史研究所班国端博士来南洋研究所进行为期三个月的学术交流。

1988 年 11 月 30 日，荷兰莱顿大学欧洲扩张史研究中心包乐史博士来南洋研究所访问，交流学术协议执行情况，他提出研究东南亚有必要学习并掌握印尼语、荷兰语、泰语。

1990 年 10 月，荷兰阿姆斯特丹大学亚洲研究中心亨利博士来校交流，在南洋研究所做了关于“欧洲对东南亚的研究”的专题报告，并就今后双方学术交流问题达成了初步协议。

1991 年夏，荷兰自由大学多伍博士(Dr. L. M. Douw)来厦门大学签订两校学术合作计划，议定“闽西土地与移民研究”专题，由历史系和南洋研究所承担。

林金枝、吴凤斌负责海外移民专题研究后，赴闽西龙岩、永定调查海外移民，再结合有关资料，按期完成合作计划。

1992 年 4 月 4—18 日，荷兰阿姆斯特丹大学亚洲研究中心主任杨·布雷曼教授来厦门大学进行学术合作研究与交流访问，做了“关于华侨移民问题和亚洲农村比较研究”的专题报告，特别指出马克思的理论是劳动人民的理论，他对劳动人民状况的分析是正确的。同年 9 月 9 日，阿姆斯特丹大学克鲁斯教授来校进行学术访问，参观了南洋研究所资料室，并与南洋研究所、历史系和经济系等单位的有关人员座谈，做了关于“发展社会学与发展中国家社会发展研究”的报告。

在与荷兰多所大学交流合作的二十余年间，南洋研究所培养了数位懂荷兰语的中外关系史、东南亚华侨华人研究专家。从中可以看出荷兰对东南亚研究与资料收集的重视，以及印度尼西亚作为东南亚大国，在东南亚区域研究中的重要性。与此同时，南洋研究所与日本长崎大学东南亚研究所、宫崎大学教育学部、新加坡南洋学会等境外研究机构和团体亦有学术联系与合作。

1984 年 8 月 5 日，日本宫崎大学教育学部市川信爱与南洋研究所李国梁、蔡仁龙等研究者就华侨教育的沿革和历史发展变化等问题进行了座谈。双方经过协商，一致同意对“华侨学校教育的比较研究”课题进行协作研究，并商定在厦门大学南洋研究所召开华侨教育比较研究国际学术研讨会。1986 年 3 月 11—16 日，“国际华侨教育研究”讨论会在南洋研究所召开。大会对海外华侨教育的历史与现状进行了讨论，并对有关中日华侨教育专题进行计划部署。日本神户华侨历史博物馆馆长、神户孙中山纪念馆副馆长陈德仁与会交流，并做题为“日本华侨的历史变迁和现状”的报告。

（三）开启赴东南亚及其他国家、地区调研交流，开放式研究提升学术影响力

1981 年 4 月，何启拔教授参加厦门市特区经济考察团赴新加坡访问，这是时任新加坡总理李光耀访问厦门后，应新加坡工业部邀请而进行的国际交流。何启拔为南洋研究所出国交流与进修之先行者，这也是南洋研究所科研人员首次赴东南亚国家考察，标志着南洋研究所从封闭式研究向开放式研究的转变，基

础研究更加扎实。

1981—1995年间，南洋研究所共有40余人次先后赴新加坡、菲律宾、澳大利亚、美国、荷兰、英国、法国、日本等国家，以及中国香港、台湾地区访问或参加学术会议、讲学、进修，进行田野调查，开展合作项目，沐浴着热带椰风蕉雨的东南亚研究和华侨华人研究更加丰富、深入，更生动、真实地展现了南洋画卷和华侨华人的面貌。

1.东南亚地区

继何启拔教授访问新加坡之后，1986年11月，南洋研究所副所长廖少廉副教授受邀参加在新加坡总统府举办的活动，与黄金辉总统交谈。翌年春季，桂光华副教授前往菲律宾雅典耀大学进行为期三个月的学术访问和交流，这是南洋研究所科研人员首次较长时间地深入了解东南亚国家的文化和社会发展情况。1989年，赵文骝副教授前往菲律宾雅典耀大学进修与交流一年，在此期间，他实地调查了马尼拉唐人街的华人状况。同年6月，蒋细定赴菲律宾雅典耀大学经济系做为期一年的学术访问与交流。其间，他多次参加当地大学举行的学术研讨会，并在当地华文报发表近十篇学术文章。1991年，林金枝、李国梁、蒋细定、庄国土等人到菲律宾参加国际华侨华人研讨会。

1995年1—6月，沈红芳副教授应邀赴菲律宾大学亚洲中心和雅典耀大学经济系进行学术交流，并做了题为“中国与菲律宾的双边投资:现状与预测”的学术报告，该文刊于菲律宾《中国现状》(*China Currents*，1997年第3期)。同年3—6月，赵文骝教授到新加坡国立大学东南亚研究所、东亚政治经济研究所进行学术交流，并调研当地华人企业。

1996年6—8月，沈红芳应邀去菲律宾大学一体化发展研究中心进行学术交流，做题为“中国与菲律宾的双边贸易”的学术报告，文章刊登在该所刊物上(*Chronicle*，Vol. 1,No.4，1996)。同年8月21—23日，沈红芳应邀参加菲律宾文化部举办的“纪念菲律宾反西班牙革命100周年”盛大国际研讨会，做了题为“黎刹与今日华人”的英文报告，接受了菲律宾时任文化部部长颁发的论文提交与参会证书。

2.澳大利亚

1983年1—3月,韩振华教授应邀到澳大利亚国立大学太平洋研究院太平洋与东南亚历史系兼任客座教员,讲授有关早期中澳关系的课程。

1985年,林金枝、蒋细定到澳大利亚国立大学进行为期半年的学术访问。在此期间,他们参加了太平洋研究院主办的“第二次大战后东南亚华人认同变化”国际讨论会,对澳大利亚唐人街的历史和现状进行实地调查和考察,并在当地刊物上发表文章。返国后,蒋细定将带回的诸多东南亚研究资料赠送本所资料室。

3.美国

1983年初,韩振华教授到美国出席在旧金山召开的第35届亚洲研究学会年会,并参加“中国统一之展望”专题讨论会。1984年3—5月,应美国国家科学院美中学术交流委员会邀请,韩振华先后在美国康奈尔大学、密歇根大学、加州大学伯克利分校、洛杉矶南加州大学和檀香山夏威夷大学进行学术访问,并做了“汉代中国与东南亚的海上贸易”和“唐代阇婆方位的新研究”两场专题报告,此外,他还在美国参加三场有关亚洲和东南亚研究的科学讨论会。

1992年,林金枝、李国梁、庄国土等参加在美国旧金山加州大学伯克利分校举办的世界华人研究大会。

4.欧洲

1984年9—12月,韩振华教授到荷兰、英国、法国等国家进行学术访问。他在荷兰莱顿大学、阿姆斯特丹大学和海牙国家档案馆查阅资料,并与相关学者座谈;在英国牛津大学做题为“公元前二世纪至公元一世纪中国和东南亚、印度的海上交通和贸易”的学术报告;在剑桥大学会见李约瑟博士,访问了东南亚古代文化研究所。此外,韩振华在法国社会科学高等研究院也做了学术演讲和座谈。

1988年,黄丁兰到荷兰阿姆斯特丹大学社会学系进行为期一年的学术访问与交流。1989年9月—1990年4月,沈红芳在荷兰阿姆斯特丹大学亚洲研究中心访学时全程参与了该中心博士生的培训课程，并接受荷兰报社记者的采访，介绍了该中心对发展中国家研究人员培训之成效。沈红芳在荷兰期间还应邀访问了英国肯特大学东南亚研究中心，并为该中心的师生做了题为“菲律宾阿基诺夫人社会经济改革评估：允诺与兑现”的学术报告。1992 年，吴崇伯赴荷兰阿姆斯特丹大学亚洲研究中心访学一年，完成项目“Family Planning Programme: A Comparative Study between China and Indonesia”（中国与印尼计划生育比较研究）。

1991 年 3—6 月，韩振华教授赴荷兰讲学，在莱顿大学历史系、欧洲扩展史研究中心向博士生、硕士生讲授“东西交通史”课程，还参加由阿姆斯特丹国立热带研究所与莱顿大学历史系联合举办的“东西方科学与技术交流讨论会”，并被推荐为评论员。

1992 年 9 月—1993 年 7 月，南洋研究所书记兼副所长庄国土担任荷兰皇家科学院高级人文研究院聘任研究员。在此期间，庄国土应邀参加美国加州大学伯克利分校组织的世界华人研究学术讨论会，提交中、英文论文各一篇。在这次大会上成立了世界海外华人研究学会（International Society for the Studies of Chinese Overseas，ISSCO），会长由王赓武教授担任，庄国土出任大陆唯一常务理事。此外，他还应邀在意大利那不勒斯东方大学、荷兰莱顿大学做专题报告；提交论文参加 1993 年 7 月在伦敦大学东方研究院举办的第五届泰学研究国际会议，泰国诗琳通公主出席庄国土的论文报告会；1993 年 8 月，参加在香港大学举办的亚非历史学讨论会。

1993 年，郑甫弘到荷兰莱顿大学进行为期一年的学术交流访问。1995—1996 年，聂德宁前往荷兰阿姆斯特丹大学进行学术访问。1995 年 10 月 7 日，“华人的根”国际研讨会在荷兰自由大学举行，吴凤斌、聂德宁及博士生袁冰凌参加了会议。

5.日本

1984 年 6 月 1 日—10 月 31 日，应日本学术振兴会之邀，李国梁首次赴日本进行学术访问，并任长崎大学东南亚研究所客座研究员。在此期间，他访问了亚洲经济研究所、京都大学东南亚研究所和庆应义塾大学、大阪大学、国际大学等多所院校，拜访内田直作、游仲勋、斯波义信、可儿弘明、戴国煇、市川信爱等著名华侨华人研究学者，就中日两国研究华侨华人的历史和现状进行交流，同年在长崎大学《東南アジア研究年報》杂志（第26集）发表论文《新中国における華僑研究》。1988年11—12月，李国梁赴日访问，在日本国际大学、日本庆应义塾大学等单位做了题为“华侨华人研究的理论问题”、“中国华侨华人研究的动向和趋势”的报告。

1991年3月，汪慕恒教授、李国梁副教授到日本东京国际大学、京都立命馆大学、日本统计学会等高等机构，先后做“中国经济特区的发展趋势”、“中国的东南亚问题研究”、“战后华人问题的共识与分歧”等专题学术讲演。1995年9月—1996年12月，李国梁教授到日本名古屋大学经济学部和亚洲经济研究所任客座研究员，进行合作研究。

6.香港和台湾地区

1987年6月，廖少廉赴香港参加“改变中的中国与东南亚的关系”国际学术讨论会，宣读论文《中国与东盟国家的经济关系》，这是南洋研究所人员首次到香港进行学术交流。同年10月，林金枝赴香港参加“两次世界大战期间亚洲海外华人国际问题”讨论会，在会上发表论文《两次世界大战期间东南亚华侨对中国经济发展的作用》。会后，他应香港大学、香港浸会学院邀请，做有关“华侨投资对沿海城市的兴趣和中国近代化的关系”的专题讲座。

1993年12月，林金枝、吴凤斌教授赴香港中文大学参加“国际潮州学”研讨会，宣读的论文分别为《海外华人在潮汕地区的投资及其今后发展趋势》与《潮人在泰国的发展与贡献》。

1994年12月19—21日，由世界海外华人研究学会组织的“五十年海外华人比较研究”国际学术研讨会在香港大学召开。厦门大学有16名学者与会，是内地参会人员最多的学校，其中南洋研究所有林金枝、李国梁、庄国土、王勤、吴崇伯、郑甫弘、孙谦等11人。此次会上重选常务理事会，香港大学校长王赓武担任会长，常务理事会由世界各洲代表13人组成。庄国土继续当选为常务理事，是内地在该理事会的唯一代表，并负责内地华侨华人研究的组织与联系工作。

1995 年 10 月 16 日，庄国土、吴凤斌应邀参加在台北举行的海南暨南海学术研讨会。1996 年，“中央图书馆”台湾分馆编印的《海南暨南海学术研讨会实录》和《南海资料交换合作座谈会实录》两本书，多次提到南洋研究所。

四、资源建设、科学研究与社会服务取得新成绩

1983 年 1 月，美国俄亥俄大学图书馆馆长、教育学院教授李华伟博士访问南洋研究所。他介绍了俄亥俄大学图书馆有关东南亚问题的藏书情况，并做题为“美国图书馆的现状及其发展趋势”的学术报告。

1986 年 6 月 2—7 日，为在厦门市建立华侨华人资料中心做准备，华侨华人问题资料工作讨论会在南洋研究所召开。会议由厦门市华侨历史学会组织，来自福州等地有关单位 29 位代表参加会议。南洋研究所曾伊平、陈声贵先后做题为“情报资料工作概论”、“华侨华人问题资料工作的设想与说明”的发言，蔡仁龙、林金枝、李国梁、桂光华、黄焕宗分别做“华侨历史概述”、“国内外研究华侨华人问题”等报告。与会代表充分讨论了建立全国华侨华人资料中心的必要性。

1986 年 12 月 29 日，福建省人民政府新闻出版管理处，发给南洋研究所报刊出版证书“闽出管刊字第 081 号”，《南洋问题》经中共福建省委宣传部批准和登记，准予公开发行。1987 年 2 月，《南洋资料译丛》第 1 期刊印出版证书“闽出管刊字第 082 号”，公开发行。翌年 2 月，第 1 期《南洋问题》更名为《南洋问题研究》。

1988 年，美国福特基金会资助南洋研究所建立东南亚问题资料库的必要费用。1992 年 11 月 29 日，日本亚洲经济研究所图书资料部主任福崎久一先生到访厦门大学，谈及该所缺藏南洋研究所的许多图书资料，希望有更多合作与交流。

至 1995 年，南洋研究所共收藏中、外文图书约 3.5 万册，杂志合订本 1 万余册，报纸合订本近 2 万册。馆藏外文资料的语言种类包括英语、日语、荷兰语、俄语，以及马来语、印尼语、泰语等东南亚语种。资料人员还制作了东南亚与华侨华人研究专题剪报、资料辑录 2000 多册，扎实推进资源建设，做好文献保障工

作。1994 年,南洋研究所资料人员减至 4 人,剪报工作停止,东南亚与华侨华人研究书目和论文索引编撰的学术传统得以延续,这一阶段共出版了《福建省收藏华侨华人问题中外图书联合目录》等资料 3 部。

与此同时,南洋研究所编译人员继续承担《南洋资料译丛》的翻译和编辑工作,他们与科研人员一起,翻译出版《微笑的将军:印度尼西亚总统苏哈托》、《石油与世界霸权》等译著 15 部。其中,《华侨资本的形成和发展》、《东南亚华侨经济简论》等 4 部为日文译著,荷兰文译著有 2 部,其中,《〈荷使初访中国记〉研究》[①]是荷兰莱顿大学和厦门大学始于 1984 年的合作项目中的首部荷兰文翻译与研究成果,书中附有 82 幅珍贵图片。1995 年,刘晓民在日本出版两部工具书《日本語・中国語慣用語法辞典》、《中日経済・ビジネス重要語辞典》(《中日经济・商务重要辞典》)。同年,吴凤斌赴荷兰莱顿大学整理印尼吧城华人公馆档案。

1978—1995 年间,南洋研究所研究人员共承担 6 项国家社科基金项目,2 项国家教育委员会项目,出版了《东南亚国家经济发展战略研究》(吴志生主编)、《新加坡简史》(南洋研究所该书编写组)、《菲律宾》(沈红芳著)、《契约华工史》(吴凤斌著)、《中国封建政府的华侨政策》(庄国土著)等专著 44 部。这些研究著述资料翔实、观点新颖,论证严密,在学术界反响较大,有些已成为东南亚与华侨华人乃至国际问题研究、教学的必备参考书目。其中,1985 年由北京海洋出版社出版的《印度尼西亚华侨史》(温广益、蔡仁龙、刘爱华、骆明卿编著),是新中国成立以来第一本较为全面系统的华侨史著作,也是首部有关印尼华侨史的专著。

1983 年,林金枝出版《近代华侨投资国内企业史研究》一书;1985 年、1989 年,他与庄为玑所编《近代华侨投资国内企业史资料选辑》福建卷与广东卷,先后由福建人民出版社印行;1994 年,林金枝所编该系列选辑上海卷面世。这项始于 20 世纪 60 年代初的调查项目,至此形成中国最为系统的华侨投资国内企业史料合集与专题研究,堪称经典之作。1995 年,汪慕恒教授主编的《东南亚华人企业集团研究》(王勤、蔡仁龙、林伍珖、蒋细定、陈大冰合著)由厦门大学出版社出版,这是中国第一部较为系统地研究东南亚华人企业的专著,由此构成了华侨投资国内与华人企业在海外的全面研究。

---

① [荷]包乐史、庄国土著,厦门大学出版社 1989 年出版。

1994 年，福建人民出版社出版了吴凤斌主编的《东南亚华侨通史》，该书为吴凤斌、林金枝、郭梁、庄国土、蔡仁龙合著，是南洋研究所华侨研究室近四十年研究的集体成果，全书约 70 万字，采用了许多未发表的调查资料和档案材料。1996 年，该书荣获国家教委优秀教材二等奖。

除了东南亚华侨华人史研究成果丰硕之外，东南亚国际关系史和海外贸易与交通史的研究在这一时期亦发展较快，有系列著作问世：《明代海外贸易史》（李金明著）、《中国帆船与海外贸易》（陈希育著）、《中国与东南亚关系史研究》（韩振华著）、《茶叶贸易和 18 世纪的中西商务关系》（庄国土著）、《中国古代海外贸易史》（李金明、廖大珂著），体现了相关领域教学工作对科学研究的推动与传承，凸显了专业人才队伍培养的良好成效。

此外，南洋研究所亦在内部发行相关研究成果，并积极参与福建省、厦门市以及国家有关华侨历史、世界史的工具书与教材编撰工作。

1978—1981 年，南洋研究所先后编印 9 期《华侨问题资料》，以及《荷属东印度公司统治时期吧城华侨人口分析》（黄文鹰、陈曾唯、陈安尼著），该研究成果为研究印尼华侨历史提供了翔实的资料，2020 年 8 月由本院“南洋文库”资助出版。

1984—1995 年，南洋研究所人员参与编写的《华侨历史论丛》（第 1～8 辑）由福建省华侨历史学会编印。1990 年 1 月，中国大百科全书出版社出版《中国大百科全书·外国历史》（上、下册），陈翰笙任该书编委会主任，南洋研究所蔡仁龙、李国梁、林金枝、温广益等参与编写。1991 年，鹭江出版社出版《厦门华侨志》，李国梁、蔡仁龙、林金枝、庄国土等人参与议定编写了大纲，并协助搜集资料，李国梁负责最后的审稿工作，李国梁、蔡仁龙为该书编纂委员会委员。

1993 年，国务院侨务办公室（以下简称“国务院侨办”）侨务干部学校发行试用教材《侨务工作概论》、《华侨华人概述》，庄国土、吴凤斌、林金枝为编写小组成员。同年 11 月 28 日，《华侨华人百科全书》编辑委员会成立，周南京任主编，编委有蔡仁龙、林金枝、庄国土、李国梁、林伍珖等人，该套书共 12 卷，于 1999—2002 年间陆续出版。

同时，南洋研究所人员亦积极参政议政，为社会服务，并荣获诸多荣誉。1982 年，厦门经济特区管委会聘请何启拔、汪慕恒等 23 人担任顾问，并设立经济立法、科学技术和对外经济三个小组开展活动。1983 年 11 月，蔡仁龙、陈曾唯被选为厦门市归国华侨联合会委员。1986 年 5 月 1 日，新加坡华校福建省校友会厦门分会成立，何启拔等为顾问。新加坡华侨中学厦门校友会同时成立，杨成担任会长。本所退休讲师、越南归侨刘焕英于 1994 年担任厦门市越南归侨联谊会理事，2002 年 4 月任厦门市越柬老归侨联谊会副会长兼副秘书长。

何启拔教授曾任民盟福建省委第六至八届顾问、民盟厦门市委第七至十一届顾问等职务，为福建省和厦门市经济建设、人才培养、民主党派自身建设等提供大量可操作性的对策建议和咨询报告，受到福建省、厦门市政协和统战系统的高度好评。

1988 年 3 月，汪慕恒教授荣任全国第七届政协委员，为厦门大学 6 位政协委员之一。汪慕恒既是台胞，又是在经济界有建树的学者，从 1988 年到 2002 年，他始终围绕服务于经济建设、服务于祖国统一大业这一中心献计出力，并做出积极贡献。2006 年，原第七、八届全国政协委员，五届台盟中央委员汪慕恒被中央统战部等部门授予“各民主党派、工商联和无党派人士为全面建设小康社会作贡献先进个人”荣誉称号。

作为民主党派成员和政协委员的蒋细定教授，一直积极、认真地履行参政议政、民主监督等职责。自 1991 年他加入中国民主建国会（简称“民建”）至 2016 年的 25 年间，他撰写、提交议政调研报告、提案、社情民意信息、统战理论等文章约 120 篇。这些文章大多被民建、政协、统战系统各级组织以及中共有关组织主办的报刊采用，或被组织上选作大会发言材料。如《对推进我国引进跨国公司投资的十点建议》一文被政协全国委员会办公厅主办的《政协信息》（2001 年 10—12 月）采用；《政协服务社会建设与管理探索》一文被收录于全国政协理论研究会秘书处主编的《中国人民政协理论研究会 2012 年度论文集》；《如何进一步发挥民主党派民主监督作用》一文被民建中央主办的《民讯》（2002 年第 4 期）采用；《统一战线服务“一带一路”战略若干问题研究》一文被国务院参事室、中央文史馆主办的《工作通讯》（2016 年第 3 期）刊用等。他参与调研和撰写的由中共福建省委统战部指导的调研报告《福建建设海峡西岸繁荣带若干战略问题研究》（厦门大学出版社 1999 年版），得到了时任省委、省政府主要领导的关注和肯定。省委副书记、代省长习近平同志亲自为之作序，指出：该调研报告对“建设海峡西岸繁荣带”的有关战略问题做了充分论证和科学分析，提出了许多有创意的观点和建设性的意见，具有较高的学术水平和应用价值。同时，蒋细定也经常在一些重要会议上积极建言。如2001年2月在省政协全会上做了有关福建省应加大跨国公司引进力度的大会发言，2005年12月21日在省政府召开的《政府工作报告》征求意见会上提出了六点意见建议，得到了莅会听取意见的时任省委书记宋德福、省长黄小晶的关注和肯定。他在二十多年参政议政中的辛勤付出，得到了政协、统战系统的广泛认可，并获得了包括民建中央授予的“全国优秀会员”（2005年12月）和民建福建省委授予的“1997—2002年度参政议政先进会员”称号（2002年8月）在内的25项各类荣誉表彰。他在参政议政中的一些议政成果，也产生了积极的社会经济影响。如其两份提案，一份催生了《厦门商报》（后更名为《海西晨报》）的诞生，一份促成了从浙江进入闽北的丽南高速公路取道经过经济欠发达的松溪县，广受当地干部群众的好评。

此外，南洋研究所于1982年被评为厦门市“全民文明礼貌月”活动先进单位，并荣获厦门市1983年度社会主义精神文明建设先进集体称号。1982年，温广益被评为“福建省归侨先进工作者”。1985年，廖少廉荣获“福建省先进教育工作者”称号；1988年，黄丁兰被评为“厦门市三八红旗手”。蔡仁龙先后于1987年、1991年两次荣获“福建省社会科学联合会先进工作者”称号及奖章。1990年，汪慕恒教授被国家教委授予“对国家、社会有特殊贡献的专家”之殊荣。刘焕英于2000年被评为越南归侨联谊会先进个人，2006年获得“越柬老归侨联谊会先进个人”称号。2001年5月，杨成被中共厦门市委统战部授予“为两个文明建设服务先进个人”荣誉称号。2003年，南洋研究院直属党支部在抗击“非典”疫情等重大事件面前经受住了考验，时任党支部书记林梅被全国教科文卫体工会全国委员会评为“优秀工会干部”。蒋细定担任院工会主席十多年间，认真做好工会和离退休工作，2008年10月被评为“厦门大学离退休工作先进工作者”。他退休后在国际硕博士生教学、科研和社会工作等方面继续做出积极贡献，2014年12月被中共厦门大学委员会授予“老有所为先进个人”荣誉称号。

1978—1995年间，南洋研究所逐步规范管理机制，《南洋问题研究》和《南洋资料译丛》公开发行；开启与境外学者的学术交流与合作，派员出访考察、进修和田野调查；开始招收硕士和博士研究生，专业人才培养制度化，进而成为一个集学术研究、刊物出版、资料收集和翻译、研究生培养于一体的综合性研究机构。随着在东南亚华侨华人史和中外关系史方面的研究成果日渐增多，跨学科的专业人才培养初见成效，南洋研究所提升了基础研究和服务社会的水平，形成了中国东南亚研究与华侨华人研究的大格局，为后续发展奠定了厚实的基础。

第四节　南洋研究院的设立和发展(1996—2005)

1993年2月13日，中共中央、国务院发布《中国教育改革和发展纲要》，指出："要集中中央和地方等各方面的力量办好100所左右重点大学和一批重点学科、专业。"1994年5月，部门预审启动。厦门大学借此打造12门精品学科，其中，以南洋研究所为依托的东南亚问题研究为文科建设重点之一。1995年7月，厦门大学进入国家"211"工程建设行列。南洋研究所由此打开新的局面，在机构建设、东南亚研究和华侨华人研究、学科建设和人才培养、国际学术交流与合作等方面均取得历史性的突破，国际影响力进一步提升。

一、研究院与新科研机构的设立

1996年4月6日，南洋研究所升格为研究院。南洋研究院以原南洋研究所为主体，厦门大学校内其他有关单位和人员加盟研究院。研究院设立东南亚政治经济、华侨华人、中外关系史等3个研究所，以及资料室、两刊编辑部、编译室、行政办公室，同时组建跨学科的东南亚华文文学研究中心。根据研究院已有研究力量，结合学科建设与应用研究需要，兼顾长远发展目标，南洋研究院拟重点发展当代东南亚政治经济、华侨华人研究、中国与东南亚关系史及东南亚史研究、东南亚教育与文化、东南亚政治与法律等研究领域。

在教学与人才培养方面，南洋研究院设有中外关系史博士学位授权点与中外关系史、世界经济专业两个硕士学位授权点，将在已有学科基础上增设交叉学科研究生课程，组织年轻科研人员进修东南亚语种，如印尼(马来)语、越南语、泰语、缅甸语等；拟招收中外关系与东南亚经济方面的海外研究生，并接受海外研究人员来院进修的申请；东南亚华文文学研究中心面向东南亚招收华文文学创作函授班，为国(境)外培养有关人才。此外，加强资料、刊物建设与国际交流，追踪境外最新学术动态。重新组织《南洋问题研究》与《南洋资料译丛》编辑部，明确办刊方向，提高稿件质量。

1995年，日本神户中华总商会会长、著名侨领陈德仁向厦门大学捐款100万元作为教育基金。1999年，厦门大学陈德仁基金会设立“陈德仁基金资料库”，每年拨专款供南洋研究院购买图书。2000年3月，厦门大学东南亚研究中心在南洋研究院基础上设立。同年9月，该中心被教育部正式批准为人文社会科学重点研究基地，进而获得了国家“211工程”、“十五规划”建设项目。东南亚研究中心汇集了东南亚研究人才，极大地增强了南洋研究院在东南亚研究方面的实力。南洋研究院资料室亦名南洋研究院图书馆/东南亚研究中心图书馆，与此同时，中心图书馆开始转变职能，进一步加强对外开放，并逐渐采用现代图书馆的理念加强基础建设，不断健全其管理功能，提升服务品质。

2001年4月，厦门大学嘉庚楼群落成，南洋研究院从南光2号楼迁入颂恩楼第10～11层。部分图书报刊资料另存于群贤楼，2006年，这部分报刊和图书资料移到厦门大学图书馆。

2003年9月，马来西亚时任副首相阿都拉·巴达维访问中国厦门大学，提议两国互设研究机构。2004年2月，马来西亚马来亚大学建立中国研究所。同年12月16日，在南洋研究院成立厦门大学马来西亚研究所，这是中国大陆首个专门研究马来西亚的学术机构。2005年4月6日，马来西亚研究所在厦门大学挂牌成立。“首届马来西亚与中马关系”国际研讨会由厦门大学东南亚研究中心暨南洋研究院主办，来自马来西亚和日本、新加坡、菲律宾、荷兰、澳大利亚、英国、美国、中国等国家和地区相关研究机构的专家40余人参加会议。与会学者对中马关系和东南亚热点问题展开了深入而全面的探讨。同年9月24日，时任马来西亚高等教育部部长拿督沙菲依沙礼一行访问厦门大学，出席了马来西亚研究所的启动仪式。此后，双方每年轮流举办一次有关中马关系的国际学术研讨会，在教师交流、科研合作等方面互动频繁。

二、从传统史学领域转向交叉学科研究

随着中国改革开放的深入，研究队伍专业知识结构的调整，华侨华人研究已

成为有多学科背景、具有国际视野的学者参与的综合型研究。南洋研究院李国梁教授提出中国的华侨华人研究已成为“边缘交叉学科”，应努力构建中国的华侨华人学。厦门大学南洋研究院继承华侨史研究的学术传统，在重视田野调查的基础上，以科学的精神推动学术研究，开拓了东南亚和华侨华人研究的新领域和新方法，并加强专业图书馆的建设，举办或派员参加重要国际研讨会和专题学术会议，培养一批具有国际视野的专业人才，从而成为海外华人研究的重镇。

1996 年 11 月 18—22 日，“世纪之交的海外华人”国际侨史研讨会与中国华侨历史学会第四次代表大会在厦门大学召开。来自世界各地 19 个国家地区 218 名专家学者(含近 70 名海外学者)提交论文 117 篇，就世纪之交侨史、经济、文教、移民、华人认同等多方面进行较为深入的研讨。其中一部分论文被收入《世纪之交的海外华人》(福建人民出版社 1998 年版)。这部论文集上册收录 42 篇中文论文，下册收录 25 篇英文论文。编者庄国土认为该书反映了多学科研究华侨华人的趋势，多数学者从经济学、国际关系学、社会学、民族学、政治学、文化学乃至民俗学、心理学、宗教学等学科的角度来研究华侨华人；调查、个案研究与比较研究的方法被普遍采用，使研究的深度和论证的力度有所提高；研究者的地域分布更为广泛，国内作者不仅来自传统的闽粤地区，东北、中南、华北的学者也提交了颇有分量的论文。在国外学者中，有 5 位来自欧洲、非洲、拉丁美洲。该书还收录有关俄罗斯华人的研究成果。该书既是对当时世界华侨华人研究最新状况的总结，亦能为中国有关政府职能部门提供决策资料。

1997 年 12 月 16 日，中国东南亚研究会第五届年会暨学术研讨会在海口举行。大会对东南亚经济危机、华人发展与前景、亚太地区多元化发展及南海主权争端与资源开发等问题进行讨论。会议期间进行换届选举，新当选顾问何启拔、陈碧笙、汪慕恒、蔡仁龙等，会长孙福生，副会长林金枝、廖少廉等，秘书长庄国土，理事吴凤斌、李国梁、赵文骝等。

1996—1998 年，南洋研究院华侨华人研究所庄国土、施雪琴、郭玉聪、王望波、李国梁等先后到晋江各地进行侨乡现状调查。1998 年 10 月 25—31 日，南洋研究院和福建省海外交流协会、晋江市政府联合举办“中国侨乡研究”国际研讨会。2000 年 5 月，厦门大学出版社和荷兰莱顿大学国际亚洲研究所分别出版了中英文版《中国侨乡研究》(*New Studies on Chinese Overseas and China*)会议论文集。

1998年11月26—28日，世界海外华人研究学会在菲律宾马尼拉市举行第三次国际学术研讨会，主题为"华人社区文化的适应与改造"。会议期间还举行了理事会的换届选举，时任南洋研究院副院长庄国土再次当选为常务理事。

1999年9月16—18日，第二届中国与东盟研究学术论坛在香港大学亚洲研究中心举行。南洋研究院李毅等人与会，并提交《中国与东盟的经济贸易关系》等论文。

1999年11月28日—12月1日，由南洋研究院与中外关系史学会、北京语言文化大学等机构联合举办的中国中外关系史学会第八次学术讨论会在厦门大学召开，会议主题是"海外汉学与中国东南亚文化交流"。会议期间对学会理事会分工做了调整，新选任副会长有庄国土等人。

2001年9月20—23日，为庆祝厦门大学东南亚研究中心成立一周年暨南洋研究院建院45周年，在厦门大学召开了"21世纪初的东南亚经济与政治"国际学术研讨会。来自中国(包括台湾、香港)、菲律宾、马来西亚、新加坡、日本、意大利的专家学者近百名参加会议，提交论文70多篇。论文内容涵盖了现代东南亚政治、经济、文化、国际关系和华侨华人等方面。这次会议在一定程度上反映了国内外学术界在东南亚与华侨华人研究领域中取得的新成果和新动态。

2001年10月，"中国中外关系史学会第五届会员代表大会暨第十次学术讨论会"在昆明召开，会议主题是"西北、西南与海上三条丝路比较研究"。会议有学者指出，中外前辈学者都用"中西交通史"、"南洋交通史"、"海外交通史"的提法，"丝绸之路"一名早期由德国李希托芬(1833—1905)在《中国亲程旅行记》一书中提出。会议期间，会员代表进行换届选举，耿昇任会长，庄国土等任副会长，李金明、聂德宁等任理事。

2001年11月1—3日，中国东南亚研究会第六届年会暨学术研讨会在北京大学召开，会议进行了新一届理事会的选举，原会长孙福生教授继续担任该届理事会会长，原秘书长庄国土担任该届理事会执行会长兼秘书长，廖少廉为副会长。

2002年8月31日—9月1日，"21世纪中越关系展望"中越学者学术研讨会在郑州召开。大会由郑州大学越南研究所所长戴可来教授和南洋研究院院长庄国土教授等主持，南洋研究院廖少廉教授、皮军博士等人参会。同年9月，"泉州港与海上丝绸之路"国际学术研讨会在泉州召开。李金明、廖大珂教授等人参加了会议并做专题报告。

2003 年 9 月 24—28 日，由中国世界民族学会与南洋研究院联合主办的“东南亚民族关系学术研讨会”在厦门大学召开。与会专家学者共 80 余人，会议主题有三个：东南亚华人族群、半岛地区与跨界民族、岛屿地区的民族关系。庄国土当选为中国世界民族学会副会长。

2004 年 9 月 24—25 日，南洋研究院与香港城市大学东南亚研究中心合办的“东南亚华人资本在中国与东南亚的流动”国际学术研讨会在厦门大学召开。来自美国、韩国、丹麦、马来西亚，以及中国大陆和台湾、香港地区的 20 余位学者专家参会，会议分“认识区域化整合与族裔资本”、“中国与东南亚经济的区域化整合”、“文化与政策机制之区域化调和”三个专题进行研讨。

2005 年 5 月 28—29 日，“古代东南亚历史与文化”学术研讨会在北京大学召开。南洋研究院庄国土、廖大珂、张旭东参会并提交《论朝贡制度的虚幻：以古代中国东南亚的朝贡关系为例》、《东南亚古史中的室利佛逝问题》等论文。在闭幕式上，庄国土指出，学术研究应该有自己的价值取向，应该要去追求学术本身的价值，研究中应该要有长远的眼光。①

三、学科建设与人才培养、国际合作的跨越发展

(一)以学科建设为龙头，不断提升科学研究和人才培养的实力

教育部人文社会科学重点研究基地“厦门大学东南亚研究中心”的设立促使南洋研究院以学科建设为龙头，凝炼学科方向，构筑学科平台，综合实力不断提升。

南洋研究院于 1999 年新增“世界经济专业”博士学位授权点，2002 年增设“国际关系专业”硕士学位授权点，2004 年新增“政治学理论”博士生招生专业。同年 11 月，南洋研究院入选国家“985 工程”哲学社会科学创新基地，获评省级

① 史阳：《“古代东南亚历史与文化”学术研讨会会议综述》，《中国东南亚研究会通讯》2005 年第 1 期。

重点学科，并参与专门史、理论经济国家重点学科建设。

自 2000 年起，南洋研究院重视本院图书馆建设，与厦门大学图书馆联网，实现资源共享，建立并逐步完善东南亚资料信息网络系统，保持了东南亚资料收集方面在国内的领先地位。至 2005 年，馆藏图书约 4.5 万册，其中外文书籍 1 万余册；报刊 1 千余种，合订本 3 万多册；另有剪报等资料 1 万余册。馆员出版了《东南亚与华侨华人研究论文索引(1996—2000)》、《华侨华人研究中文书目》等工具书 4 部，建成厦门大学东南亚研究中心中英文学术网站，初步建立东南亚与华侨华人研究论文及书目索引数据库。

2002 年，在中文社会科学引文索引(CSSCI) 发布的统计信息中，本院主办的学术刊物《南洋问题研究》在全国国际问题学科期刊影响因子方面居第 2 位。2004 年 9 月，《南洋问题研究》入选中文社会科学引文索引来源期刊。

自基地建立以来，南洋研究院加大人才引进与合作的力度。截至 2005 年 12 月，南洋研究院有在职教职工 33 人，其中教学科研人员 24 人，教师中具有博士学位的 15 人，占比 62.5%；教授(博士生导师)10 人、副教授 6 人；45 岁以下青年教师 15 人；留学回国教师 12 人，在校外完成某一学历(学位)教育和在校内完成其他学科学历(学位)的教师比例达到 84%，已初步形成一支结构较为优化的教学科研队伍。此外，本院聘请了荷兰莱顿大学包乐史教授、泰国研究专家段立生教授、新加坡国立大学刘宏教授、台湾东海大学古鸿廷教授等境内外相关领域资深专家为兼职研究员，为师生授课，并开展合作研究。

1996—2005 年间，南洋研究院教职工承担了国家社科基金项目 7 项，教育部项目 22 项，省部级项目 22 项，共出版《近现代中国与东南亚经贸关系史研究》等 55 部著作；《马来西亚企业集团的形成与改组》等 11 部译著(含日文译著 4 部，荷兰文译著 1 部)。此外，刘晓民编撰了《ビジネスマンが作った中国語会話に困らない本》(《日中商务会话读本》)、《日中缩略语辞典》等 3 部工具书。

此间，《新加坡经济发展研究》(王勤著)、《菲律宾经济论》(蒋细定著)、《马来西亚金融发展研究》(赵洪著)、《马来西亚工业化进程中的技术学习与技术进步》(李毅著)、《中越经济体制改革比较研究》(皮军著)，《东亚经济发展模式比较研究》(沈红芳著)、《中国与东盟经济关系新格局》(王勤著)、《东盟区域经济合作研究》(廖少廉、陈雯、赵洪著)等著作相继问世，对东南亚国别经济和区域经济合作做了较为系统、深入的研究，拓宽了华侨华人经济研究的领域。

在传统的华侨华人与东南亚研究方面，专题则呈现多样化的特点，涉及历史、经济、文学、教育、宗教、国际关系等学科，如《华侨华人与中国革命和建设》(林金枝主编，李国梁等著)、《族谱与海外华人移民研究》(纪宝坤、崔贵强、庄国土主编)》、《菲华文学在茁长中》(第五届东南亚华文文学研讨会论文选编组编)、《教育与认同：马来西亚华文中学教育之研究(1945—2000)》(古鸿廷著)、《冷战以来的东南亚国际关系》(李一平、庄国土主编)等等。其中，《东南亚华侨华人经济简史》(李国梁著)为国内首部华人经济史研究著作，《华侨华人与中国的关系》(庄国土著)是系统研究海外华侨华人与中国关系的重要专著。

1995 年之后十年，吴凤斌教授在荷兰与包乐史博士将近千册印尼吧城华人公馆档案分类，编成《吧国公堂档案目录》，并对档案进行校注，撰写有关专题文章。1998 年 5 月 30 日，荷兰《海牙时报》(*Haggsche Courant*)做了长篇报道。至 2005 年，吴凤斌与聂德宁、侯真平、包乐史合作研究和校注档案，并出版吧城华人公馆(吧国公堂)档案 5 部，以及 1 部研究著作《18 世纪末吧达维亚唐人社会：吧城公馆档案研究》。

1998 年 6 月 24 日、2002 年 3 月 22 日，李金明教授通过全国社科规划办《成果要报》，先后向中央领导人提出对策建议《〈中国南海疆域研究〉为捍卫我国海洋权益解决南沙主权争议提供依据》、《南沙海域划界与争端处理的对策建议》。2003 年，李金明教授在国际权威刊物 *Ocean Development and International Law*(《海洋开发与国际法》第 34 卷，第 3～4 期合刊)上发表论文 The Dotted Line on the Chinese Map of the South China Sea：A Note(《中国地图上南海断续线考》)。该文通过确凿的史实和国际法、海洋法法理，论证我国南海主权。同年 10 月 6 日，法国重要刊物 *International Political Science Abstracts*(《国家政治科学文摘》)做了转载，引起国际学术界的广泛关注。同年，李金明所著《南海争端与国际海洋法》出版。2005 年，他的《南海波涛：东南亚国家与南海问题》一书面世，该书从南海问题切入，深入探讨中国与东南亚国家的关系，所附《东南亚国家与南洋问题大事记(1970—2002 年)》首次系统梳理了越南、菲律宾、马来西亚、印度尼西亚和文莱围绕南海问题发布的重要言论与展开的活动和讨论，对捍卫我国领土主权、维护我国合法海洋权益有着重要的理论意义和现实意义。

与此同时，南洋研究院亦重视在项目研究中组建团队，推动教学高质量发展，培养人才梯队。2002—2007 年，庄国土教授主持“新移民研究”项目，课题组以福建侨乡田野调查为内容，得到中国国务院侨办、教育部社科基金与美国国家科学基金、日本住友财团的支持，该课题亦是与美国纽约市州立大学的合作项目。课题组采用《侨乡社会经济调查家庭问卷》和《侨乡社会经济调查社区问卷》两种设计，取得81个村（居委会）共2600余份有效问卷，编成未刊《福建新移民调查资料汇编》。课题组的成员有南洋研究院科研人员郭玉聪、王望波和王付兵等老师，以及本院多届研究生，此外还有福建省侨办部分工作人员。

2004年，庄国土教授承担国家清史纂修工程《典志·华侨志》。厦门大学南洋研究院课题组编撰《清代华侨史补充资料》，参与文献搜集和整理工作的还有陈君、王付兵、沈燕清、闫彩芹、黄素芳、刘桔红、洪小荣和肖彩雅等师生。2013—2014年，李金明教授、聂德宁教授亦分别各自承担和完成了《清史·边政志·海疆篇·南海疆域》、《清史·外贸志·南洋贸易篇》的编撰工作。

随着学科平台的建立、基础条件的建设、科研水平的提高，南洋研究院的办学规模逐步扩大，博士生和硕士生数量有较大幅度的增长。1996—2005年间，南洋研究院共培养16名博士生、85名硕士生，含3名留学生，其中日本留学生三滨成太是本院首位外国硕士生。在此期间，南洋研究院注重提高研究生培养质量，不断改善培养机制，制定出台一系列研究生管理制度；新开设一批质量较高的研究生课程，将部分重大科研成果应用于课程教学，不断改进教学方式；建有教学实验室，添置电脑、摄像机、复印机等设备，用于研究生日常学习与科研工作；为报告厅、小型机房、普通教室和会议室进行多媒体设备建设，配备多台专业服务器，由工程师定期更新与维护；重视培养学生的学术兴趣，营造浓郁的学术氛围，为研究生举办学术论坛、导师论坛、博士生沙龙以及周末茶座数十场。因之，研究生的科研水平在学期间得到提高，人才培养结构不断优化。2001年，刘勇在南洋研究院毕业后，到荷兰莱顿大学历史系攻读博士学位，预备期一年。此间，刘勇协助吴凤斌整理珍贵的印尼华人公馆档案。2006年，刘勇获得荷兰莱顿大学博士学位，成为国内屈指可数的懂得古荷兰语的学者。

就整体研究水平和学术影响力而言，中国东南亚与华侨华人研究力量主要集中在高校，而厦门大学具有传统优势。与社科院系统和政府相关部门的研究机构相比，南洋研究院重视基础研究、学科建设和人才培养。其研究涉及东南亚与华侨华人历史、文化、文学艺术、族群、语言、经济、政治等多个人文社科基础研究领域，具有长期性和综合性。此外，南洋研究院具有多学科优势，能整合不同学科的人才，进行跨专业的交流与合作。南洋研究院招收研究生，长期系统地培养高层次后备人才，为中国东南亚与华侨华人研究注入活力。

（二）加强与海外的学术交流，推进合作研究

这段时期，来自欧洲、日本、美国、东南亚国家以及港澳台地区的访问学者约有一百余人次，其中进行 1 个月以上驻院研究的境外学者有 8 人。高端访问和学术交流将南洋研究院的研究水平推向新的高度。

1.荷兰

1999 年 4 月，荷兰女王贝娅特丽克丝访问厦门时，会见时任南洋研究院副院长廖少廉教授。2000 年 7 月，荷兰莱顿大学与厦门大学南洋研究院签署了合作研究印尼《吧国公堂档案》的意向书。双方一致同意对该档案《公簿案》进行点校和注释，由厦门大学出版社出版发行。2001 年底，在荷兰皇家科学院国际合作局的大力支持下，经中国教育部国际司欧洲处核准，《吧国公堂档案》合作研究项目升格为厦门大学、荷兰莱顿大学及荷兰皇家科学院三方的合作研究。2002 年 10 月 25 日—11 月 25 日，荷兰莱顿大学包乐史教授来南洋研究院，推进吧城公馆档案研究与出版。2005 年 10 月 24 日，荷兰莱顿大学副校长梁兆兵夫妇来访，与庄国土教授座谈。

2.香港

2001 年 3 月 30 日，香港城市大学东南亚研究中心黄丽嫣博士到访，做了题为“经济全球化下的东南亚”的报告，让南洋研究院研究人员了解到东南亚研究领域的最新动态，双方还探讨了学术合作。同年 4 月 6 日，香港城市大学校长张信刚教授在南洋研究院做关于东南亚移民与族群的专题报告，提出要从中西文化的角度去研究东南亚的民族和文化，并希望加强两个研究机构的交流与合作。2002 年 12 月 2—3 日，该校东南亚研究中心主任、泰国问题专家饶伟讯教授（Kevin Hewison）、斯蒂芬·弗罗斯特博士（Stephen Frost）、卡尼施卡·加雅苏

瑞亚博士(Kanishka Jayasuriya)来访,饶伟讯教授做了题为“泰国新政治”的学术报告。香港城市大学东南亚研究中心和厦门大学南洋研究院正式签订合作协议。

2002 年 5 月 18 日,香港中文大学图书馆副馆长吴余佩娴一行来访,商谈华侨华人图书资料交流。

3.台湾地区

2001 年 4 月 5 日,台湾东海大学历史学教授、厦门大学东南亚研究中心兼职研究员古鸿廷到访,做题为“台湾东南亚研究述评”的报告。同年 5 月 19 日,台湾东华技术学院副院长崔德高博士等 3 人在南洋研究院,就“两岸关系中的海外华人”问题,与庄国土、李一平等学者座谈。

2003 年 2 月 18 日,台湾中国文化大学政治研究所江炳伦教授一行来本院参观座谈。翌年 9 月 20 日,台湾清华大学人文学院院长黄一农博士、历史研究所张增信助理教授就东亚海上贸易合作项目与南洋研究院学者进行交流。当月 22 日,台湾东吴大学历史系徐泓博士来访,商谈海洋史资料合作计划。

2005 年 1 月 7 日,台湾成功大学公共事务中心主任吴京教授与金门技术学院李金振教授等 12 人在南洋研究院举办题为“郑和下南洋出西洋:史实、启示、行动”的讲座。同年 7 月 2 日,台湾成功大学政治系主任宋镇照教授来访,双方就研究生的交流计划进行磋商。当年 11 月 17 日,台湾“中央研究院”院士曹永和与海洋史研究中心张彬村、朱德兰、陈国栋、汤熙勇、刘序枫、刘石吉、钟淑敏等教授访问南洋研究院。

4.日本

2001 年 4 月 5 日,新加坡学者、日本龙谷大学教授卓南生来南洋研究院访问,做关于“日本媒体与中日关系”的演讲。同年 10 月 21 日,旅日侨领林同春先生来访,做题为“21 世纪华侨事业对全球经济的影响”的学术报告。2001 年 9 月—2002 年 4 月,日本大东文化大学郑新培副教授来本院进行客座研究。2002 年 12 月 23 日,日本津田塾大学蔡史君教授与南洋研究院研究人员和研究生进行交流，主题为“日本占领新加坡的历史定位与史观摩擦”。

2002 年，南洋研究院李国梁教授与日本立命馆大学经济学部西口清胜教授达成有关东南亚经济和华侨问题研究，并到东南亚进行实地调研的协议。“东亚货币金融危机之后东南亚各国企业及金融部门改革和重组的实证研究”课题组双方成员在新加坡、马来西亚、印尼和菲律宾进行实地考察后，于 2003 年 1 月 8—9 日，在日本京都举行调研报告会，参加者有李国梁、沈红芳、王勤、吴崇伯、赵洪、刘晓民等。

2004 年 8 月 19 日，日本大阪教育大学菊池一隆教授、张国东博士来访，就华侨与抗日战争问题交换看法，并参观本院图书馆。同年 9 月 22 日，日本拓殖大学海外事情研究所所长佐濑昌盛教授一行 4 人来南洋研究院参访交流。2004 年 11 月 15 日，日本神户大学国际文化学系安井三吉教授等 4 人来本院交流中国的华侨华人研究状况。

2005 年 2 月 26 日，日本著名东亚史教授、东洋文库理事斯波义信教授和日本著名学术出版社岩波书店学术编辑部主任马场公彦课长来访，同庄国土教授等商谈有关东南亚研究著作的出版问题。

5.美国

2002 年 11 月 28 日—12 月 5 日，美国纽约城市大学社会学系梁在副教授来南洋研究院就福州籍新移民问题进行合作研究。同年 12 月 27 日，国务院侨办政策研究司率北美华人研究博士团 10 位学者到研究院访问，与庄国土、李国梁等 10 余位专家就新移民、华人社区问题进行交流。

2004 年 7 月 26 日，美国国防大学国家战略研究所研究员菲利普·桑德斯(Phillip C. Saunders)博士一行 4 人来访，就中国与东南亚的经济关系进行座谈。2005 年 10 月 27 日，美国加州大学洛杉矶分校族裔系主任周敏教授来访，与南洋研究院研究生就学术论文的写作和课题基金的申请进行研讨。

6.东南亚国家

2001 年 7 月 9 日，菲律宾记者访华团一行 10 余人访问南洋研究院，专访廖少廉、王勤、蒋细定、李一平等学者，提问涉及东南亚华侨出国原因、新移民、菲律宾经济发展、中菲关系等问题。

2001年10月10日，时任新加坡驻厦门总领事黄友江先生与新加坡国家图书馆访问团来南洋研究院参访、座谈。同年11月6日，新加坡华裔馆馆长纪宝坤教授来研究院访问，商定共同编辑出版《族谱与海外华人移民研究》著作。2002年3月9—15日，新加坡国立大学东南亚研究所娜塔莎·汉密尔顿·哈特博士(Natasha Hamilton—hart)来本院讲学，主题为"马来西亚的政治经济"。同月25—29日，新加坡国立大学高本兰博士(Goh Benglan)来南洋研究院讲授"马来西亚民族、阶层和国家"课程。2003年9月19日，新加坡南洋理工大学人文与科学院筹备委员会主席郭振羽及经济系主任陈抗教授来访商谈合作。翌年5月18日，新加坡南洋学会前会长、国际贸易学院世界银行研究项目总监魏维贤先生来访，做题为"东南亚学术研究、基金及相互影响"的学术报告。2005年6月18日，新加坡国立大学东亚研究所所长黄朝翰、高级研究员邹克渊与庄国土、王勤教授等进行会谈，商讨双方合作计划与联合举办国际学术会议。

2001年10月30日，印尼锡江国立大学校长拉迪·甘尼(Radi A. Gany)博士一行14人来南洋研究院访问，商谈师生互访、课题合作、语言学习等问题。同年12月17日，印尼《坤甸日报》副主编赖民裕来访，与王勤、林梅、吴崇伯等学者进行交流。

2003年9月，马来西亚副首相阿都拉·巴达维一行在对中国进行正式友好访问之际莅临厦门访问，为厦门大学与马来西亚高校间的交流与合作提供了契机，使双方的合作进入一个新里程。同年12月16日，南洋研究院与马来西亚董教总教育中心签订关于合作开展马来西亚华侨华人研究的协议书。

2004年9月15日，马来西亚的马来亚大学、玛拉工艺大学、马来西亚国立大学、沙巴大学、国际伊斯兰大学、科技大学学者访问团来南洋研究院，商谈中国马来西亚研究及马来西亚的中国研究合作项目与人员交流。同年12月25日，马来亚大学林忠强教授来访，商谈福建会馆与南洋研究院关于海外福建人的合作研究。

2005年2月17日，前缅甸共产党中央副主席古方同志来访。庄国土教授、范宏伟博士、张旭东博士与古方就缅甸当前的政治与社会等问题进行了较为深入的探讨。同年10月31日，东盟秘书处经济整合部主任蒂塔帕女士(Ms. Thitapha）与前联合国官员拉姆博士（N.V.Lam）访问本院，并以“中国—东盟自由贸易区：东盟的视角与东盟中小企业”为题进行学术演讲。

（三）教师与学生出境访学交流

除了接待境外学者来访之外，此间，南洋研究院亦有两百余人次先后赴菲律宾、泰国、新加坡、印尼、缅甸、荷兰、意大利、日本、美国等国家，以及中国香港、台湾地区参加国际学术会议、交流或进行田野调查，增进中国与东南亚乃至世界多国和地区的相互了解，推进并传播相关研究，扩大国际影响力。

1.东南亚地区

1994 年 10 月—1997 年 2 月，蒋细定副教授应菲律宾世界日报社邀请，赴菲律宾进行学术访问，并被聘为经济版主编。期间，他既从事菲律宾经济、华人经济、中菲关系等研究，经常参加当地大学研究机构举办的有关学术活动，也以“江凡”等为笔名，在《世界日报》等报刊发表大量经济社会述评。此外，他在菲律宾大学亚洲中心、菲华联谊会等机构多次做专题学术报告，也接受过香港传讯电视台记者就菲律宾经济、亚太经济合作等问题的专题采访。1997 年 8 月—1998 年 8 月，皮军助理教授赴菲律宾雅典耀大学访学。1998 年 6—9 月，沈红芳副教授赴菲律宾大学亚洲中心访问研究并开展对菲律宾经济与侨社的实地调研。2000 年 1—5 月，沈红芳到菲律宾考察 1997 年东亚金融危机对菲律宾的影响，并被聘为菲律宾大学亚洲中心与经济学院访问副教授，期间做了题为“东亚金融危机对菲律宾与泰国的影响比较研究”，以及“中国入世对中国菲律宾经济关系及菲律宾经济的影响”的学术报告，后者刊登在菲律宾大学亚洲中心刊物《亚洲研究》（*Asian Studies*，2002 年第 1 期）。2002 年 11 月—2003 年 7 月，在美国福特基金会亚洲研究项目的资助下，施雪琴副教授到菲律宾大学综合发展研究中心进行为期九个月的学术研究与田野调查。2003 年 8—9 月，在日本国家课题的资助下，沈红芳教授再次赴菲律宾大学经济学院进行访问研究和实地调研，并做了“金融危机对泰国与菲律宾的影响：比较研究”学术报告。同年 9 月 3 日，应菲律宾世界日报社和菲华联谊会的邀请，沈红芳为菲律宾华社做题为“中国与菲律宾的经济合作：回顾与前瞻”的演讲。

1997 年 5 月，赵文骝教授访问马来西亚马来亚大学，并调研当地政情与华人企业状况。2004 年 7 月 28 日—8 月 26 日，李一平副教授一行六人应马来西亚华校董事联合会（以下简称“董总”）的邀请，前往马来亚大学中国研究所、新纪元学院、拉曼大学、韩江学院以及董总、吉隆坡中华大会堂、福建社团联合会、马中友好协会、马华公会、民主行动党等机构进行学术访问与田野调查，同行的有本院王付兵、王望波、沈燕清、赵海立四位讲师和专门史专业 2001 级博士生叶兴建。同年 11 月 4—7 日，应马来西亚高等教育部和马来亚大学的邀请，王勤教授前往马来西亚进行学术访问。2005 年 6 月 14—17 日，庄国土教授应邀出席马来亚大学 100 周年校庆活动，并在马来亚大学中国研究所发表演讲。2005 年 12 月 1 日—2006 年 1 月 23 日，王付兵助理教授、赵海立博士前往马来西亚，对当地华侨华人历史与现状及马来西亚政治、经济、文化等现况进行学术调研。

2000 年 5—10 月，沈红芳副教授赴泰国国立法政大学经济系和朱拉隆功大学中国研究中心进行学术访问，做了题为“东亚金融危机对泰国社会与经济的影响”的学术报告，并对泰国首都曼谷和泰国北部进行实地考察与调研。翌年 5 月 27—29 日，沈红芳参加在泰国举行的美国福特基金亚洲研究项目第一次年会，提交论文《东亚经济危机：东亚经济发展模式的催化剂？——菲律宾泰国经济发展模式比较》，该文刊登在由劳德斯·萨尔瓦多主编的《亚洲化的亚洲：反思、历史与认同》（2001 年 9 月出版）。2004 年 7 月 1 日—8 月 1 日，施雪琴副教授前往泰国国家发展管理研究院进行学术研究。同年 7 月 4—30 日，本院博士生石维有赴泰国朱拉隆功大学访学。

2001 年 3 月 8—12 日，李一平副教授到新加坡参加“海外华人社团跨国活动”国际学术研讨会，并做报告，题目为“1978 年以来的福建籍华人社团与福建社会经济发展”。同年 6 月 29—30 日，庄国土教授赴新加坡出席“新马华人传统与现代的对话”国际学术研讨会，做题为“情感或利益：华人在中国投资的动机——以新加坡、马来西亚华人在华投资为例”的大会报告。2004 年 2 月 15 日—3 月 1 日，李金明和廖大珂教授，张旭东副教授、冯立军助理教授先后访问新加坡南洋理工大学华裔馆、新加坡东南亚研究所和马来西亚吉隆坡雪隆海南会馆等机构。同年 8 月 16—30 日，沈红芳教授在新加坡国立大学东亚研究所访问研究，期间做了题为“中国与菲律宾的政治经济关系”的讲座，讲座报告经修改后以单行本的形式在新加坡出版发行。2005 年 8 月 18—20 日，李金明教授在新加坡参加主题为"海洋亚洲与海外华人(1450—2005)"的第三届海外华人研究与文献收藏机构国际会议，在会上做"17 世纪初全球贸易在东亚海域的形成与发展"学术报告。

2002 年 9 月、2003 年 9 月，庄国土教授、廖少廉教授先后赴越南社会科学院进行学术交流。2005 年 11 月 6 日—12 月 29 日，范宏伟博士前往缅甸，对仰光、曼德勒、彬乌伦、东枝等地的华校、社团、庙宇进行全面的田野调查。

2004 年 7 月 16 日—8 月 15 日，吴崇伯教授、林梅副教授对印度尼西亚战略与国际问题研究中心进行学术访问。2004 年 9 月，南洋研究院专门史 2002 级硕士生范文娟前往印尼智星大学，担任该校的华文老师，任期至 2005 年 8 月。2005 年 12 月 1—23 日，施雪琴博士应邀赴印度尼西亚日惹加札马达大学(Gadjah Mada University)访学，与该校历史系邦邦等教授进行座谈，并围绕其研究课题进行资料收集。

2.欧洲国家、日本、澳大利亚和美国

1997 年、1999 年、2001 年，林梅、王望波、李毅先后到荷兰阿姆斯特丹大学访学一年。1997 年 6 月，庄国土赴意大利那不勒斯东方大学担任为期三个月的研究员，并到荷兰参加国际学术讨论会。2005 年 6 月 25 日—8 月 25 日，聂德宁等 3 人到荷兰莱顿大学汉学院进行为期两个月的学术访问和交流活动。

1999 年 12 月，赵文骝访问日本东京大学并做有关侨乡调查的学术报告，他还访问京都大学并与该校教授讨论当时十分严重的亚洲金融危机。2002 年 11 月 29 日—12 月 10 日，李国梁赴日本神户大学出席"华侨华人与国际化"国际学术讨论会，并在会上做题为"闽籍华侨网络与日本华侨华人"的报告。会后，他应东京华侨华人研究会邀请前往访问并演讲。2004 年 1 月 7—11 日，李国梁、王勤、沈红芳、吴崇伯教授与刘晓民副译审前往日本立命馆大学交流，开展合作项目。2004 年 10 月 1 日—2005 年 1 月 28 日，庄国土应日本京都立命馆大学经济学部邀请，担任该部聘任教授，为本科生和研究生开设两门课程，主要内容为华侨华人与中国的对外关系以及华商网络与中国对外海商贸易。2005 年 1 月，李国梁、刘晓民应邀出席日本立命馆大学举行的"东亚经济合作"学术研讨会。

2000 年 4 月—2001 年 4 月，吴崇伯赴澳大利亚墨尔本大学国际商学院访学，完成项目“Australia’s Outward Investment in China”(澳大利亚对中国的投资)。2002 年 7 月 1—3 日，沈红芳参加澳大利亚塔斯马尼亚大学主办的澳大利亚亚洲研究协会第 14 次年会“主权的背后：国家与地方”国际研讨会，提交论文《泰国与菲律宾的经济发展模式比较》。

2001 年 9—10 月，廖少廉赴美国哈佛大学等校进行学术访问。翌年 3—6 月，庄国土任美国纽约城市大学客座教授。

2004 年 7 月 2 日—8 月 20 日，赵洪副教授到英国萨塞克斯大学进行短期进修。

3.香港和台湾地区

2001 年 6—8 月，庄国土应邀赴香港城市大学东南亚研究中心担任客座教授。2004 年 3 月 22—26 日，庄国土、王勤、李国梁教授赴香港参加香港城市大学东南亚研究中心和厦门大学东南亚研究中心暨南洋研究院联合召开的“中国与东南亚：东南亚华人资本的机会和挑战”国际学术研讨会。有 6 个国家共 21 位学者参会，包括教授 10 人，会议语言为英文。这是厦门大学东南亚研究中心暨南洋研究院首次在境外参与主办的国际学术会议。两家机构签订进一步进行合作研究和人员交流协议。此前 3 年间，两个中心已合作翻译出版东南亚研究名著《泰国的政治变化：民主与参与》([英]饶伟讯著)与《当代东南亚政治研究指南》([英]迈克尔·利弗著)。

2005 年 6 月 17—19 日，廖大珂教授、施雪琴副教授前往台中市东海大学参加“台湾与东南亚历史发展”国际学术研讨会。同年 11 月，庄国土教授、蒋细定教授、李一平副教授、冯立军讲师访问台湾东海大学并参加通识教育中心举办的第九届台湾历史与文化研讨会。

2005 年 7 月 11—14 日，李金明教授在香港参加由香港大学中文系和香港历史博物馆主办的“郑和下西洋 600 周年纪念国际学术研讨会”，在会上做题为“论郑和下西洋前后中国的海洋文明”的报告。

厦门大学南洋研究院和东南亚研究中心设立后，集合国内外相关领域优秀人才与资源，以多学科建设推进复合型高端人才的培养与团队建设；重视资料翻译与系列出版，历史研究与现状研究并重；《南洋问题研究》入选中文社会科学引文索引来源期刊，成为中国东南亚研究与华侨华人研究的重要学术阵地；将内部资料室提升为专业图书馆，转变职能，提供对外公共服务；积极开展国际学术交流与合作，在东南亚国别与区域经济、政治及社会文化等方面取得显著的研究成果，在中国与东南亚关系史、华侨华人史、南海诸岛等传统领域，亦开辟新的专题，尝试新的方法，不断深入研究。由此，厦门成为海外华侨华人研究和中国东南亚研究的重镇。

第五节　国际关系学院的成立与发展(2006—　)

2002 年以来，在全球化进展加速的大背景下，国际问题研究作为综合研究和交叉学科研究受到广泛关注，相关领域人才培养日益引起厦门大学的重视。2006 年，厦门大学以南洋研究院为核心，整合国际法、国际贸易、国际政治、海外华文研究和教育等相关学科及各类国际问题研究机构的资源，培植新学科增长点，设立国际关系学院，完善学科结构。

2014 年，国际关系学院/南洋研究院由厦门大学思明校区颂恩楼迁至南安楼，该楼为嘉庚建筑精品——建南楼群的一部分，始建于 1951—1954 年，为全国重点文物保护单位，巍然矗立在山坡上，俯瞰大海，本院由此开启新的篇章，加强建章立制，各项管理逐步精细化，开拓创新，推动科学研究、人才培养和资料建设攀上新的高峰。东南亚研究中心以围绕国家“一带一路”倡议、服务国家重大需求和“双一流”建设为目标，以学理研究为基础，结合理论研究与实证研究，继承厦门大学面向海洋、面向东南沿海及东南亚的人文学术与历史研究之传统和特色，助力厦门大学马来西亚分校建立，以高起点、高水平承接发展，开放合作，机制体制创新为基本原则，设立新型智库，在学术研究、承担项目、政府决策咨询、资料信息建设等方面强化优势，成就出色。

一、学院成立与综合性东南亚研究和教学体系的形成

自 2002 年起,南洋研究院发掘新的学科增长点——国际关系,建成 3 个博士学位授权点、3 个硕士学位授权点和 2 个本科专业,并逐步形成了国际关系、世界经济、专门史等多学科和综合性的东南亚研究与教学体系,“东南亚研究”为福建省重点学科。

为培养可直接服务于国际文化交流、国际问题教学研究工作以及外交与涉外工作方面的专业人才,2006 年 12 月 14 日,在学校的建议和支持下,厦门大学国际关系学院在南洋研究院基础上成立,新设国际关系系,招收本科生。2007 年,国际关系学院制定本科生教学计划和培养手册。同年 9 月,学院招收首批 29 名国际政治专业本科生,启动国际政治本科生课程,其中近半为英语教学,逐步健全人才培养体系。

2008 年 9 月,国际关系学院首次招收来自美国、澳大利亚等国的国际硕士生,实行全英文授课。

2010 年 12 月 6 日,为顺应全球化时代国际移民浪潮,加强对中国海外移民现象与影响的研究,秉持服务福建地方经济发展及推动中国外交与侨务工作开展的宗旨,在学校领导与国务院华侨事务办公室的积极支持下,国际关系学院依托本院长期区域研究和华侨华人研究的基础与成果,成立侨务与外交系,设立外交学专业,并于 2010 年开始招收首批外交学专业本科生。自 2012 年起,根据学校要求,国际关系学院实行大类招生,每年招收约 40 名政治学类本科生,大类培养两年后进行专业分流。

2012 年,南洋研究院在政治学一级学科下新增“国际关系”博士专业。2013 年 9 月开始招收首批该专业博士生。

至 2012 年 4 月,南洋研究院获批的 3 个硕士生招收专业为世界经济、国际关系、中国史,4 个博士生招收专业为政治学理论、国际关系、世界史、世界经济,属于政治学、理论经济学、世界历史三个博士一级学科。

2017 年 4 月,南洋研究院与厦门大学公共事务学院、台湾研究院共同设立了政治学博士后科研流动站,与人文学院共同设立了世界历史博士后科研流动站。同年 12 月,南洋研究院有三个研究方向入选厦门大学“双一流”建设“一带一路”学科群:中国与东南亚关系的新发展,中国企业在沿线国家的投资及风险

管控研究,华侨华人、文化传承与民心相通。2018 年 11 月,南洋研究院与厦门大学经济学院共同设立了理论经济学博士后科研流动站。

国际关系学院/南洋研究院的发展得到了厦门大学的大力支持。2011 年 4 月,为深入贯彻落实科学发展观,进一步理顺研究院/学院内部系、所关系,充分发挥系、所办学的积极性和创造性,根据《厦门大学校院二级管理体制实施办法》(厦大人〔2010〕76 号)文件精神并结合本院实际情况,本院制定了《内部管理工作实施办法》。2014 年,学校制定了《厦门大学校级科研机构建设管理办法》。2016 年,厦门大学重新修订并印发了这份与基地建设、发展高度相关的文件,为本院的科研发展提出了新要求,指明了新方向。同时,本院也重视加强自身建设,不断深化管理体制改革,并于 2017 年 1 月推出《文件汇编》,正式出台了党政联席会议议事规则等议事/决策制度、财务资产管理制度、教职工与学生管理制度、安全管理制度、教职工慰问制度等一系列管理办法,明确了权责,提高了管理效率,为科学研究、人才培养、国际交流等工作的积极开展提供了制度性保障。

与此同时,本院亦得到了国家和省委等各级政府部门、中国国家海洋信息中心等企事业单位项目立项和相关支持,并得到厦门大学的经费支持,本院亦投入配套经费,合力推动教学科研、资源建设、成果出版、国际交流等各项工作的开展。

本院图书馆与厦门大学图书馆合作,扎实推进资源与信息平台建设,新增各类资料约 2 万册,采购专业数据库 9 种、大型特藏 18 种;完成 1 万余册报刊资料数字化工作;不断完善东南亚研究中心中英文网站,依托网站建设数字图书馆和专题数据库。本院工程师姚晓静先后于 2007 年、2013 年对本中心网站界面进行改版升级;2008 年完成了国际关系学院中英文网站建设;2015 年、2016 年相继改版学院中英文网站,参与学校组织的二级英文网站建设评比工作,最终被评定为较好。2017 年,本院技术部与图书馆开始陆续协调并开展国际关系学院及东南亚研究中心中英文网站的网站群迁移工作,其间进行了大量的历史数据核对,并于 2020 年 3 月完成,极大地提高了网站的安全性,加强了网站规范化建设。

这一阶段,本院工会在组织召开教代会、推选教职工代表、参加学校相关活动、组织学习和文体活动、关心退休教职工、加强师生联谊等方面继续做出努力,使教职工文化生活丰富多彩,增强机构凝聚力,为学校各项建设贡献力量。2014

年6月26日，本院工会首次成立基层妇委会。2016年4月16日，由本院妇委会牵头组织的“三月风采”展示节目——《水灯节之舞》在建南大礼堂亮相，该节目由部分男女教师穿戴泰国传统服饰出演，展现了泰国传统节日的风貌，最终获得“优秀奖”。

《水灯节之舞》演出剧照

此外，国际关系学院/南洋研究院注重加强日常管理，提升服务全体学生的水平。

1.增强学风建设，营造良好学习氛围

本院利用新生座谈会、毕业生党员座谈会、学科建设调研会等多种形式，积极倾听学生声音，并根据学生诉求，有针对性地进行反馈和整改。组织开展“院风学风”评选活动，选树一批优秀学生，发挥典型示范和朋辈教育作用。本院围绕“立德树人”这一根本任务，推进“三全育人”工作深入开展，认真落实党政领导干部、辅导员听课制度，加强学生考勤管理和课堂学习纪律管理，加强诚信考试教育和学术规范教育等学风建设工作。

2.完善规章机制，推动资助育人

本院按照“公平、公正、公开”原则组织开展各项评奖评优工作和家庭经济困难认定，由班主任、辅导员、学生代表组成困难认定小组，逐个摸底谈话，建立谈心记录。2019 年共认定困难生 18 人，发放资助金 53000 元。此外，本院努力拓宽勤工助学渠道，设立 6 个勤工助学岗位。

3.加强心理教育，促进学生健康成长

本院不断完善辅导员、兼职辅导员和心理委员的配备，积极鼓励、支持专兼职辅导员参加校内外学习和交流培训，建设高素质师资队伍。本院加强对心理健康工作的重视，建立掌握学生日常动态的有效机制，做好学生的心理疏导、干预和帮扶。开展新生入学心理测评，邀请心理咨询中心专业教师进行新生心理专题讲座，举办新生素质拓展、定向越野等活动，落实辅导员谈心谈话制度，重点关心关注特殊学生。

4.着眼安全稳定，确保学生群体和谐有序

组建学生安全委员队伍，加强安全知识宣传；在社会实践和假期前集中开展安全教育大会；组织消防安全演练，提高全院师生的消防安全意识；落实学生宿舍行为的督促和评价机制，定期开展宿舍安全卫生检查工作。

5.积极改进面向国际生、港澳台生的工作方法

作为国际化办学程度最高的学院之一，本院不断尝试新的面对国际生、港澳台生的工作方法，获得了广大留学生、交流生的称赞。如国际硕士班级选配热心、责任心强的专业老师担任班主任，并在研究生会、学生会下设专门面向国际生、港澳台生的工作部门，吸收国际学生加入；在各项学生赛事中，积极鼓励国际生、港澳台生参加；在中国传统节日来临之际，邀请国际生、港澳台生参加，让国际生、港澳台生感受到家的温暖。

6.做好网络宣传,构筑学院宣传门户

着力打造网络宣传阵地,不断创新宣传形式。2016 年,本院建立了"大国罐"、"印象·国关"两个网络文化工作室,培养了精通网络运维、内容创作或产品研发的人才队伍。2019 年共在"厦大国关南洋"微信公众平台发布 274 篇推文,阅读量达到 90247 人次,位列厦门大学各学院官方新媒体平台活跃指数前五名。在第四届全国大学生网络文化节厦门大学选拔赛中,本院选送的作品共获得摄影类、音频类、微电影类、网络推文类等 5 项优秀奖。

二、国际政治和外交学专业的建设与发展

(一)学科发展与专业建设

2006 年,厦门大学在南洋研究院基础上成立国际关系学院,设立国际政治专业,并于 2007 年 9 月招收首批本科生。2010 年,国际关系学院成立侨务与外交系,设立外交学专业,开始招收首批外交学本科生。2012 年,国际关系学院实行大类招生,大类培养两年后按国际政治专业和外交学专业进行分流,历年分流人数统计见表 1-1。

表 1-1　2007—2019 各年级专业分流人数统计表

单位: 人

年级	总人数	国际政治专业	外交学专业
2007 级	31	31	N/A
2008 级	30	30	N/A
2009 级	30	30	N/A
2010 级	47	28	19
2011 级	48	28	20
2012 级	46	27	19

续表

年级	总人数	国际政治专业	外交学专业
2013 级	47	31	16
2014 级	39	26	13
2015 级	30	21	9
2016 级	38	23	15
2017 级	49	25	24
2018 级	38	N/A	N/A
2019 级	45	N/A	N/A

注:截至 2019 年 12 月,2018、2019 级本科生尚未进行专业分流。

2015 年 11 月,国际关系学院迎来首次教育部本科教学评审工作。全面核查本次参评的三类档案材料,包括近三个学年的课程档案、课程试卷、毕业论文。学院梳理各类材料,在校内三次检查中逐步改进问题,顺利通过教育部首次评审。

(二)教学机制变化、课程设置变动与教学改革成果

1.坚持教授上课制度,以强带新做好专业课程传承

国际关系学院具有高级职称教师给本科生上课比率为 100%,且每人至少独立承担一门 2 学分的专业课程。外交学专业课程由侨务外交研究和区域与国别研究领域的资深教师负责。其中外交学专业核心课程“中国侨务与华侨华人”,自开课以来一直由著名华侨史与中国侨务政策研究学者庄国土教授负责,其退休后仍继续担任该门课程的教学顾问。2019 年 11 月 1 日,本院聘请知名学者周桂银教授为国际关系学科讲座教授。

2.重视教学能力提升，选派教师外出调研和交流研修

近年来，国际关系学院分批选派优秀教师出国访学调研、参加国际学术会议和研修项目。2016 年 7—10 月，助理教授闫森入选国家留学基金管理委员会(以下简称“国家留基委”)2016 年青年骨干教师出国研修项目，是厦门大学首位入选该项目的年轻教师，赴澳大利亚麦考瑞大学进行高等教育教学法研修，进行专业教学法培训，了解翻转课堂教学等。2016 年 5 月—2017 年 6 月，冯立军副教授、王付兵副教授分别赴新加坡南洋理工大学、马来西亚马来亚大学进行为期一年的访学。2018 年 5 月，高艳杰副教授赴美国马里兰大学进行短期访学。2019 年 4 月，施雪琴教授获得国家留基委资助赴荷兰莱顿大学进行短期访学。此外，本院积极选派学科骨干教师参加国内高水平的外交侨务学术会议以及相关的教学研讨会议，同时积极参加“马克思主义理论研究和建设工程”(以下简称“马工程”)教材培训。

3.规范教材选用流程，精选专业教材，重点检查西方原版教材及马工程教材使用

国际关系学院课程教材选用合理恰当，审核程序规范。国际关系学院分别于每年 8 月完成秋季学期开课课程教材使用统计，报送本科教学分管领导及党委书记审核无异，9 月中旬根据课程实际开课情况，要求任课老师填报教材使用申请表，并更新学院存档的教材纸质版和电子版。

总体而言，国际关系学院精选专业教材，专业课程主要参照教育部“十一五”、“十二五”规划系列教材，北京大学出版社“21 世纪国际关系学系列教材”，部分课程采用自行影印的英文原版教材和参考书目或者中文译注，相关教材与国外国际政治专业的教材同步更新。

同时，国际关系学院根据要求推进马工程教材的推广和使用。使用马工程教材的两门课程分别是：“经济学基础原理与方法”、“西方政治思想史”，其中，“经济学基础原理与方法”任课老师参加全国高校教师网络培训计划中适用教材《西方经济学》的网络课程培训，共计 25 学时。另有“国际政治概论”任课老师已参加相关马工程教材培训。

4.严格教学过程管理，加强课堂教学管理

学生学习过程管理，注重改进课程评价标准，进一步科学化学生考核过程与成绩评价标准，提高毕业论文质量，强化教师教学主体责任。每学期初，学院党政干部通过听课和每学期的学生座谈会，了解课程进度的执行情况和上课成效，并以邮件和谈话的形式将意见反馈给任课老师。

5.全面分析教学质量问卷，不定期进行教学回访，构建学生学习反馈常态机制

学院重视新生教学质量问卷和毕业生教学质量问卷调查结果，组织专人撰写分析报告，并有针对性地解决相关问题。同时，国际关系学院结合每年中期检查和年度教学评估，认真组织师生座谈，充分了解学生对于专业学习的想法，解答学生在日常学习中的疑惑。通过上述反馈机制确定并已施行的改进措施，包括增设“论文写作”、“社会科学研究方法”、“冷战国际史”、“当代多边外交概论”、“学术研讨专题”等方法论课程和专业基础课程。

6.改进毕业论文工作，把控毕业论文质量，预防学术不端

国际关系学院向来重视本科生毕业论文工作，认真把控毕业论文工作各个环节。首先是论文导师的选择，学院以“双向选择、责任到人”为原则，进行本科毕业论文导师确认工作，一般在三年级第三学期启动，四年级第一学期开学完成。导师与学生之间长期且有效的沟通，使师生情谊较为深厚。毕业论文答辩是检验论文写作的重要环节，所有毕业论文需经过毕业论文答辩，答辩成绩在60分以上论文则通过答辩。自2017届毕业论文开始，逐年增加论文查重，导师拟评成绩分组以及答辩组评审老师预审筛选等环节，杜绝学术不端，确保评优论文质量。2017年5月，本院首次使用Turnitin系统对该届所有毕业论文进行查重，并根据教务处要求使用知网系统进行随机查重，查重结果符合要求。2018届、2019届所有学生毕业论文通过中国知网系统查重，重复率均在20%以下。

在评优论文筛选方面，2017 年及之前，根据指导教师拟评成绩对参加答辩的论文进行推优和非推优分组，综合往年推优答辩出现的问题，2018 年工作小组决定在答辩前对文章先进行推优筛选。推优组论文，除导师拟评成绩在 A^- 及以上这个条件外，需提前经过评审老师预审，每个专业推优组共有 5 位评审老师，答辩前评审老师给出“是否推荐该论文进入答辩组评优”的意见，5 位老师中有 2 位或以上给出“否”，则该论文不进入推优组答辩。结合学校督导老师意见，2018 届毕业论文进入推优组答辩的论文质量普遍较高。

7.全院动员，积极推进振兴本科教学方案，有组织地开展一流课程建设与申报

自 2019 年教育部启动一流本科专业建设“双万计划”以来，学院深入贯彻新时代全国高校本科教育工作会议精神，以“做强一流本科、建设一流专业、培养一流人才”为目标，全院动员，积极筹划并推进学院振兴本科教学方案，相关改善措施包括：确定调研主题，资助教师带领优秀本科生前往侨乡或东南亚各国短期调研，并完成相关数据整理和报告撰写；分阶段开展国际关系相关教材编写工作，结合过去 10 年本科教学经验，确定主题，编写专业导读、区域与国别导读类教材；参照《普通高等学校本科专业类教学质量国家标准》，调整本科教学培养方案。

同时，学院从课程建设入手，通过师生座谈、课程研讨、专题讨论、问卷调查等多种渠道，对学院本科课程教学情况进行全面梳理，从中挑选专业特色鲜明、课程效果突出、学生评价良好的课程进行资源整合，着力提升教学质量，夯实教学成果，分类型、分批次、有组织地开展校级、省级一流课程项目申报工作。2020 年 12 月，福建省教育厅公布该年度省级一流本科课程名单。本批次，福建省教育厅共认定 190 门线上一流课程，厦门大学入选 20 项，其中文科类课程 5 门，本院陈锴助理教授承担的“谈判学”为其中一门。同时，共有 220 门线下课程入选省级一流课程，厦门大学有 19 门课程纳入其中，文科类课程 7 门，本院方浩副教授承担的“外交学”占有一席。2021 年 3 月，教育部办公厅公布 2020 年度国家级和省级一流本科专业建设点名单，本院外交学专业为省级一流专业建设点。

三、教研梯队优化与专业人才培养

(一)教研队伍建设趋于合理化,人才培养多层次,规模增长较快

为了适应本科生教学和全英文教学的需求,国际关系学院/南洋研究院制定了中长期发展规划,从2006年开始,加大人才引进力度,陆续引进近20位毕业于美国、英国、荷兰、新加坡、马来西亚、日本、中国大陆等地著名高校的优秀中青年学者,形成有东南亚背景的人才梯队和研究队伍。

截至2019年12月,本院设有国际关系系、侨务与外交系;亚太国际关系研究所(8人)、东南亚经济研究所(8人)、中外关系史与华侨华人研究所(7人);团委、图书馆、工程技术部、编辑部、办公室等机构。拥有一支学科结构合理、具有良好专业训练、年龄结构较为优化、国际化程度较高的师资队伍。共有在职教职工44人,其中教师30人,其他专业技术人员5人,党政人员9人。教师队伍中教授7人,副教授14人,具有博士学位的教师占比100%;副教授以上职务的教师占比70%;45岁以下青年教师13人,占比43.33%;具有海外学习交流一年以上经历的教师22人,占比73.33%。此外,引进4位博士后,其中一位为阿尔巴尼亚籍。2020年,本院引进缅甸籍、新加坡籍博士后各1位。

本院自办学以来,秉承华侨华人和东南亚研究特色,坚持"全面育人"的方针,依照"宽口径、厚基础、新视野、强素质"的办学理念,充分发挥厦门大学特色和优势,坚持"知识、素质、能力"并重的教育模式,培养基础扎实、适应性强、具有创新精神的专业人才,为中国"一带一路"倡议的实现输送国际型人才。

2006—2019年,国际关系学院/南洋研究院培养的学生数量创历史新高。本院共培养国内博士116人,国际博士34人;国内硕士314人,国际硕士129人;已毕业本科生348人。截至2019年12月,本院有在校本科生170人(含留学生11人);研究生共132人,其中硕士研究生77人(含留学生22人)、博士研究生55人(含留学生17人)。

本院充分发挥拥有教育部人文社科重点研究基地的优势和科研平台的作用,着力培养研究生的创新意识与科研能力,鼓励和引导研究生参与南洋研究院/东南亚研究中心的课题研究,赴东南亚各地进行实地调研,指导研究生对东

南亚问题展开多学科、综合性研究。

本院研究生的学位论文专题丰富，其中世界史专业博士学位论文 60 篇，世界经济专业博士学位论文 51 篇，国际关系专业博士学位论文 39 篇。研究生们对东南亚国家和侨乡做了大量的田野调查、档案解读和资料收集，包括口述历史资料等第一手珍贵史料，开拓了东南亚研究和华侨华人研究的新领域，涉及东南亚国家或区域的政党、媒体、金融、税制、劳动力、产业结构、能源、农产品、经贸、海洋经济、医疗、科技、环保和性别问题，以及东南亚地区与欧洲、非洲、美国、日本、中国等地区和国家的比较或关系研究，疆界和南海问题，留学生和新侨群体，侨务政策与侨乡问题，乃至拉丁美洲等地区的相关研究诸多方面，亦有从理论层面探讨东盟运行机制、东南亚国家的外交政策等政治问题，多数选题填补了学术空白。

其中有的学位论文经过进一步补充和研究，由知名出版社出版，例如，有关华侨华人与东南亚历史的研究著作有：《东南亚华侨民族主义发展研究：1912—1928》（张坚著）、《二战后东南亚华人的海外移民》（康晓丽著）、《中日关系正常化以来日本华侨华人社会的变迁》（朱慧玲著）、《泰国华商资本的兴起与发展研究：1855—1996》（石维有著）、《冲突与融合：菲华商联总会与战后菲华社会的发展》（朱东芹著）、《菲律宾殖民当局的对华政策：16—17 世纪》（陈丙先著）、《西属菲律宾前期殖民统治制度研究：从征服到 17 世纪中期》（邱普艳著）、《越南南河阮氏政权海外贸易研究》（蒋国学著）、《马来西亚华人与马来人经济地位变化比较研究：1957—2005》（林勇著）、《马来西亚华人佛教信仰研究》（白玉国著）、《马新史学 80 年：从“南洋研究”到“华人研究”》（廖文辉著）、《历史的长河：印尼山口洋的华人》（曹淑瑶著）、《17 世纪上半叶欧洲殖民者与东南亚的海上贸易》（赵文红著）、《贸易与移民：清代中国人移民泰国历史研究》（黄素芳著）；关于东南亚社会文化与区域政治的研究著作有：《菲律宾非政府组织研究：发展轨迹、企业化与倡导失灵》（王晓东著）、《新加坡双语教育与英汉语用环境变迁》（黄明著）、《新加坡与马来（西）亚的合并与分离研究：1945—1965》（庞卫东著）、《革新开放后的越南共产党：1986—2010 年》（梁炳猛著）、《后苏哈托时期的印尼民主化改革研究》（杨晓强著）、《地缘政治与南海争端》（郭渊著）、《冷战后美国对东南亚的外交：霸权秩序的建构》（白雪峰著）、《制衡威胁：大国联盟战略的决策行为》（肖斌著）；有关经济研究的著作有：《越南海洋经济发展研究》（覃丽芳著）、《发展中国家中央银行独立性研究:以东南亚国家为例》(何军明著)、《开放经济条件下东盟五国产业结构研究》(姜文辉著)、《东盟区域服务贸易自由化研究》(邹春萌著)、《人民币资本项目开放:亚洲的经验与中国的路径》(黄继炜著)、《东盟国家能源经济可持续发展研究》(郑慕强著)、《东盟五国制造业国际竞争力研究》(苏颖宏著)、《东盟参与全球生产网络及其对中国的启示研究》(赵立斌著)等等,这些著作主要扎根于东南亚社会,在具体语境中探讨历史与现实问题,既是厦门大学传统特色南洋问题研究的延续和传承,亦是南洋研究院科研和教学在新时期的阶段性成果和新发展。研究多种主题纷呈,内涵多层次,思想更深刻,具有现实关怀与批判精神,代表了研究院培养出的新一代学人对东南亚国别历史、区域政治、社会经济、文化宗教以及华侨华人研究所做的前沿性或更深入的探索,亦成为中国区域与国别研究、华侨华人研究的新现象。

2007 年 11 月、2008 年 7 月,根据《厦门大学硕士学位和博士学位授予工作细则》(厦大研〔2006〕30 号)和《厦门大学博士、硕士研究生申请学位发表学术论文的规定》(厦大研〔2006〕35 号),结合本院博士、硕士研究生培养的实际情况,南洋研究院先后制定本院《研究生申请学位发表论文的规定》、《外国来华留学研究生、港澳台研究生申请学位发表学术论文的规定》,并于 2008 年 6 月成立厦门大学国际关系学院/南洋研究院学术委员会,从制度上促进研究生在学期间提升科研水平。2006—2019 年,本院研究生共发表论文 412 篇,其中英文论文 80 篇,在《世界历史》、《中国史研究》、《史学理论研究》、《世界民族》、《当代亚太》、《国际贸易问题》等一类核心期刊发表论文 27 篇,人才培养结构得到进一步优化。

(二)严把本科生教育质量,突出特色

1.学业指导,重视日常师生交流,落实本科生导师制度和班主任制度

在新生入学学期,国际关系学院坚持落实本科生导师制度。每 5～7 名学生安排一位专任教师作为导师,指导同学们大学 1～3 年级的学习与生活,助力学生学业发展,服务学生个性化成长。许多同学与其导师在 4 年生活中建立了深厚的师生情谊,从导师那里得到极大的帮助。坚持每学期更新教师指导时间,确

保每周每位任课老师有半天的导师时间与学生互动联系。有海外留学或访学经历的专任教师成为日常咨询的“热门人选”，重点帮助高年级同学解答留学学校专业选择、出国文书撰写、申请流程等问题，广受好评。同时，各年级的班主任也在与同学们日常交流中成为学术兴趣培养的“领路人”。

入学教育、新生研讨双管齐下，助力新生尽快融入大学生活。为了让新生在入学后能够全面了解学院情况和专业发展，学院开设“新生研讨课”，安排学工口老师和专业老师从学院发展、专业介绍、图书馆资源、读书方法、树立批判性思维、大学生个人规划、心理健康、艺术素养、海外留学等多个方面以专题的形式展开介绍，帮助新生尽快适应大学生活，激发专业学习的兴趣，也借此机会在专业授课前创造更多师生交流互动的机会。学院也通过问卷等形式了解新生对于入学教育和研讨课的想法，结合现有师资情况，计划增加文化创意等方面研讨内容，进一步拓展新生研讨课内容。

2.结合本院研究优势和传统，突出“侨”、“外”特色

国际关系学院/南洋研究院鼓励学生结合专业特色，开展别具特色的学生活动。从2009—2019年，本院“我是外交官”外交风采大赛已成功举办十一届，成为享誉全校的品牌学业竞赛。自2016年开始，该项赛事联合其他高校，逐步从三校联合扩大到六所高校联合举办，将赛事打造成国际政治和外交学专业领域全国性知名赛事。联合举办的高校包括：暨南大学、中山大学、武汉大学、同济大学、华侨大学。此外，在丰富学生课外学习和实践方面，本院重视引导学生沿袭本院在东南亚研究和华人华侨领域的研究特色，结合“外交学”、“领事侨务”、“中国与东南亚关系概论”等专业课程内容，组织参访菲律宾共和国驻厦门总领事馆、泰王国驻厦门总领事馆、鼓浪屿的各国领事馆旧址等，丰富课外学习。这些外出参访也成为每次开课学生们最为期待的课外实践环节。

3.注重学生学习与科研实践能力的互动

学院认真组织科技创新工作，推动大学生创新创业训练计划项目(以下简称“大创项目”)申报，项目主题紧扣“一带一路”和“东南亚”研究。自2015级起，创新实践学分作为必修学分纳入培养方案，完成大创项目是获得该项学分的主要

方式。本院不断完善创新人才培养的方法，积极动员专任教师结合教师科研项目指导大创项目，提升学生的创新精神和实践能力。2015—2020 年，学院共有 58 个大创项目立项，其中 35 个项目已结题。各级别项目情况依次为国家级 11 项、省级 6 项、校级 15 项、院级 26 项，国家级和省级项目占总数的 30%。这些项目中有 18 项选题与专任教师的科研课题密切相关。依托大创项目发表的学术论文有 4 篇。近两年，学院鼓励大创项目同时兼报校长基金项目，每年全校仅 20 个项目立项，2019 年和 2020 年文科学院项目立项总数分别是 6 项和 3 项，本院各有 1 项。

自 2017 年起，厦门大学每年举办本科生创新创业年会，本院多个项目荣获表彰。在全校仅十项的各类单项表彰中，本院大创项目以鲜明的专业特色在数千个项目中脱颖而出。第一届年会最佳创意项目："一带一路"背景下中国与东盟关系研究（项目负责人：林雪娇，指导教师：王勤）；第二届年会最佳项目："一带一路"战略下中国与马来西亚经济合作研究——以福建省与江西省为例（项目负责人：杨洋，指导教师：吴崇伯）、外商投资福建农业及福建的三农问题调研（项目负责人：郑乃齐，指导教师：施雪琴）；第四届年会最佳创意项目、我最喜爱的项目：东南亚国家参与 21 世纪海上丝绸之路建设研究（项目负责人：石有为，指导教师：王昭晖、李一平）。

4.重视推免生工作，推免工作改革助力录取

2016—2017 年，在推免生工作中，学院更加重视专业成绩，修订了《厦门大学国际关系学院推免生工作条例》，对推荐成绩中专业成绩和综合表现的比重进行调整，并对综合表现的加分细则慎重甄选。新修订的条例明确规定"参评者学分不得低于 100 学分"，避免个别同学不选或少选课程以提高自身的学分绩点。

（三）杰出院友

自 1980 年招生以来，南洋研究所（院）教职工辛勤耕耘，春风化雨，桃李遍天下。毕业于南洋研究所（院）/国际关系学院的院友们在各自领域发挥学科专长，不断提升综合能力，积极奉献社会，其中以庄国土、徐宗玲教授为杰出代表。

庄国土，1980 年起师从韩振华教授，先后于 1982 年、1989 年获得硕士、博士

学位。原厦门大学国际关系学院/南洋研究院院长，现为厦门大学特聘教授、华侨大学讲座教授，国家985东南亚研究创新平台首席专家、厦门大学马来西亚研究所所长、教育部人文社科委员会委员兼综合学部（含国际问题、港澳侨台和交叉学科）召集人、国务院侨办专家咨询委员会委员（第一届迄今），兼任中国东南亚学会会长、中国中外关系史学会副会长、中国亚太学会副会长、中国世界民族学会副会长、中国华侨华人研究学会副会长、中国海外交通史学会副会长。曾荣获2006年“福建省高校优秀共产党员”、2007年“福建省优秀教师”、2009年“厦门市劳动模范”荣誉称号，入选“2007中国杰出社会科学家”，2011年荣膺第三届“中国杰出人文社会科学家”称号。主要研究领域：中外关系史、华侨华人研究、亚太国际关系。共主持国家、省部级社科项目12项，国际合作项目5项，主要（编/译）著作有《华侨华人与中国的关系》等25部，在国内外重要刊物发表中、英、日文论文100多篇，有多部著作荣获教育部和福建省社科优秀成果奖（含省部级一等奖4项）。

徐宗玲，1985年师从南洋研究所何启拔教授，1988年7月获得经济学硕士学位，1995年8月毕业于香港大学亚洲研究中心，获哲学博士学位。汕头大学经济学教授，曾任汕头大学校长助理，兼任政协广东第九届委员会委员、民盟汕头市委主委等职，现为汕头市人大常委会副主任。曾荣获高等学校科学研究优秀成果奖（人文社会科学）、全国巾帼建功标兵、广东省“五一劳动奖章”、南粤优秀教师等奖励和荣誉。主要研究领域包括台湾经济、企业网络等。先后主持国家社会科学基金课题、广东省哲学社会科学规划课题、广东省自然科学基金等课题多项，出版专著3部、译著3部，在国内外重要学术期刊发表论文50多篇。

忆往昔风华，谋今朝发展。2009年7月，南洋研究院院友联谊会成立，以加强本院院友之间的联系，增进友谊，形成良好的院友与学院互动机制。2016年11月5日，继南洋研究院北京院友会、粤港院友会、福州院友会、上海院友会之后，国际关系学院/南洋研究院厦门院友会在60周年院庆之日成立，并推选出首届理事会成员。通过院友会这一平台，学院积极服务院友，院友努力回馈母院，增强学院的活力与凝聚力，谋取共同发展。

四、多层次的国际交往频繁

厦门大学国际关系学院/南洋研究院积极实施国际化战略，加强国际交流与合作。本院已与荷兰莱顿大学、新加坡尤索夫伊萨东南亚研究所、新加坡国立大学、美国纽约大学、韩国全南大学、韩国釜山外国语大学、英国利兹大学、印尼塔鲁玛伽大学(Universitas Tarumanagara)等20多所国外学术机构建立合作和交流机制。每年接待数十批境外学者来访，其中包括从事国际问题和东南亚研究的著名学者；每年均举办大型国际学术会议和多场国内外学者讲座。同时，为各类学生提供众多赴港澳台地区以及国外著名高校学习交流和从事学术研究的机会，近年来，选派到台湾大学、台湾政治大学、香港大学、荷兰阿姆斯特丹大学、美国北卡罗来纳大学教堂分校、美国华盛本大学、新加坡南洋理工大学、菲律宾雅典耀大学等著名高校交流生的比例接近30%。

(一)国际会议常态化，加强学术交流

2006—2019年，南洋研究院每年至少独立承办或与境外学术机构合办国际会议一次，不断推进中国东南亚与华侨华人研究学者之间，以及他们与境外相关领域研究专家之间持续、广泛与深入的交流。

2008年5月25—27日，南洋研究院与香港大学社会科学学院、英国曼彻斯特大学中国研究中心、美国北卡罗来纳大学亚洲研究中心联合举办“21世纪初中国与东南亚的互动——以缅甸为例”国际学术研讨会。

2013年5月16—17日，南洋研究院与德国马克斯—韦伯基金会、德国佛来宝大学历史系以及华侨博物院共同举办的“华侨华人与中国侨乡近代化”研讨会在厦门大学召开。马克斯—韦伯基金会会长汉斯·杜希哈特(Heinz Duchhardt)教授、德国佛来宝大学达素彬(Sabine Dabringhaus)教授、美国加州大学圣塔芭芭拉分校赵小建教授、台湾暨南国际大学李盈慧教授，以及来自新加坡、中国大陆和香港等国内外知名学者，深入探讨了19世纪中期以来华侨华人与中国侨乡近代化的诸多联系、华侨华人的融入与跨界活动、家庭与婚姻、政治参与和中国的华侨政策等议题，生动展示了华侨华人的历史生活形态和当今面貌，对华侨华人研究有重要借鉴意义。

2014 年 3 月 29 日，第一届南洋论坛由厦门市人民政府外事办公室及菲律宾、新加坡与泰国驻厦门总领事馆联合主办，厦门大学与华侨大学协办，本院承办并具体组织。该论坛由厦门大学南洋研究院院长庄国土教授以及中国社科院亚太研究所所长、中国亚太学会会长张蕴岭研究员共同主持，以“打造中国—东盟命运共同体，携手共建 21 世纪海上丝绸之路”为主题，着重探讨了中国—东盟命运共同体的思维与举措，促进了南洋文化节的深层次交流。中华人民共和国外交部部长助理刘建超、福建省人民政府外事办公室主任宋克宁参加论坛开幕式。来自中国以及印度尼西亚、马来西亚、菲律宾、新加坡、泰国等东盟十国的政府官员、七位驻华大使、知名学者和业界人士齐聚厦门大学探讨中国与东盟合作面临的机遇与挑战。

2014 年 9 月 20—21 日，南洋研究院与台湾师范大学、台北市立教育大学、金门大学联合举办的“海外华人研究生论坛——全球化与华人研究：新视野、新取向及新典范”在厦门大学举行，来自海峡两岸专家学者及研究生共 60 多人参加了此次论坛。

2015 年 10 月 16—17 日，南洋研究院与华侨大学华侨华人研究院、美国俄亥俄大学图书馆联合举办第六届海外华人研究与文献收藏机构国际会议，主题为“当代亚洲的海外华人”。来自海内外 170 多名学者参会，分“冷战中的华侨华人问题”、“时空数据管理与华人迁徙的研究”等 27 个专题进行广泛且深入的讨论。

2016 年 4 月 23 日，第二届南洋论坛“新海上丝绸之路建设与东盟一体化”以中华人民共和国外交部为指导单位，中国—东盟中心和福建省人民政府外事办公室为支持单位，由厦门市人民政府外事侨务办公室与菲律宾、新加坡、泰国驻厦门总领事馆联合主办，厦门大学承办。“2016 南洋论坛”为中国与东盟各国提供了一个深入交流、共谋发展的平台。此次论坛中，中国与东盟各国来宾回顾并总结了双方友好合作关系的发展历程与经验，并共同展望与规划未来。该届南洋论坛为进一步推进中国与东盟各国的密切联系，携手打造新海上丝绸之路，推动东盟一体化进程发挥了重要作用。

2016 年 4 月 23 日，以“新海上丝绸之路建设与东盟一体化”为主题的“2016 南洋论坛”在厦门大学举行

2018 年 11 月 25—26 日，“第五届印尼华裔研究国际论坛”暨“海上丝绸之路与东南亚华侨华人：历史、现状与展望”国际学术会议由厦门大学南洋研究院和中国东南亚研究会主办，印尼万隆玛拉拿达基督教大学（Universitas Kristen Maranatha）、泗水佩特拉基督教大学（Universitas Kristen Petra）、塔鲁玛伽大学、印度尼西亚大学、苏吉甲普拉那塔天主教大学（Universitas Katolik Soegijapranata），日本立教大学，马来亚大学协办，会议在厦门大学、泉州海交馆会场举行。来自中国大陆、香港和台湾，印尼、日本、马来西亚、新加坡、菲律宾等多所高校和研究机构的 60 多位学者、嘉宾参会。此次会议分“印尼华人：文化遗产和影响”、“海上丝绸之路与东南亚”、“中国与东南亚关系史研究”、“东南亚华人社会史研究”等 12 个主题，代表们大多具有田野考察的基础，他们采用不同的学科、方法和理论视角，展示相关领域的前沿研究成果。

（二）“常来常往”，推进学术资源建设

国际关系学院/南洋研究院秉承厦门大学国际化的办学方针，积极加快国际化建设的步伐，邀请境外著名专家来华讲座或教学，提升本院的国际竞争力和学术影响力。这一阶段，日本、美国、印度、澳大利亚、东南亚国家，以及台湾、香港地区学者和青年团体前来交流访问近一千人次，大多数来访者分享了前沿性或独特的研究成果，他们丰富的主题、开阔的视野、敏锐的思维，带给师生心灵冲击

与思想启发,并推进本院教学科研工作的国际化,全面提升教学质量、管理水平与研究能力。

1.北美地区学者

2006年6月23日,美国俄亥俄大学“邵友保博士海外华人文献研究中心”主任郑力人博士来南洋研究院访问交流。2009年5月22日,时任美国康奈尔大学华氏东亚文库主任郑力人再次来访,做题为“美国华人现状”的讲座。2011年10月12日,美国康奈尔大学东亚图书馆馆长郑力人博士应邀做关于“美国华人研究的文献资源”的专题报告。郑力人认为美国已成为中国大陆、台湾、港澳地区新移民和东南亚华人再移民的主要目的地,美国华人代表了海外华人发展的新趋势。他详细讲述了美国国内研究华人的丰富资料的种类,包括私人、官方、企业和社区资料,以及这些资料的来源和收藏情况。

2006年12月26—29日,美国纽约州立大学奥本尼分校社会学系教授、中国城市研究中心主任梁在博士到访,与庄国土、郭玉聪、王望波座谈。

2010年6月29日,美国乔治敦大学外交学院著名缅甸问题专家大卫·斯坦伯格(David I. Steinburg)教授应南洋研究院邀请做讲座,他认为美国历届政府一直对缅甸采取诸如制裁等较为消极的政策,在处理与缅甸的关系中,美国并未获得突破性的进展。他还回顾了与昂山素季的多次会面,分析昂山素季在美缅关系中扮演的重要角色。

2011年5月23日,美国弗吉尼亚大学布兰特利·沃马克(Brantly Womack)教授来访,做关于南海问题的学术讲座。布兰特利·沃马克教授是研究外交关系的知名学者,出版了多部具有国际影响力的著作。

2012年3月,应厦门大学国际关系学院院长庄国土教授的邀请,美国丹佛大学约瑟夫·科贝尔国际关系学院赵穗生教授前来讲学并商谈合作。3月18日,赵穗生教授为全校师生做题为“奥巴马政府的对华关系:一个美籍华人学者的视角”的演讲。

2013年5月24日,加拿大多伦多大学历史系暨跨国移民研究中心副教授郭慧娟应邀做关于“东南亚华人经济卓越表现的新解释”的专题讲座。她尝试厘清历史的脉络,把不同的历史阶段连贯起来,从大历史角度勾勒华人经济在东南亚发展的完整图景。

2013 年 10 月 8 日，美国奥本大学历史系教授翟强应邀来访，为师生解密越南战争和中越关系，其研究视野与资料使用方法独具特色。2014 年 12 月 10 日，美国特拉华大学陈建国教授为南洋研究院师生剖析了美国的基督教文化及其与政治之间的关系。

2015 年 10 月 22 日，美国加州大学伯克利分校东南亚图书典藏部主任、东南亚资料项目执行委员会时任主席施竞仪女士应南洋研究院之邀，为全校师生做题为“北美的东南亚研究：科研资源、语言培训与全球链接”的学术报告，她强调了语言学习与历史文化艺术学习要相互融合。2018 年 7 月 18 日，美国美利坚大学国际关系学院赵全胜教授来访，并做题为“特朗普三箭齐发与中美关系”的讲座。

2019 年 7 月 3 日，美国加州州立大学富乐屯分校历史系孙来臣教授应邀做报告。他从火枪的角度来看中越的互动，认为应把越南军事史放在全球军事史的背景下进行考察，发掘越南对中国的影响。当月 5 日，孙来臣在国关系列读书会上，讲述了其在组建“海外东南亚研究译丛”和翻译《东南亚的贸易时代：1450—1680 年》中遇到的困难和总结出的经验，给对翻译感兴趣的师生以借鉴。同年 10 月 15 日，美国弗吉尼亚大学历史系教授刘晓原到访南洋研究院，他以历史时间框架、地缘政治格局为切入点，提出东亚与冷战关系中必须回答“亚洲冷战，还是亚洲热战与西方冷战的交融”等问题，以重新思考冷战的内涵、性质和边界。

2019 年 10 月 24 日，国际公认研究当代中国事务、美中关系、国际政治和亚太地区安全问题之权威，美国乔治·华盛顿大学政治学和国际关系学教授沈大伟(David Shambaugh)来访，并为本院师生做讲座，就中美两国在东南亚是否能够竞争共存，以及东南亚国家本身的战略抉择进行了深入的分析。同年 10 月 26 日，美国物理学会会士、美国达拉斯德州大学研发副校长、美国五百强企业 SAIC 副总裁、陈嘉庚基金会董事、台湾清华大学资深副校长冯达旋教授莅临厦门大学，做了一场题为“中国实现千年转型的紧迫性”的演讲。

2.澳大利亚学者

2006 年 11 月 29—30 日，澳大利亚阿德莱雷大学历史系颜清湟教授前来本院交流，庄国土、聂德宁教授接待。2010 年 12 月 9 日，应南洋研究院之邀，澳大利亚国立大学著名国际关系问题评论家麦金利教授(Michael McKinley)来访，并做题为“中国的崛起及其对美国在亚太地区防御战略之影响”的学术讲座。

2017 年 10 月 20 日，澳大利亚社会科学院院士、悉尼大学经济与商务学院院长、中国国家外国专家局高端外国专家项目专家斯蒂芬·尼古拉斯(Stephen-Nicholas)应邀来南洋研究院，其讲座主题为“中国企业在澳大利亚的投资战略”。翌日，澳大利亚悉尼大学语言文化学院中文系讲师石峻山博士(Josh Stenberg)来访交流，他从歌曲的政治背景和意义、20 世纪五六十年代中国与东盟的关系等角度分析印尼歌曲在华语世界的影响。

3.日本学者

2006 年 7 月 13 日，日本筑波大学山下清海教授一行 30 人来访，进行文化交流。同年 11 月 6 日，日本东京大学东洋文化研究所羽田正教授等 6 人到访南洋研究院，与庄国土、聂德宁、林梅、莱顿大学包乐史教授座谈，商议海洋史合作问题。

2007 年 1 月 29 日—2 月 1 日，日本拓殖大学藤森英男教授来南洋研究院访问。同年 8 月 7 日，日本立命馆大学小木裕文教授、筑波大学山下清海教授、立教大学松村公明教授等 5 人来访，与刘晓民、李国梁、郭玉聪、李一平谈论有关华侨华人及移民问题。当月 25 日，日本京都大学人文科学研究所石川祯浩副教授一行来访，座谈有关东南亚华人问题的研究现状。

2007 年 11 月 30 日—12 月 28 日，日本津田塾大学蔡史君教授来南洋研究院，为研究生开设“近现代中国与东南亚关系史”课程。2012 年 6 月，日本南山大学原不二夫教授莅临讲学，开设“东南亚各国的华人社会与华人政策”和“东南亚与日本的历史关系”两门短学期英文课程。

2010 年 7 月 19 日，日本东京大学副校长田中明彦教授率领的日本文部省“东亚共同体”研究课题组 6 位教授到南洋研究院访问，与庄国土教授、李一平教授、刘晓民编审、王望波副教授深入讨论东亚合作机制、经济一体化和中国的东南亚政策等问题。同年11月1日，日本文部省东亚比较教育课题组一行四人来访，成员有山梨大学教育人间科学部石川启二教授、东京学芸大学西村俊一教授、东京海洋大学海洋科学部川下新次郎教授、电气通信大学国际交流中心准教授志贺幹郎，他们与庄国土教授、李国梁教授和刘晓民编审座谈，就东亚区域合作、海外华文学校、中日职业教育、留学生教育、侨乡教育以及中日关系等问题进行了深入的探讨。

2011年4月29日，日本立命馆亚洲太平洋大学客座教授、前日本驻科威特大使、日本驻缅甸大使津守滋(Tsumori Shigeru)来访，做题为"亚太地区主义与日本的外交政策"的学术演讲。2012年7月2日，日本邮船株式会社董事长、法人代表兼日本经济团体联合会和日本经济广报中心副会长宫原耕治一行8人访问厦门大学，与国际关系学院/南洋研究院联合举办"2012年度中国优秀大学演讲会"，该演讲会旨在通过日本经济界人士向大学教师和承担未来中国重任的大学生传递信息，促进中日两国的相互理解。宫原耕治先生做"支持经济增长和经济全球化的海运"特别纪念演讲。

2013年2月26日，日本龙谷大学名誉教授卓南生与南洋研究院师生就"钓鱼岛争端与中日关系走向"问题，从日本传媒、中方的反应、中方面临的困境及安倍重掌政权导致的结果四个方面，讲述了购岛事件后中日舆情的走向和导致其变化的深层原因，并同与会者分享他对中日关系走向的见解。

2014年9月19日，日本摄南大学荣誉教授许淑真、东京大学研究院综合文化研究科副教授谷垣真理子、亚细亚大学经营学部教授容应萸教授来访，分别做了三场主题发言："从几条法令探讨近代日本政府对待华侨的政策"、"华南社会的特点和香港政治与社会"、"华人家族的国际移动——广东关元昌一族的个案研究"。

4.亚洲其他国家与地区学者

2008年3月6日，台湾中山大学顾长永教授来南洋研究院访问，并做关于"台湾与东南亚的政治经济关系"的讲座。

2010年8月3日，由韩国汉阳大学中国问题研究所所长文兴镐等五位教授组成的韩国学者代表团专程到厦门大学南洋研究院进行访问交流。庄国土教授、王望波副教授与来访韩国学者们，就区域研究，尤其是中国南部与海外关系研究的多维视角进行了深入探讨，并就加强南洋研究院与该所之间的交流和合作协议达成初步共识。随同文兴镐教授来访的还有韩国汉阳大学闵贵植教授、金英教授，韩国同德女子大学金润泰教授以及韩国乌山大学姜真硕教授。

2011 年 9 月 30 日，斯里兰卡东南大学(South Eastern University of Sri Lanka)伊斯梅尔(S. M. M. Ismail)校长访问厦门大学国际关系学院/南洋研究院，与庄国土、施雪琴教授会谈。

2012 年 1 月 31 日，伊朗德黑兰大学历史系主任乌苏吉(M. B. Vosoughi)教授、伊朗文化部官员汉尼·阿德勒(Khani Adel)一行访问南洋研究院，与庄国土、廖大珂教授就中伊关系的历史与现状、古代中国与中东海上交通和波斯湾局势进行学术交流。

2012 年 9 月 20 日上午，香港城市大学东南亚研究中心主任马克·汤普森(Mark R. Thompson)教授和华东师范大学彭慧博士访问了国际关系学院/南洋研究院，与副院长林梅副教授、施雪琴教授、范宏伟副教授讨论了菲律宾政治及宗教文化、缅甸政治等问题，并就互派访问学者、建立东南亚信息网络平台、共同举办学术会议等合作事宜达成初步意向。当天下午，马克·汤普森教授为全院师生做题为“Reform as Pasyón: Anti-Corruption Movements in the Philippines”(改革使命:菲律宾反腐败运动)的精彩讲座。

2013 年 11 月 28 日，印度尼赫鲁大学国际关系学院教授、著名中国问题研究专家斯瓦兰·辛格(Swaran Singh)来访，他在讲座“印度视角下中国在印度洋—太平洋地区的主导地位”中指出:印度洋—太平洋地缘政治体系的建成需要各方的努力，中国应该积极加入，印度应开展多边外交推动中国加入，美国也应为中国和其他国家的加入创造更多的机会。2017 年 6 月 23 日，在金砖国家领导人会晤将在厦门召开之际，辛格教授再次莅临南洋研究院做报告，主题为“全球化:金砖五国和印度的未来”。

2015 年 1 月 13 日，韩国西江大学东亚研究所教授、资深外交家李善进(Lee sunjin)来访，做了题为“韩国与东南亚的政治经济关系”的演讲，增进本院师生对韩国与东南亚关系及其区域合作发展的了解。

5.欧洲学者

2010年9月9日,法国国家科学研究中心近现代中国研究中心主任、中国问题专家吉浦罗教授(Froncois Gipouloux)做客南洋研究院,并做题为"亚洲地中海,全球化与经济制度的演变:欧亚比较经济史初步探索"的学术报告,对东西方经济贸易发展史的诸多方面进行了比较研究与阐释。

2011年3月22日,英国阿伯里斯特维斯大学(Aberystwyth University)国际政治系主任、全球知名国际关系研究学者安德鲁·林克莱特(Andrew Linklater)教授应邀莅临座谈,主题为"The Problem of Harm in World Politics:Civilizing Processes and International Society"(世界政治中的危害问题:文明化进程与国际社会)。

2011年6月21—28日,波兰华沙大学新闻与政治学院卡米尔·扎雅兹科夫斯基(Kamil Zajączkowski)博士应邀来访,先后做了题为"EU-China towards a Strategic Partnership"(建立战略伙伴关系的欧盟与中国)和"New Global Order:EU,US,China Perception"(全球新秩序:欧盟、美国、中国的认知)两场讲座。

2012年7月13日,英国阿伯里斯特维斯大学国际政治系格兰特·道森(Grant Dawson)博士应厦门大学国际关系学院/南洋研究院邀请,为全校师生做学术报告,主题为"1949年后加拿大对非洲的外交政策以及中国对此构成的挑战",并在第三学期为本院研究生和本科生开设国际关系相关课程。

2012年11月1日,挪威奥斯陆和平研究所斯坦·滕内森(Stein Toennesson)教授和美国美利坚大学梅珊珊博士访问本院,与部分教师就有关国际问题进行了深入交流。11月2日,斯坦·滕内森教授为师生做题为"The Disputes in the South China Sea from a European Perspective"(欧洲视角下的南海争端)的演讲。

2015年4月14日,英国利兹大学亚当·泰森博士(Dr. Adam Tyson)来南洋研究院做讲座,主题为"印度尼西亚种族屠杀的记录及干预",他通过影片重新检视历史悲剧,试图构建公平正义。

6.积极参与厦门大学重要外事活动

2009 年 10 月 26 日,新加坡国务资政、前总理吴作栋先生率新加坡政府、企业和媒体代表团一行 57 人访问厦门大学。南洋研究院院长庄国土教授为嘉宾们介绍厦门大学及其与新加坡的历史和当前的关系,并向吴作栋国务资政赠送体现厦门大学与新加坡学术合作的新著作。

2010 年 9 月 28 日,来自科特迪瓦和加蓬的驻华大使科菲·阿兰·尼凯斯和奥伊纳莫诺·弗朗西斯访问厦门大学。庄国土教授就中非交往友好史、非洲留学生在国际关系学院的情况向大使们进行了介绍,并进一步就在非洲的中国商人特别是闽商和浙商在当地的生存语言问题、在中国的非洲人遇到苦难的求助渠道等问题,与大使们进行了热烈的讨论与互动提问。

2011 年 12 月 16 日,南非斯坦陵布什大学(Stellenbosch University)艺术和社会科学院院长亨尼·科茨(Hennie Kotzé)教授、现代外语系高级讲师凯瑟琳·杜·托伊特(Catherine du Toit)博士、斯坦陵布什大学孔子学院院长谢作栩博士一行来访,与庄国土教授会谈,协商学术交流和合作事宜。

(三)师生出访形式多样,扩展交流渠道

1.南洋研究院教职工与研究生赴境外交流情况

2006—2019 年期间,南洋研究院师生赴境外讲学、考察、进修与合作研究约有 600 人次。

(1)台湾、香港和澳门地区

2006 年 8 月 26—28 日,李金明教授在台北“中央研究院”参加“第十届海洋史国际学术研讨会”,做“明朝中叶漳州月港的兴起与福建的海外移民”学术报告,并受邀担任学术评论人。

2012 年 11 月 2—4 日,李金明教授在香港历史博物馆参加由香港海防博物馆、香港浸会大学历史系举办的“第三届近代中国海防国际研讨会”,在会上做题为“中菲南海争议:由来与发展”的报告。

2013 年 11 月，沈红芳教授、林梅副教授、衣远助理教授应邀赴台湾高雄参加由台湾中山大学国内(大陆)与亚太区域研究所和菲律宾大学政治学系共同主办的“亚太区域的机遇与挑战——2013 亚太区域研究”国际学术研讨会。

2014 年 11 月 22 日，由香港侨界社团联合香港城市大学应用社会科学系主办，厦门大学南洋研究院参与合办的纪念印尼华裔领袖萧玉灿先生百年诞辰研讨会在香港城市大学举行。来自印度尼西亚、澳大利亚、新加坡、北京等国内外学者、侨界代表、原印度尼西亚共和大学的校友以及印度尼西亚驻港总领事查里夫・阿克巴尔(Chalief Akbar)先生等 200 余人参与了这一盛事。本院副院长施雪琴教授与研究生米拉(Mira Murniasari)、王小明(Novi Basuk)、赵琪锋等师生也应邀参会。会议首映了南洋研究院与香港生活文化基金会联合制作的文献纪录片《印度尼西亚华族楷模——萧玉灿先生》(中文版)，该纪录片展现了萧玉灿先生的思想与历史贡献。

2015 年 7 月，廖大珂教授赴香港参加“16—19 世纪东亚的海上世界”国际研讨会并查阅资料。同年 10 月 3 日，时任本院党委书记范丽、施雪琴副院长赴港参加香港侨界人士纪念抗战胜利 70 周年大会暨“东南亚华侨抗日史料丛书”发布会。本院作为此次活动的支持单位，为纪念大会特别制作了《伟大的胜利，不朽的贡献——记二战抗击日本侵略和反法西斯战争中的华侨》视频纪录片，这是南洋研究院与香港侨界的又一次成功合作。在港期间，本院代表还参加了香港侨友社举办的探讨印尼华人问题的座谈会。

2015 年 12 月，吴崇伯教授前往香港出席“香港与世界并肩前行：‘一带一路’国际学者会议”。2016 年 12 月，沈惠芬副教授赴香港参加“海表方行：海上丝绸之路史”国际学术研讨会。

2016 年 6 月，陈锴助理教授赴台湾政治大学短期访学。2017 年 8—9 月，陈锴前往澳门大学短期访学。2018 年 12 月，李一平教授赴台湾政治大学国际事务学院参加第三届两岸国际关系学院院长论坛，论坛主题为“美国新动向与中国大陆对外经济政治关系之变迁”，李一平做“中国与东南亚国家关系”大会发言。

(2)亚洲国家

2009 年 11 月 26—27 日，李金明教授在越南河内参加由越南外交学院、越南律师协会联合举办的“南中国海：地区安全与发展合作”国际学术研讨会，做题为“南海安全问题与地区合作”的报告。

2010 年 10 月 7—8 日，李金明教授在韩国木浦出席由韩国国立海洋文化财研究所和国立木浦大学岛屿文化研究院联合举办的“亚洲海上丝绸之路和贸易港”国际学术研讨会，并在会上做“中国南方海外贸易港：广州、泉州、厦门”学术报告。2015 年 5 月，沈惠芬副教授到韩国参加世界海外华人研究学会地区会议，会议主题为“East Asia and the Chinese Overseas”（东亚和海外华人）。翌年 8 月 22 日—12 月 18 日，南洋研究院硕士生李果赴韩国仁荷大学交流学习。2017 年 2 月 23 日—6 月 16 日，硕士生许潇作为交流生到韩国梨花女子大学学习。同年 8 月，范宏伟教授赴韩国西江大学访学并洽谈合作。

2015 年 11 月，廖少廉教授赴格鲁吉亚第比利斯，做有关中国经济社会发展，以及发展丝绸之路经济带和中格经济关系的报告。2018 年 12 月，庄国土教授、陈君秘书应邀赴日本东京大学参加日本华南学会研讨会，庄国土先后在东京大学、日本亚细亚大学做题为“论近代以来华南的人文精神”和“华侨华人与中国现代化”的演讲，庄国土和陈君还在东京、京都、长崎和大阪进行调研。2019 年 9 月，李一平教授、金向东助理教授赴日本，先后与明治大学商学部小林尚朗教授商讨合作研究事宜，参加立命馆大学社会体系研究所举办的“中国与东亚”学术研讨会，并到东京大学、立命馆大学等大学图书馆搜集相关资料。

(3)美洲国家

2009 年，范宏伟副教授在美国乔治敦大学从事博士后研究工作半年，师从大卫·斯坦伯格教授。2012 年 10 月，张旭东副教授赴美国加州大学伯克利分校东南亚研究所访学一年。2018 年 2—8 月，张旭东到美国布兰迪斯大学历史系做访问学者。2019 年 9 月 28 日—10 月 7 日，陈锴助理教授赴美国华盛顿的美利坚大学短期访学。2020 年 1 月 29 日—2 月 2 日，陈锴访问哈佛大学，并在该校图书馆收集研究资料。

2012 年 5 月，庄国土教授、张长虹馆员应邀参加了在加拿大温哥华卑诗大学举办的第五届海外华人研究与文献收藏机构国际会议，此次会议的主题是“华人的美洲移民路”。世界海外华人研究与文献收藏机构联合会创始会议于 2000 年在美国俄亥俄州雅典市举行，联合会的宗旨是促进从事海外华人研究与文献收藏的研究机构、图书馆、学术团体、档案馆及各界人士的全球性广泛合作。

2018 年 6—8 月，博士后杨新新在《广东华侨史》专项课题委托项目“粤籍古巴华侨华人报刊、档案、口述史料整理与研究”的资助下，赴古巴哈瓦那、圣克拉拉等地，对古巴中华总会馆、龙岗亲义总公所，以及圣克拉拉民治党支部等现存的 18 家华人社团进行了系统的田野调查，并访问了哈瓦那华区促进委员会等文教单位，完成了《社会主义国家的华人组织——古巴革命以来华人社团的历史变迁与现状分析》等研究论文的初步撰写，已通过审查。

(4)澳大利亚

2012 年 9—11 月，在厦门大学的资助下，本院 2010 级博士生刘俊涛赴澳大利亚国立大学访学，师从著名越南史研究专家、时任南方华裔研究中心主任李塔娜高级研究员，进行明清时期中越贸易关系的专题研究。

(5)欧洲国家

2014 年 2 月，许可副教授赴牛津大学政治与国际关系系访学一年。2016 年 6 月，沈惠芬副教授到英国剑桥大学参加“China Goes Global: New Perspectives on Chinese Migration in China and Abroad”(中国走向世界：华人移民的新视角)国际学术研讨会。同年 10 月，范宏伟教授赴英国出席“The Chinese Civil War and Cold War”(中国内战与冷战)国际学术研讨会。2018 年 1 月，本院外事秘书龙羽西作为带队老师，带领厦门大学学生参加牛津大学摄政学院冬令营。同年 1—2 月，陈锴助理教授赴伦敦国王学院访学。当年 8 月，陈锴应邀前往牛津大学短期访学。2019 年 6 月，陈锴赴英国卡迪夫大学短期访学。同年 8—9 月，陈锴再次前往牛津大学访学。

2015 年 6 月，廖少廉教授赴荷兰参加有关东亚国际关系学术会议，并访问邀请单位，进行学术交流。2019 年 4 月，施雪琴教授受国家留基委博士生导师短期出国交流项目资助，赴荷兰国际亚洲研究所访学。

2015 年 12 月 11 日，张苾芜教授参加在波兰华沙举行的“现实主义与欧洲—亚太地区大国政治”学术研讨会并做演讲。2018 年 7 月，李一平、吴崇伯教授赴波兰出席院际合作会议，签署框架协议，并参加“‘一带一路’背景下的中国和中东欧国家合作”学术研讨会。

2016 年 4 月，聂德宁教授赴意大利那不勒斯东方大学亚非及地中海系短期讲学，并到荷兰与莱顿大学历史系进行合作研究。

2018 年 9 月，李一平、范宏伟教授赴德国、俄罗斯等地进行学术访问和交流。2019 年 2 月，陈锴助理教授前往瑞典隆德大学访学。同年 7 月，李一平、吴崇伯教授、外事秘书龙羽西赴西班牙高校洽谈合作并参加田野调查。

2019 年 4 月，杨新新博士随《广东华侨史》新移民研究题组前往欧洲，对法国、意大利、瑞士、奥地利等地中国新移民展开了为期 1 个月左右的实地田野调查与访问。

2.本科生对外交流呈现机会多、层次高、比重大、形式多样的趋势

在国际化办学目标的引领下，厦门大学国际关系学院积极为学生境外交流洽谈合作项目，搭建境内外交流平台。自国际关系学院首批本科生开始，境内外交流实践项目已被列为本科生培养的重要内容。2007 级首批本科生交流的学校包括香港大学、菲律宾雅典耀大学、台湾政治大学等。2016 年 3 月，为进一步规范学生外出交流制度，学院制订《国际关系学院/南洋研究院学生交流项目申请流程》、《国际关系学院本科生交流离返校相关手续及表格填写说明》，要求申请学生严格按照要求办理相关手续，避免因错办、漏办手续而导致交流返校后学分无法转换、学籍异常、无法申请资助等问题。

近年来，随着学院本科生对外交流呈现机会多、层次高、比重大、形式多样的趋势，国际关系学院根据交流群体变化，将以学分转换为重点转变为引导学生在交流中收集一手资料，或者有目标地进行实习，为毕业论文撰写提供最鲜活的材料，同时也引导学生做好“中国青年”代表，展现中国高校学子精神风貌。例如，2014 级本科生马嘉佳在交流期间通过申请，获得美国堪萨斯州参议院议员秘书岗位的实习机会，并顺利完成了 5 个月的实习期。这 5 个月的实习经历也为其从 3000 名全球青年中脱颖而出，入选联合国开发计划署亚太青年交流项目(Asia Pacific Youth Exchange)奠定了基础。同时，国际关系学院通过多种方式了解学生对于到国际组织实习的需求情况和意见。2017 年 10 月，联合国人力资源外联项目代表团与人力资源社会保障部代表莅临国际关系学院，与师生代表就联合国人才选拔、志愿项目合作以及联合国职业规划等问题进行深入交流和讨论。

表 1-2　毕业时本科生各年级外出交流人数占年级、专业比重

年级	人数	交流人数	外出交流人数占总人数比重(%)	国际政治专业	境内外交流人数	外出交流人数占本专业人数比重(%)	外交学专业	境内外交流人数	外出交流人数占本专业人数比重(%)
2007 级	31	5	16.1	31	5	16.1	N/A	N/A	N/A
2008 级	30	9	30.0	30	9	30.0	N/A	N/A	N/A
2009 级	30	13	43.3	30	13	43.3	N/A	N/A	N/A
2010 级	47	6	12.8	28	5	17.9	19	1	5.3
2011 级	48	14	29.2	28	9	32.1	20	5	25.0
2012 级	46	22	47.8	27	12	44.4	19	10	52.6
2013 级	47	14	29.8	31	9	29.0	16	5	31.3
2014 级	39	22	56.4	26	13	50.0	13	9	69.2
2015 级	30	9	30.0	21	8	38.1	9	1	11.1%

由表 1-2 可以看出，自 2012 级开始，国际关系学院本科生外出交流比重基本超过 30%，其中 2014 级本科生交流人数最高，且 2014 级外交学专业有交流经历的学生数占本专业人数近 70%。

(四)依托学院和学校优势，重点布局东南亚

厦门大学曾是唯一一所华侨独资创办的大学，历史悠久，在海外华社中有独特的影响和认可度，校友遍布东亚、东南亚。2013 年以来，厦门大学因应时代变化，创办了中国大学在海外的第一所分校——厦门大学马来西亚分校，在该区域正在产生新的特殊的影响。南洋研究院作为新中国最早的东南亚研究机构，始

终致力于东南亚地区研究，与亚太地区东南亚研究机构以及当地华人华侨均保持着长期且密切的友谊关系，在当地有着深厚的人脉基础。

2006 年 1 月 20 日—2 月 25 日，皮军副教授前往越南进行学术调研，了解当地政治、经济、华侨华人及社团等情况。

2013 年 7 月 17—18 日，越南社会科学翰林院副院长阮光舜，中国研究所所长杜进森、副所长黄世英一行访问南洋研究院，与王勤、施雪琴教授及相关研究领域的教师就越南政治、经济及中越关系等学术问题进行了深入交流。7 月 18 日，黄世英博士做了题为“越南基本概况：政治、经济、社会革新及其与中国相比”的学术报告。

2015 年 3 月，皮军副教授赴越南参加“新形势下的越中关系”学术研讨会。同年 4 月 16 日，越南社会科学院经济预测中心副主任黎金沙（Le Kim Sa）博士来访，与王勤、吴崇伯教授等学者进行有关“一带一路”战略下中越经济合作的学术座谈。

2015 年 5 月，范宏伟教授赴缅甸进行合作研究和调研。同年 11 月，李一平、范宏伟教授就“一带一路”建设问题前往缅甸、老挝、柬埔寨三国调研。

2015 年 11 月 6 日，东盟外交官代表团来访厦门大学，与国际关系学院/南洋研究院教师座谈，就加强中国与东盟的交流与合作、厦门大学马来西亚分校、东盟国家的学生来厦门大学就读等话题进行了互动和交流。

2016 年 4 月 15 日，东盟副秘书长穆赫坦博士及夫人和随同访问的东盟学者团莅临本院，与院内学者进行学术交流。之后，中国驻东盟使团发来感谢信。同年 6 月 23 日，由文莱战略与政策研究中心执行董事罗赞率领，来自东南亚国家智库学者团的学者们与南洋研究院专家座谈。双方就中国南海、中国—东盟国际关系以及“一带一路”等问题进行了深入友好的讨论。这次学术交流加深了国外学者对中国以及“一带一路”发展战略的理解，也加深了对彼此之间看法的理解与包容。

2016 年 8 月，施雪琴教授、林梅副教授前往越南河内、岘港、胡志明市等地学术机构参访，并对“海丝”与中国对越南投资以及华侨华人课题进行调研。

2017 年 11 月，庄国土教授、范宏伟教授、陈君秘书、许丽丽编辑赴缅甸参加第九届世界缅华同侨联谊大会及实地侨情调查活动，11 月 18 日，庄国土发表了题为“海上丝绸之路与中国海外移民”的主旨演讲。世界缅华同侨大会创始于

2000年，先后在澳门等地举办了九届大会，为加强缅华同侨间的联系与交流、促进中缅两国的传统胞波友谊、推动旅居国与缅甸的友好关系，发挥了重要作用。

2018年8月，陈锴助理教授赴文莱大学进行短期访学。翌年12月1—31日，南洋研究院2017级博士生罗晶晶前往柬埔寨金边皇家大学访学。

2019年11月14日，越南社会科学院黎金沙博士和范英俊博士来访，与本院王勤、吴崇伯教授等学者就“澜沧江—湄公河合作机制与中越经济合作”进行了座谈。

从2006年起，南洋研究院逐步加强在东南亚各国的布点，尤其以印度尼西亚、马来西亚、新加坡、泰国和菲律宾为重。相关国际合作与交流，详见本书第三章第三节。

(五)推动厦门大学马来西亚分校的建立与发展

2013年2月，厦门大学在马来西亚举行了校区建设的签字仪式，成为中国与马来西亚交往之大事，有助于推进中国与东盟的友好合作关系。2014年7月，厦门大学马来西亚分校奠基，成为中国首个在海外建设独立校园的大学，被中央媒体誉为镶嵌在“一带一路”上的一颗明珠。

作为长期致力于东南亚研究的机构，厦门大学南洋研究院积极推动马来西亚分校的建立与发展，发挥了桥梁的作用。本院客座教授、马来西亚丹斯里黄家定先生与拿督何国忠博士对厦门大学马来西亚分校的创立，中马文化事业的交流做出了突出贡献。黄家定曾任马来西亚房屋及地方政府部长、马来西亚华人公会总会长、马来西亚首相对华特使，现任马来西亚—中国商务理事会主席。何国忠教授曾任马来西亚华人公会副会长、马来西亚高等教育部副部长、马来亚大学中国研究所所长。此外，南洋研究院院长庄国土亦为创办马来西亚分校的策划人之一，他于2011年9月26日正式向学校提出“关于设立厦门大学马来西亚分校的设想”报告。

2016年2月22日，马来西亚分校在马来西亚雪兰莪州雪邦沙叻丁宜校区举行首批新生开学典礼，标志着中国大学第一所海外分校正式开始办学。2016年2月—2019年，厦门大学南洋研究院张苾芜教授、黄飞和陈锴助理教授先后赴马来西亚分校，教授课程“Introduction to international politics”(“国际政治概论”)，深受学生们的欢迎。与此同时，南洋研究院亦支持马来西亚分校图书馆的资源建设。截至 2019 年 12 月 31 日，厦门大学马来西亚分校已开设 16 个专业，有在校生 5000 余人、教职员工 360 余人，分校专任教师拥有博士学位的比例达 80%以上。

（六）南洋研究院/国际关系学院与境外学者的深入交流，促进了学术资料交换与捐赠工作的开展，推动海内外学术资料共同体的建设

2008 年初，日本华侨华人研究会会长、华裔学者游仲勋教授将部分重要藏书寄送李国梁教授。经李国梁建议，游仲勋决定将 538 册英、日、中、法四国书籍赠送给南洋研究院，再续情谊，留下佳话。2011—2012 年，日本立命馆大学经济学教授岩田胜雄先后三次赠送私人藏书，共近 2000 册。2012 年 3 月，日本南山大学教授、东南亚近代史研究和马来西亚问题研究专家、前日本马来西亚学会会长原不二夫捐赠其一生收藏的日文、印尼文、马来文图书资料约 2100 册。

除了学者之外，南洋研究院图书馆亦与国内外相关学术研究与收藏机构进行资料交换，并接受新加坡国立大学图书馆、新加坡尤索夫伊萨东南亚研究所图书馆、泰国泰中学会、菲律宾驻厦门总领事馆、泰国驻厦门总领事馆、香港生活文化基金会、爱达印务出版机构、福建省档案馆、福建社会科学院华侨华人研究所、华侨大学华侨华人研究院等机构与个人捐赠。2015 年，爱国侨领黄奕住曾孙黄骞赠送其先父、前中国侨联副主席黄长溪收藏的书刊 1215 册及其遗物 89 件。

2006—2019 年间，南洋研究院图书馆共获赠资料近 10000 份，包括图书、报刊、光盘和私人物件与手稿等，并与新加坡国家图书馆、新加坡南洋理工大学华裔馆、新加坡宗乡会馆联合总会、马来西亚南方大学学院图书馆、马来西亚新纪元大学学院、马来西亚砂拉越华族文化协会、中国华侨华人研究所、华侨博物院、暨南大学图书馆、广西民族大学东盟学院等机构建立资料交换关系，推广学院研究成果，逐步增加特色收藏，提高资源建设质量。

五、研究领域拓展与深耕

改革开放后，随着中国经济文化等领域的发展，中外交流日渐频繁，海外华侨华人的资本投资、技术引进增多且发生变化。中国的留学生、移民人数急剧增长，“新移民”群体分布世界各地，这些现象给华侨华人研究提出越来越多的新课题，其中关系到政策制定和实践方面的课题更形紧迫。与此同时，随着“一带一路”倡议的提出，厦门大学国际关系学院/南洋研究院以国家发展目标与重大需求为指导，紧密围绕我国外交战略和周边形势的重大需求，跟踪国际东南亚研究的最新进展，坚持以基础理论研究为主，注重应用对策研究，以完成重点研究项目为龙头，在东南亚研究领域产出了具有相当学术影响力的标志性成果。本院教师积极争取省部级纵向课题和企事业横向课题，科研经费逐年增长。此外，本院亦积极主办重要学术会议，承担综合研究学部（暨国际问题研究学部）秘书处工作，策划并出版系列高质量学术著作，保持在东南亚研究和华侨华人研究方向处于国内领先地位，在国际上的华侨华人研究和东南亚研究领域的知名度亦日趋上升。

2006 年 9 月 22 日，南洋研究院召开庆祝建院 50 周年暨“当代东南亚政治与外交”学术研讨会。来自全国各高校和研究机构的近 30 位学者出席会议。与会学者从宏观和微观层面系统探讨后冷战时期东南亚政治与外交格局的发展，深入分析了有关东南亚与大国的关系、区域合作与经济关系等热点问题。

2006 年 11 月 18 日，暨南大学举行百年校庆活动，吴凤斌教授应邀与会，在暨南大学专家楼做关于印尼华人公馆（吧国公堂）档案研究的专题报告。

2006 年 12 月 18—21 日，中国东南亚研究会第七届年会在广西南宁召开，大会推选南洋研究院庄国土为新任会长，廖少廉为副会长，李一平任秘书长。2008 年，中国东南亚研究会秘书处在廖少廉教授的主持下，与日本京都大学东南亚研究所合作，在该所电子学术期刊 *Kyoto Review* 中推出介绍中国近年来有关东南亚研究专题和书评的英文文章十余篇。2011 年 1 月，在中国东南亚研究会第八届年会期间，新一届理事会由庄国土担任会长，廖少廉、李一平担任副会长，李一平兼任秘书长。2019 年 6 月 29 日，庄国土、李一平教授分别继续获任第十届中国东南亚研究会理事会会长、副会长兼秘书长。

2008 年 5 月，南洋研究院成立苏氏东南亚研究中心，该中心由新加坡国立大学资深教授苏瑞福(Saw Swee Hock)捐资兴办。苏氏东南亚研究中心重点研究东南亚国家与中国的关系,兼及亚太地区国际关系。此外,该中心定期组织相关国际学术交流与合作,资助学者、学生赴东南亚国家开展课题研究,出版了《泰国华人社会:历史的分析》、《新加坡人口研究》、《近30年来东亚华人社团的新变化》等著(译)作5部。

2008年5月26日,厦门大学国际关系学院暨苏氏东南亚研究中心成立典礼合影

2008年9月27日,庄国土教授在北京由全国人大华侨委员会、国务院侨务办公室、全国政协港澳台侨委员会、致公党中央和中国侨联联合召开的侨务工作与改革开放30周年座谈会上,立足侨务工作,以全球的视野提出"将大侨务纳入国家发展战略的核心",受到了与会领导和专家的高度重视,引起了中新社、人民网、新华网等数十家国内外媒体的广泛关注。

2010年9月16—20日,全国人大外事委员会主任、外交部前部长李肇星在广东湛江主持召开"全国人大外事委员会代表议案立法调研座谈会",李金明教授作为特邀代表参加,在会上做"中国周边海洋情况及形势"学术报告。同年10月13—14日,李金明在上海参加由香港中华能源基金会举办的"2010南海战略研讨会",做题为"南海领土争议的历史、现状与思考"的报告。当月18—20日,李金明在天津参加海军出版社"南海权益研究专家咨询会",在会上做了有关南海断续线法律地位的发言。

2010年,教育部决定成立社会科学委员会研究学部10个秘书处。同年5月15—17日,"教育部社会科学委员会综合研究学部工作会议暨国际与港澳台热点问题"学术研讨会在厦门市、武夷山市召开。2010年7月,由庄国土教授担任召集人的综合研究学部(暨国际问题研究学部)秘书处设在厦门大学南洋研究院,负责组织本学部活动、编发工作简报、资料收集、协调沟通等工作。翌年10月22日,时任厦门大学东南亚研究中心主任王勤教授参加了由国家环境保护部和广西人民政府主办的“中国—东盟环境保护合作论坛”,该论坛是第八届中国—东盟博览会的重要活动之一。

2011年12月7—9日,南洋研究院与华侨华人研究所联合中国侨联、中国华侨华人历史学会、福建省侨联和福建省侨办以及各级侨联与侨办,在厦门大学召开“新华侨华人与侨乡”研讨会。会议的宗旨是将南洋研究院的侨务理论研究与福建省的侨务实践结合起来,推动福建省侨务工作的研究与发展,为培养新型侨务人才创造条件。

2012年2月9—10日,为加强对我国周边战略环境发展变化应对策略的调研,外交部在云南省昆明市召开了“周边环境变化与应对思路”专题研讨会。庄国土、李一平教授应邀出席,并做发言,引起关注。

2012年12月10日,“中国侨批·世界记忆”国际学术研讨会在福州省博物馆召开,吴凤斌、聂德宁、施雪琴教授,沈燕清副教授等学者参会,提交论文并发言,吴凤斌介绍了印尼华人公馆档案中对早期侨批发生与发展的记载。2013年,中央电视台和凤凰卫视先后在南洋研究院拍摄纪录片《下南洋》、《乡关何处:中国近代人口迁徙潮》,采访了庄国土和吴凤斌教授,庄国土亦为纪录片《下南洋》的学术顾问。这两部十集纪录片分别于2013年12月20日、2014年2月17日开播,其后成为南洋华侨史教材,被新加坡电视台等传媒机构相继转播。

2016年11月5日,南洋研究院召开60周年院庆暨“中国东南亚研究六十年:回顾与展望”国际学术研讨会。会议代表有来自荷兰、印尼、新加坡、泰国、越南、马来西亚的国外学者,以及来自中国约20所高校和研究机构的学者,大会分为“‘一带一路’与东南亚:认知、反应与挑战”、“南海问题与地区安全”、“中国与东南亚国际关系”等3个研究专题,汇集了相关领域最新研究成果。

南洋研究院成立六十周年庆祝大会合影

2017年10月27—29日，由首都师范大学历史学院主办，厦门大学国际关系学院/南洋研究院、《世界历史》编辑部承办的“第四届国际关系史青年论坛”在厦门大学举行。来自北京大学、南京大学、吉林大学、南开大学、华东师范大学、武汉大学、厦门大学以及台湾地区、法国等海内外数十所高校和科研机构的专家学者，围绕“东南亚地区主义与秩序”、“东南亚华侨问题”、“美国与东南亚”、“中国与东南亚”、“东南亚海洋与政治”、“日本与东南亚、东亚”等议题展开了深入的研讨。

2019年6月15日，由中国侨联主办，中国华侨华人研究所与福建省侨联、厦门大学、五邑大学承办，厦门大学国际关系学院/南洋研究院、厦门市侨联协办的“2019习近平总书记关于侨务工作重要论述研讨会”在厦门大学召开。来自全国人大华侨委员会、全国政协港澳台侨委员会、致公党中央、中央党史和文献研究院的干部，中国华侨历史学会理事和专家学者，以及福建省涉侨部门和各级侨联干部出席会议。中国侨联党组书记、主席万立骏，福建省副省长郭宁宁，厦门大学党委书记张彦发表讲话，中国侨联党组成员、副主席暨中国华侨历史学会会长隋军主持会议。厦门大学特聘教授庄国土做了题为“论习总书记侨务理念形成脉络”的主旨演讲。此次会议是2014年以来，中国华侨华人研究所与五邑大学等单位共同举办的习近平总书记关于侨务工作重要论述研讨会首次在厦门大学召开。研讨会已成为华侨华人研究领域和侨联系统学习研究习近平总书记关于侨务工作重要论述的重要平台和品牌，引起良好的社会反响。

2019年11月16—17日，由中国东南亚研究会与厦门大学国际关系学院/南洋研究院主办的第二届“东南亚社会与文化研究”工作坊在厦门大学召开，主题是“日常生活视角下的东南亚”，旨在探讨融入行动者生命体验的东南亚社会与文化，本院刘计峰助理教授是此次学术活动的组织者。与会者主要为龚浩群等有人类学、社会学、政治学、历史学、文化研究及区域研究背景的青年学者，评议人有人类学家陈志明(Tan Chee-Beng)教授、国际移民研究专家李明欢教授等知名学者。工作坊围绕“网络、边界与流动”、“东南亚华人：生存策略与结构变迁”、“现代化、社会空间与转型”和“东南亚社会与文化研究：当下与未来”等 4 个单元展开。

2006 年至 2020 年，国际关系学院/南洋研究院教师共承担国家社科基金项目 20 项、教育部项目 41 项、省部级项目 36 项、中国侨联课题 20 项、中国博士后基金项目 2 项、国家社科基金后期资助(优秀博士论文出版项目)1 项，项目数量有较大幅度的提高。其中，高艳杰副教授主持完成的青年项目“美国对印尼领土问题的政策研究(1956—1966)”和沈燕清副教授主持完成的一般项目“基于未刊公馆档案之印尼华人社会结构研究”，在 2018 年 12 月国家社科基金结项成果鉴定中均被评定为“优秀”等级。

2006—2020 年期间，南洋研究院教职工出版了《全球化下中国与东南亚经贸关系的历史、现状及其趋势》等 69 部著作[含英文(编)著 8 部、日文编著 2 部]，《马来亚华侨与中国》等译著 12 部(含日文译著 4 部)，《东南亚研究中文书目》、《东南亚华侨口述历史丛编》等资料 6 种 13 册；在重要期刊上发表学术论文 130 多篇。本院教师在科研奖励方面，屡获佳绩，获得了社会各界的广泛支持和认可。

东盟共同体将政治互信、经济融合和文化包容作为三大支柱，南洋研究院也逐步策划研究相关选题，与国内外学术和收藏机构开展合作，进行多层次的交流与对话。这一时期，随着《菲律宾华人通史》[庄国土、(菲)陈华岳、蒋细定等著]、《缅甸华侨华人史》(范宏伟著)、《东亚华人社会的形成与发展：华商网络、移民与一体化趋势》(庄国土、刘文正著)、《闽台文化大辞典》[①](福建省炎黄文化研究会编)等具有影响力的著作问世，南洋研究院传统的华侨华人史研究更具系统性，在国别和区域研究方面亦取得新的拓展，对缅甸、柬埔寨和老挝等国家的研究得

① 商务印书馆 2018 年版。李国梁教授承担华侨华人卷，40 万字。2019 年 12 月，该书荣获福建省第十三届(2017—2018 年度)社会科学优秀成果奖一等奖。

到逐步加强。

与此同时,东南亚国别和区域史专题研究更加丰富、精深,出版了十余本相关著作,如《荷印殖民政府鸦片税收政策及其对爪哇华人社会的影响》(沈燕清著)、《东盟国际竞争力研究》(王勤著)、《经济全球化与经济安全:东亚的经验与教训》(沈红芳著)、《东南亚的工业化、外国直接投资与科技进步》(沈红芳等著)、《当代东南亚海盗研究》(许可著)、《马来西亚非政府组织研究》(王虎著)、《当代印度尼西亚经济》(吴崇伯著)等等。

此外,本院开辟了新的文化史研究领域,涉及宗教、医学、文学、戏剧、女性主义等学科和方法,探讨东南亚研究与华侨华人研究中的人文精神等问题,关注人的信仰和情感,触及灵魂深处。已出版的著作有《菲律宾天主教研究:天主教在菲律宾的殖民扩张与文化调适(1565—1898)》(施雪琴著)、《古代中国与东南亚中医药交流研究》(冯立军著)、《东南亚的中国形象》(张旭东著)、《东南亚华文新文学史》(庄钟庆主编)[①]、《移民族群艺术及其身份:泰国潮剧研究》(张长虹著)、*China's Left—Behind Wives: Families of Migrants from Fujian to Southeast Asia, 1930s—1950s*(《20 世纪 30—50 年代中国留守妻子:东南亚的福建移民家庭》,沈惠芬著)、《中国与中南半岛国家地缘文化关系研究》(陈锴著)等。

2016 年,聂德宁教授点校的槟城华人社会发展史珍贵文献资料《槟榔屿志略》(力钧撰,双镜庐集字板排印本,1892 年版),收录于国家图书馆出版社出版的《清代御医力钧文集》中,传承了自韩振华教授点校《诸蕃志注补》以来的古籍点校之学术传统。随后,聂德宁与其马来西亚籍博士生阮湧俰合作校注《槟榔屿志略》,于 2020 年完成修订,将由厦门大学出版社出版单行本。2019 年 6 月 19 日,中央电视台老故事频道《大国名片》栏目组制作《百年力钧》专题系列节目,采访聂德宁教授,拍摄本院馆藏《槟榔屿志略》。

2018 年,印尼华人历史文献《开吧历代史纪》(许云樵校注)英文译注版 *The Chinese Annals of Batavia, The Kai Ba Lidai Shiji and Other Stories (1610—1795)* 由荷兰博睿(Brill)学术出版社出版,该书由荷兰历史学家包乐史与厦门大学南洋研究院聂德宁联袂译注,五年磨一剑,为南洋研究院与国际学术

---

① 张长虹、苏永延、郑楚、杨怡、张建英、李丽、王丹红合著,人民文学出版社 2007 年版。该书于 2009 年获得福建省第八届社会科学优秀成果奖二等奖。

机构合作完成的一部代表性著作，是研究印尼华侨史、西方殖民史、中外关系史的重要历史文献，具有极高的史料价值。

2000—2017年，厦门大学南洋研究院与荷兰莱顿大学的国际合作项目《公案簿》档案校注出版工作，由包乐史、聂德宁与吴凤斌等学者负责，共完成15辑16册，另外还有一部《雅加达华人婚姻——1772—1919年吧城唐人成婚注册簿》(吴凤斌、聂德宁、谢美华编纂)，均由厦门大学出版社出版。《公案簿》记录的是荷印时期吧城华人公馆(公堂)原始档案，时间跨度为18世纪末到20世纪初，正好与《开吧历代史纪》所记述的17世纪初至18世纪末对接，成为该时期东南亚华侨华人史研究领域中时间跨度最完整的史料。《吧城华人公馆婚姻档案资料》中的《成婚注册存案簿》起自1772年，终于1919年，是现存已知的中文史籍中保存最早、最完整的结婚注册簿，为海外华人史以及其家庭婚姻状况研究的珍贵档案资料。此套档案丛书受到学界和印尼华社的高度认可。

本院荷兰籍客座教授、著名汉学家包乐史先后于2007年9月4日荣膺荷兰女王颁发的“皇家骑士”荣誉勋章，2016年8月获颁第十届“中华图书特殊贡献奖”，2019年荣获第30届“福冈亚洲文化奖学术研究奖”。作为历史学家，包乐史使用荷兰语、法语、英语、德语、汉语、日语、西班牙语和印尼语等多种语言进行阅读和对话，他开拓了以华侨华人研究为核心的近代东亚/东南亚海域史，建立了基于微观实证的史学研究、跨学科方法和全球史视野的历史学，其丰硕的研究成果在学界享有盛誉。包乐史关注历史上不起眼的人物，其名著 *Britters Bruid*(中译本《苦涩的结合》)曾获荷兰“金质猫头鹰文学奖”，荣登荷兰与德国书籍畅销排行榜。包乐史自1980年来厦门，结缘四十载，对这座城市情有独钟，学会了说闽南语。他用第一人称为印尼归侨陈安尼书写传记《回归厦门》(*Retour Amoy*)[①]，此书在荷兰颇受欢迎。此外，包乐史教授还特别致力于一系列重大的国际学术交流与合作项目计划的创建和实施，其中最为显著的是“面向新世纪的合作伙伴关系”(TANAP)博士培养计划，该计划旨在加强荷兰与历史上和荷兰有过交往的亚非各国之间的学术交流。

与此同时，南洋研究院以《南洋问题研究》与《南洋资料译丛》为平台，在延续

① 该书由本院2010届硕士毕业生孙蕴琦译为中文，中译本已列入“南洋文库”出版计划，2021年将由中国社会科学出版社出版。

重视资料翻译传统，发展学术研究阵地的同时，加强特色栏目建设，围绕国家重大战略需求，策划选题，引领学术，影响力日增。

自 2006 年第 1 期起，《南洋问题研究》变更为大 16 开本。也是从这一年开始，南海各主权申索国间争端不断，南海问题持续升温，《南洋问题研究》开设了"南海问题"栏目。同年 9 月，第 3 期刊物推出"微区域合作与跨境安全治理"专栏。2013 年"一带一路"倡议提出后，根据国家战略需要、东南亚政经新变化，《南洋问题研究》2016 年第 4 期策划推出"'一带一路'与东南亚"专刊，并形成了"'一带一路'与东南亚"专栏。

2016 年，为了适应新媒体时代的需求，扩大《南洋问题研究》的影响力，编辑部申请、运营了微信公众号，及时将《南洋问题研究》的每期目录、文章精编版发布在微信上。

2017 年 3 月，第 1 期《南洋问题研究》推出了专栏——"东盟成立 50 周年"。同年 12 月，鉴于英国脱欧、特朗普上台等国际形势变化，民粹主义在全球兴起，第 4 期刊物推出了"民粹主义"专栏。2018 年，教育部印发《关于加强大中小学国家安全教育的实施意见》，要求设立国家安全学一级学科，以及周边国家安全态势复杂多变，为因应这一新发展和动向，《南洋问题研究》开设了"东南亚安全与防务"新栏目。

2015 年，《南洋资料译丛》进一步完善了投稿机制。同年 3 月，第 1 期《南洋资料译丛》推出有关南海问题的专刊。鉴于 2015 年底缅甸将要举行首次转型后的大选，9 月出版的第 3 期推出有关缅甸问题的专刊。2016 年开始，《南洋资料译丛》开设了"东南亚法律法规"栏目，并逐渐成为本刊的特色栏目。同年 3 月第 1 期、12 月第 4 期《南洋资料译丛》先后推出"美国智库观察"、"再平衡与东南亚"两个新专栏。为了进一步落实教育部对有关国别和区域研究中心应推进内涵的要求，2019 年 12 月，《南洋资料译丛》第 4 期出版了有关新加坡、印度尼西亚和马来西亚问题的专刊，议题涵括安全、宗教、法律、教育、外交等。

2019 年 11 月 20—22 日，两刊编辑部与厦门大学东南亚研究中心，联合举办了"2019/2020 东南亚形势回顾与前瞻研讨会暨《南洋问题研究》《南洋资料译丛》两刊选题会"。会议邀请了东南亚研究领域的知名专家学者，分"东南亚政治与外交"、"东南亚经济"、"大国关系与东南亚地区秩序"、"东南亚热点问题"四个专题进行深入讨论。2020 年 11 月 29 日，厦门大学东南亚研究中心主办的"中国—东南亚非传统安全问题与挑战研讨会暨《南洋问题研究》《南洋资料译丛》两刊选题会”在厦门举行，本次研讨选题会分为四个专题：“中国—东南亚边境管控、跨国跨境犯罪与警务合作”、“中国—东南亚海上非传统安全问题”、“中国公民在东南亚面临的安全风险”、“中国公民在东南亚的海外保护问题”。

2019 年 11 月，在第六届高校社科期刊评优活动中，《南洋问题研究》被评为“高校社科精品期刊”。2020 年下半年，中宣部对全国社科学术期刊进行内容质量抽查，《南洋问题研究》评审结果为优秀。2021 年 3 月，《南洋问题研究》入编《中文核心期刊要目总览》2020 年版（即第 9 版）政治学（含马列）类的核心期刊。

六、新型智库建设

（一）打造新型智库，为政策研究提供咨询

厦门大学国际关系学院/南洋研究院长期重视与中央和地方有关部门合作，近年来进一步加强合作，积极为我国的周边外交战略服务，为中共中央外事办、外交部、商务部、教育部、国务院侨办、安全部、中国侨联等机构提供有关中国与东盟关系、东南亚政治经济形势、东南亚侨情、南海问题和“海上丝绸之路”等专题的咨询报告，并获得采纳。如蒋细定自 20 世纪 90 年代初起，即运用其对相关国际问题的研究，累计提供了三四十篇咨询报告，为国家安全和政府决策服务。这些报告不仅被采纳，有些还得到了颇高的评价。如 1993 年 7 月，福建省政府有关部门对其在 1992 年 8 月—1993 年 4 月期间撰写的 4 篇报告评价道：“这批论文内容充实，理论性强，对我国政府及中央有关部门具有较好的现实参考作用。其中开拓越南市场和开发菲律宾苏比克基地的有关情况反映和对策建议，可谓‘对症下药’，抓住了我国开拓海外市场的热点，既现实地反映了解决该问题的难点，又科学地提出了极具参考价值的可行性建议。”而对如何拓展对东南亚国家的经济技术合作一文，则评价说：“上下浑然一体，翔实而生动地剖析了我国与东南亚国家之间经济结构与水平的异同，及时提出极具操作性的对策措施，直接为中央有关部门提供了决策依据，并得到重视和好评。”

同时，本院多位研究人员参与外交部、中联部等举办的有关东南亚、中国与

东盟关系、南海问题的专题研讨会，并提出相关对策和建议，在一定程度上提升参与国家重大决策的能力，充分彰显出“新型智库”的新时代作用。

2012 年，为了加强中国的国别和区域研究，为国家制定发展战略、政策措施提供智力支持、决策咨询、理论探讨和实践分析，教育部在全国高校中设立了首批 37 个国别和区域研究培育基地。厦门大学东盟研究中心于 2011 年 12 月在南洋研究院成立，后入选教育部国别和区域研究培育基地，并于 2012 年 6 月正式启动。2021 年 1 月，教育部公布了首轮高校国别和区域研究工作评估结果，厦门大学东盟研究中心获评高水平建设单位。

2013 年 9—10 月，中国国家主席习近平在出访哈萨克斯坦和印度尼西亚时先后提出共建“丝绸之路经济带”和“21 世纪海上丝绸之路”的重大倡议。“一带一路”建设在客观上要求国内东南亚研究机构提供更多的科学咨询与决策服务。2014 年 10 月，中央全面深化改革领导小组第六次会议审议通过了《关于加强中国特色新型智库建设的意见》，提出“加强中国特色新型智库建设”、“实施高校哲学社会科学走出去计划，重点建设一批全球和区域问题研究基地”、“以服务党和政府决策为宗旨，以政策研究咨询为主攻方向，以完善组织形式和管理方式为重点，以改革创新为动力”等一系列方针与倡议。

二轨或 1.5 轨外交活动是体现智库政策影响力和学术影响力的重要舞台。近年来，厦门大学东盟研究中心专家受政府相关部门邀请、委托、指派，参加了一系列具有影响力的二轨或 1.5 轨外交活动。随着中国与东盟合作关系的不断推进，中国外交部亚洲司推荐厦门大学国际关系学院/南洋研究院为“中国—东盟思想库网络”成员单位。2015 年 1 月 23 日，“中国—东盟思想库网络福建基地”揭牌仪式在厦门大学南安楼举行。“中国—东盟思想库网络”是中国—东盟(10＋1)合作框架下的一个二轨智库机制，由中国政府发起。该机制于 2014 年 7 月正式启动，旨在通过智库合作发挥重要的推动作用，以全面提升中国—东盟战略伙伴关系。

2016 年 12 月，福建省教育厅公布了福建省高校特色新型智库名单，评选了 7 所高校的 9 个智库，由南洋研究院培育的智库“‘一带一路’与东南亚研究院”成功入选且位居榜首。“一带一路”与东南亚研究院同时吸收了校内外 50 多位高水平研究人员，下设 5 个研究方向：“21 世纪海上丝绸之路下的中国周边外交”、“海丝与中国东盟区域合作”、“南海争端与区域外大国在东南亚及海丝沿线支点国家的竞合”、“海丝与中国东南亚国家人文交流”及“华侨华人与互联互通”，以“一带一路”国家战略为导向，紧密围绕国家与福建省重大需求，建立全方位、多学科研究“海丝”与东南亚的平台，开展具有针对性、前瞻性、综合性的政策研究，着力提高综合研判和战略谋划能力，为国家和福建经济社会发展提供智力支持，使之成为具有福建特色和在国内外有影响力的重要智库和创新源。

2017 年 6 月，厦门大学马来西亚研究所、厦门大学印度尼西亚研究中心和厦门大学新加坡研究中心成功获得教育部 2017 年国别和区域研究中心备案。这三个中心均依托南洋研究院，为适应国家“一带一路”建设的需要，积极开展以马来西亚、新加坡、印度尼西亚为主题的学术研究和政策咨询服务，推进福建及中国与马来西亚、新加坡、印度尼西亚等国的交流，积极培养面向东盟社会经济各领域的国际化专门人才。

(二)举办高层次培训项目，服务“一带一路”倡议，推动构建人类命运共同体

2014 年 9 月，厦门大学国际关系学院/南洋研究院开启非学历继续教育培训工作。本院依托在东南亚研究和华人华侨研究领域的独特优势，践行高校为国家“一带一路”建设战略服务的责任，加强社会服务，通过为省内外外事办、商务局、侨联为主的党政机关和企事业单位举办高层次专题培训班，以“一带一路”倡议、中国外交与领事保护、海外侨情、东南亚问题等为主题，着力培养一批具有国际化视野和对外开放格局的复合型干部，满足国家“一带一路”建设的战略人才培养需求。截至 2019 年 12 月，本院共开办 1139 个班级，培训学员 56406 人，受训学员多为厅、处、科级干部和企业高级管理人员或业务骨干，教学质量获得学员们的一致好评。

本院通过开展高层次继续教育培训工作，促进教研相长，拉动学科和科研发展，带动本学科生源质量的优化及扩大就业影响面，带来潜在的政府横向课题研究机会，极大地提升了学校、学院品牌和在全国各省市各行各业的社会影响力。同时，本院亦开办面向“一带一路”沿线国家高级官员和知名学者的培训班，培训项目成为培养知华、友华、亲华、爱华的各界人士的重要平台。

2019 年 9 月 6 日，第五届亚太青年学者“海上丝绸之路”研讨班厦门大学分

论坛由中国国际问题研究院、亚太安全合作理事会中国委员会主办，厦门大学国际关系学院/南洋研究院承办，来自东盟十国、日本、韩国、俄罗斯、巴基斯坦等周边国家从事亚太地区安全问题研究的青年学者十余人，与本院师生就“一带一路”倡议以及中国在经济发展中的经验与借鉴等问题进行了深入探讨和交流。

2019 年 10 月 13—18 日，由厦门大学南洋研究院、马来西亚研究所与马来西亚汉文化中心共同主办的“马来西亚政府官员高级汉语研修班”，在南洋研究院举办。本次研修班的举办对提升马来西亚政府公务员的素质、增进中马之间的交流与友谊、促进两国人民的民心相通具有重要的积极意义。

2020 年初，在国内新型冠状病毒肺炎疫情防控形势最艰难的时刻，厦门大学国际关系学院/南洋研究院的境外合作伙伴纷纷送来温暖的慰问。随着境外新冠疫情加速扩散，本院先后向所有境外留学生、20 余所海外合作院校及多名国际友人发去“同情共振、守望相助”慰问信，表达了携手抗疫、共克时艰，构建人类命运共同体的愿望。2020 年 9—12 月，厦门大学东南亚研究中心举办七场“南洋问题与全球视野”系列讲座，以线上会议和线下座谈的形式，邀请新加坡国立大学研究员穆斯塔法·伊兹丁(Mustafa Izzuddin)博士、印度尼西亚加札马达大学经济与商业学院管理分院院长努鲁尔·茵达尔蒂(Nurul Indarti)教授、印度尼西亚战略与国际问题研究中心高级研究员 Veronika S. Saraswati 博士、马来西亚国立大学亚洲研究中心主任郭清水(Kuik Cheng－Chwee)副教授、北京大学国际关系学院贾庆国教授、浙江大学经济学院赵伟教授等国内外学者，对新冠疫情冲击下的经济全球化、印尼中资企业应如何有效开展投资经营，以及当今中国与印尼的经济关系、中国与马来西亚的关系、弱势国家为何采取对冲的外交政策、国际格局与我国的安全等专题展开深入的探讨。

厦门大学南洋研究院在中国的东南亚与华侨华人研究界率先设立国际关系学院，招收本科生，由此转向科研与教学并重，形成综合性的东南亚研究和教学体系，突出“侨”、“外”特色，在培养方案的制定上，积极推进世界一流学科、一流专业的建设。随着国别和区域研究培育基地东盟研究中心、教育部国别和区域研究备案中心——新加坡研究中心和印度尼西亚研究中心，以及福建省新型智库“‘一带一路’与东南亚研究院”建立，南洋研究院基础研究与实证研究并重，加强与国际一流学术机构的交流与合作，在学术研究水平、承担项目能力、政府决策咨询等方面均处于国内领先水平，并在国内外享有较高的学术声誉。本院图书馆重视学术资源建设与合作，不断完善学术网站和专题数据库，有关东南亚主题的资料馆藏量居国内首位，已成为立足于东南亚、面向世界的专业研究型图书馆。南洋研究院以《南洋问题研究》与《南洋资料译丛》为平台，策划特色栏目，因应东南亚政经新变化，引领国内东南亚研究。2019 年，《南洋问题研究》获评“高校社科精品期刊”。南洋研究院成为中国的东南亚研究中心，亦为国际知名的东南亚研究机构，但在东南亚语种人才引进和培养、资源建设、有国际影响力的学术研究成果等方面，与世界一流的东南亚研究机构，仍存在差距。

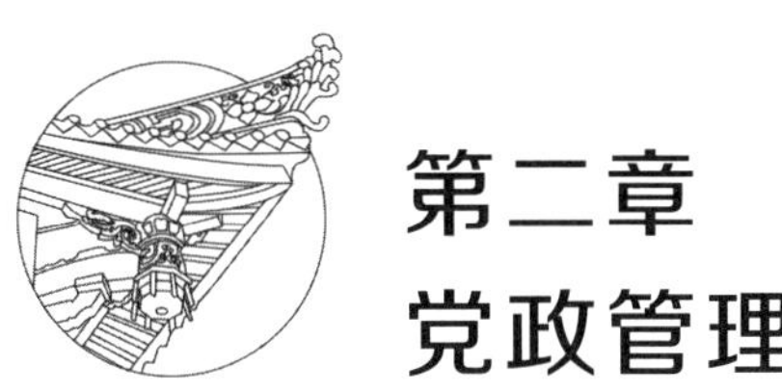

第二章
党政管理

第一节 党组织创建与发展

1956 年 10 月 1 日，厦门大学南洋研究所正式成立。时任厦门大学党委书记、副校长陆维特任南洋研究所所长，林惠祥任副所长。1957 年，建立中共厦门大学南洋研究所支部，黄选卿任党支部书记。[①]

1972 年 11 月，南洋研究所获批准正式复办，厦大革委会副主任林汝南兼任南洋研究所所长。1973 年 11 月，恢复中共厦门大学南洋研究所支部，并调整为中共厦门大学南洋研究所直属支部，陈启英任党支部书记。

1996 年，南洋研究所升格为南洋研究院，同年 4 月 6 日正式挂牌成立。中共厦门大学南洋研究所直属支部更名为中共厦门大学南洋研究院直属支部。

2003 年 6 月 13 日，中共厦门大学南洋研究院直属支部委员会升格为中共厦门大学南洋研究院总支部委员会。

2006 年 12 月 14 日，厦门大学在南洋研究院基础上成立了厦门大学国际关系学院。2009 年 4 月 16 日，中国共产党厦门大学南洋研究院总支部委员会更名为中国共产党厦门大学国际关系学院/南洋研究院总支部委员会。

2013 年 4 月 11 日，中共厦门大学国际关系学院/南洋研究院总支部委员会升格为中共厦门大学国际关系学院/南洋研究院委员会，截至 2019 年 12 月，下设 3 个教师党支部，党员 46 人(含 1 名博士后党员)；5 个学生党支部，党员 89 人。

南洋研究所(院)成立 60 多年来，学校党委根据事业发展需要，顺应国家重

---

① 中共厦门大学委员会党史编委会编:《中国共产党厦门大学组织史简编》，厦门大学出版社，1996 年，第 165 页。

大战略的发展变化，适时调整党组织设置和党组织负责人，南洋研究所(院)/国际关系学院的党组织建设不断加强，思想政治工作成效显著，为本所(院)各项工作的发展提供了坚强领导和有力保障，并在不同时期结合各阶段的任务，发挥了重要的作用。

第二节 行政机构的沿革

1956年10月1日，中侨委与厦门大学以南洋研究室为依托，正式成立南洋研究所。

1969年，厦门大学革命委员会宣布撤销南洋研究所。1972年11月，南洋研究所在厦门大学正式率先复办。

1996年4月6日，南洋研究所升格为南洋研究院。同年，南洋研究院成为国家“211工程”建设项目的机构。

2000年3月，厦门大学东南亚研究中心在南洋研究院基础上设立。同年9月，该中心被教育部正式批准为人文社会科学重点研究基地。

2004年11月，南洋研究院入选国家“985工程”哲学社会科学创新基地。

2004年12月16日，南洋研究院设立(中国)厦门大学马来西亚研究所。这是与时任马来西亚首相阿都拉·巴达维提议设立的马来亚大学中国研究所相对应的研究机构。

2006年12月14日，厦门大学以南洋研究院为依托，成立厦门大学国际关系学院。2007年3月21日，厦门大学国际关系学院国际关系系成立，同年9月，开始招收国际政治专业本科生。

2010年12月6日，国际关系学院成立侨务与外交系，设立了外交学专业，并于同年开始招收首批外交学专业本科生。

第三节　历任党、政领导

一、党组织负责人更迭情况

表 2-1　厦门大学南洋研究所(院)历任党支部/直属党支部/党总支书记名录

序号	姓名	任职时间
1	黄选卿	1957—1958 年
2	陈曲水	1959—1961 年(兼)
3	徐平	1962 年—1963 年 8 月
4	沈引之	1963 年 8 月—1965 年 11 月
5	徐平	1965 年 11 月—1969 年(与函授部合成党支部)
6	陈启英	1973 年 11 月—1980 年 8 月
7	吴志生	1980 年 8 月—1981 年 12 月(兼)
8	白兰	1981 年 12 月—1984 年 10 月
9	李承志	1984 年 11 月—1991 年 2 月
10	庄国土	1991 年 2 月—2001 年 11 月
11	林梅	2001 年 11 月—2007 年 8 月
12	范丽	2007 年 8 月 25 日—2009 年 4 月 15 日

表 2-2　厦门大学国际关系学院/南洋研究院党总支书记名录

序号	姓名	任职时间
1	范丽	2009 年 4 月 16 日—2013 年 4 月 10 日

表 2-3　厦门大学国际关系学院/南洋研究院历任党委书记名录

序号	姓名	任职时间
1	范丽	2013 年 4 月 11 日—2018 年 12 月 20 日
2	张必华	2018 年 12 月 20 日—2020 年 9 月 27 日
3	毛通文	2020 年 9 月 27 日—

表 2-4　厦门大学南洋研究所(院)历任党支部/直属党支部/党总支副书记名录

序号	姓名	任职时间
1	徐平	1960 年 7 月—1962 年
2	陈国金	1973 年 11 月—1978 年 8 月
3	杨晓燕	2005 年 9 月—2008 年 5 月
4	黄俊清	2008 年 5 月—2009 年 4 月 15 日

表 2-5　厦门大学国际关系学院/南洋研究院党总支副书记名录

序号	姓名	任职时间
1	黄俊清	2009 年 4 月 16 日—2013 年 4 月 10 日

表 2-6　厦门大学国际关系学院/南洋研究院历任党委副书记名录

序号	姓名	任职时间
1	黄俊清	2013 年 4 月 11 日—2018 年 1 月 19 日
2	李一平	2017 年 10 月 31 日—
3	徐跃进	2018 年 1 月 19 日—2019 年 2 月 28 日
4	陈伟	2019 年 6 月 25 日—

二、机构负责人更迭情况

表 2-7 厦门大学南洋研究所(院)历任所(院)长名录

序号	姓名	任职时间
1	陆维特(兼)	1956—1969 年
2	林汝南(兼)	1972 年—1973 年 6 月
3	赵源(兼)	1973 年 8 月—1983 年
4	汪慕恒	1984 年 11 月—1987 年 2 月
5	廖少廉	1990 年 7 月—1996 年 4 月
6	庄国土	2000 年 3 月—2006 年 12 月 13 日

表 2-8 厦门大学国际关系学院/南洋研究院历任院长名录

序号	姓名	任职时间
1	庄国土	2006 年 12 月 14 日—2015 年 10 月 15 日
2	李一平	2015 年 10 月 15 日—

表 2-9 厦门大学南洋研究所(院)历任副所(院)长名录

序号	姓名	任职时间
1	林惠祥	1956 年—1958 年 2 月
2	陈曲水	1958 年 7 月—1964 年 8 月
3	沈引之	1962—1969 年
4	徐平	1962—1969 年,1973 年 8 月—1982 年
5	吴志生	1980—1983 年
6	韩振华	1983 年 7 月—1984 年 11 月
7	汪慕恒	1983—1984 年
8	李国梁	1984 年 11 月—1990 年 8 月

续表

序号	姓名	任职时间
9	廖少廉	1987 年 3 月—1990 年 7 月
10	李承志	1987 年 3 月—1991 年 2 月
11	庄国土	1991 年 3 月—1996 年 4 月(兼)
12	陈希育	1991 年 3 月—1994 年
13	廖少廉	1996 年 4 月—2004 年
14	庄国土	1996 年 4 月—2000 年 3 月
15	王勤	2000 年—2006 年 12 月 13 日
16	林梅	2001 年 11 月—2006 年 12 月 13 日

表 2-10　厦门大学国际关系学院/南洋研究院历任副院长名录

序号	姓名	任职时间
1	王勤	2006 年 12 月 14 日—2017 年 9 月 21 日
2	林梅	2006 年 12 月 14 日—2012 年 12 月 22 日
3	聂德宁	2006 年 12 月—2012 年 12 月 22 日
4	李一平	2012 年 12 月 22 日—2015 年 10 月 15 日
5	施雪琴	2012 年 12 月 22 日—
6	范宏伟	2015 年 10 月 15 日—2018 年 10 月 22 日
7	吴崇伯	2017 年 9 月 21 日—
8	冯立军	2019 年 6 月 25 日—

表 2-11　厦门大学国际关系系历任领导名录

序号	姓名	职务	任职时间
1	李一平	系主任	2008 年 6 月 12 日—2013 年 2 月 7 日
2	张旭东	系副主任	2008 年 6 月—2018 年 9 月 19 日

续表

序号	姓名	职务	任职时间
3	赵海立	系副主任(主持工作)	2013 年 2 月—2018 年 9 月 19 日
4	张旭东	系副主任(主持工作)	2018 年 9 月 19 日—
5	赵海立	系副主任	2018 年 9 月 19 日—

表 2-12　厦门大学侨务与外交系历任领导名录

序号	姓名	职务	任职时间
1	王望波	系副主任(主持工作)	2011 年 6 月—2018 年 9 月 19 日
2	刘勇	系副主任	2011 年 6 月—2018 年 9 月 19 日
3	冯立军	系副主任(主持工作)	2018 年 9 月 19 日—
4	高艳杰	系副主任	2018 年 9 月 19 日—

第三章
学科发展

第一节　硕博士学位授权点及人才培养特色

一、授权点介绍

厦门大学南洋研究院的专业以及所属学科较多。目前共招收5个专业的研究生，这5个专业分别隶属4个不同的一级学科。其中国际关系专业以及政治学理论专业隶属于政治学一级学科，世界经济隶属于理论经济学一级学科，世界史专业属于世界史一级学科，中国史专业属于中国史一级学科。1980年，南洋研究院首次招收中外关系史专业硕士研究生，设置历史学方向硕士学位授权点。1982年，开始招收世界经济专业硕士生。1984年首次招收中外关系史专业博士研究生，设置历史学方向博士学位授权点。

2007年，南洋研究院世界经济专业所隶属的一级学科理论经济学被评为一级国家重点学科。南洋研究院其他专业所隶属的一级学科均被评为福建省重点学科。世界经济专业所属的一级学科理论经济学，被评为B^+；国际关系专业、政治学理论专业所属一级学科政治学被评为B^+；世界史专业被评为B；中国史专业被评为B^+。

二、培养目标

本院研究生的培养目标是培养国际关系、历史学以及世界经济方向的高层次专门人才。

国际关系方向：培养能系统地掌握与国际关系专业有关的基础理论、专门知识，了解国际关系的实务与技能，能独立地、创造性地开展与本专业有关的科研、教学与实践活动的学生，从而能胜任外交、外事、教学和研究等方面的工作。

历史学方向：培养深度理解中外关系史、中国海外移民历史、中国与海外华人社会关系，并掌握该领域的研究方法与具备一定研究能力的专业人才。

世界经济方向：熟练掌握马克思主义经济学与现代经济学的理论与方法，通晓世界经济和中国经济的发展历史与现状；对当代世界经济和中国经济的热点问题和理论动态有较深入的了解；能够运用经济学的基本理论和方法，分析、研究世界经济和中国经济的历史与现实问题。

三、学位标准

南洋研究院研究生必须具有较高学术及专业素质，具备扎实专业基础和学术视野，有独立选题和专业学术研究能力，严格遵守学术道德。

学制与学分要求：完成培养方案规定课程和学分，成绩合格。自 2014 年起，国内博士生学制 4 年，最长学习年限 8 年，总学分≥12 学分，其中课程学分≥10 学分，其他培养环节 2 学分；国内硕士生学制 3 年，总学分≥26 学分，其中课程学分≥24 学分，其他培养环节 2 学分；国际博士生学制 4 年，最长学习年限 8 年，总学分≥12 学分，其中课程学分≥12 学分；国际硕士生学制 2 年，总学分≥26 学分，其中课程学分≥26 学分。

学位论文要求：通过开题报告、中期考核、预答辩与查重后方可进入论文送审环节。博士生与国内硕士生 100％盲审，国际硕士生 50％以上抽取盲审。盲审通过后进入答辩环节，答辩通过后进行论文最后修改以及二次查重。

科研能力要求：国内博士生在学期间须在厦门大学文科最优学术刊物或一类核心学术刊物上发表 1 篇学术论文；或在厦门大学文科二类核心学术刊物上发表 3 篇学术论文。国际博士生在学期间须在厦门大学文科最优学术刊物或一类核心学术刊物上发表 1 篇学术论文；或在厦门大学文科二类核心学术刊物上发表 2 篇学术论文。对于硕士生，南洋研究院鼓励硕士研究生积极从事科研，但不以发表学术论文作为申请学位的前提条件。

四、培养与研究方向

(一)国际关系方向

1.国际关系理论与实践:主要研究国际关系的重要理论,并在此基础上进行经典国际关系的案例分析。本方向的特色在于理论与实践相结合,注重区域关系的探讨,以弥补国际关系理论、方法与实践相脱节的不足。

2.国际关系史:主要以亚太和东南亚地区国与国之间的政治、外交、经济、军事、文化等关系,以及该地区各国与国际社会关系发展的基本规律为研究对象,与整个国际政治关系紧密结合,并重视重要历史人物在国际关系演变中所起的作用。

3.亚太国际关系:主要研究亚洲太平洋地区国际关系,尤其是东南亚地区内部之间以及东南亚与亚太地区其他国家间的国际关系。

4.移民与国际关系:主要从非传统安全因素的角度,研究国际移民与国际政治、国际经济与国际安全间的关系。

5.国际组织:主要研究亚太地区国际组织的产生、发展和演变等,从而有助于推动亚太地区政治、经济和安全合作与发展的研究。

(二)历史学方向

1.近现代中外关系史:以近现代中国与东南亚关系史为重点,同时研究西方殖民者东来以后东南亚国际关系的变化。本研究方向对国际关系评论和实践,对中国外交史、侨务史理论与实践都具有实践意义和理论意义。

2.东南亚史:(1)东南亚古代史:着重对东南亚古代历史的发展变化和各国历史发展的不同特点进行论述、比较。(2)东南亚近现代史:对东南亚各国殖民化的历史进程、东南亚各国人民反殖反帝斗争的特点,以及二战后东南亚各国改造旧殖民经济结构、发展民族经济、巩固政治独立的历史分别加以考察和分析。

3.中国海外关系史:以历史上中国与海外各国的海上交通及贸易往来为主要研究内容。重点在于了解和掌握中国海洋发展史的脉络,全面系统地阐述我国与东南亚、南亚和阿拉伯等国家的友好往来。

4.近现代华侨华人问题：对东南亚华侨华人史，华侨华人社会的变迁与发展，华侨华人与中国的关系等问题做全面、系统的研究。重点在于了解和掌握华侨出国的原因，华侨在国外的活动，华侨对中国革命、建设的贡献，华侨在所住国社会经济发展中的作用，以及国内外学术界关于华侨华人问题研究的动态，并对华侨、华人的定义及演变进行探讨。

（三）世界经济方向

1.东南亚经济：南洋研究院长期从事东南亚经济研究与教学工作，这一研究领域是本专业（世界经济）最具传统特色的研究领域，主要研究领域包括东盟各国经济发展道路、发展模式、产业结构、外资引进、东南亚的财政与金融、东盟区域经济合作、东南亚对外经济关系、中国与东南亚经济关系等。

2.亚太经济关系：主要研究亚太地区经济关系，尤其注重东南亚地区内部之间以及东盟与亚太其他国家间的国际经济关系。

3.亚太经济与金融：借鉴和运用当代世界经济学、国际经济学和区域经济一体化的理论及其方法，对亚太地区经济与金融发展进行历史考察和综合研究，探索经济全球化进程中亚太经济与金融的格局变化和发展趋势。

4.亚太财政与金融：借鉴和运用当代国际经济学、国际金融学和国际财政、税收的理论及其方法，对亚太地区财政与金融发展进行历史考察和综合研究，探索经济全球化进程中亚太财政与金融的变化格局和发展趋势。探讨亚太地区金融改革以及财税制度和财政体制改革经验，为我国金融与财税改革和发展提供借鉴。

5.国际贸易与投资：运用世界经济、国际贸易、国际金融、国际投资等理论，研究经济全球化进程中的国际贸易与投资的发展现状与趋势，尤其是亚太地区、东南亚国家的贸易与投资发展的新动态。该研究方向对把握当代国际贸易与投资的发展动向，对我国进一步扩大对外经贸具有重要的理论与现实意义。

6.跨国公司研究：运用西方跨国公司理论，研究经济全球化进程中跨国公司的发展现状与趋势，尤其是跨国公司在亚太地区、东南亚国家发展的新动态。该研究方向对把握当代跨国公司的发展动向，为我国进一步吸引和利用跨国公司的资本与技术具有重要的理论与现实意义。

五、人才培养

1980 年,南洋研究所开始招收硕士研究生,之后每年持续招生。首次招收的历史专业方向为中国与东南亚关系史,指导教师是韩振华教授。首批历史专业硕士生有两名:庄国土、李金明。南洋研究所从 1982 年起招收世界经济专业硕士生,指导教师为何启拔教授,首批世界经济专业硕士生共有 4 名:王勤、邓建新、程光明、林淑娟。1984 年开始招收中外关系史专业博士研究生,此后稳定招生,逐步扩大。1999 年,南洋研究院新增"世界经济专业"博士学位授权点。首批世界经济专业博士生为陈雯、杨靳。2002 年,新增"国际关系专业"硕士学位授权点,招收学生 5 名:王小芳、刘相骏、岳莉、周岭、泰国留学生桂朴成(Supachai Jeangjai)。2004 年,南洋研究院新增"政治学理论"博士生招生专业,首位政治学博士生为王良生。2008 年启动国际硕士项目,开始招收国际学生。首批有 6 名:Maria Catherine Márquez Marín,Choeun Pek,Lee Sing Hui,David M. G. Kiza,Albright Mondejar Dy,Phanseyha Mel,来自哥伦比亚、美国等国家。2012 年,新增"国际关系"博士专业,2013 年 9 月开始招收首批该专业博士生 4 名:匡荣韬、Mira Murniasari、Jan—Boje Frauen、Ardhitya Eduard Yeremia。

至 2012 年 4 月,南洋研究院获批的 3 个招收硕士生的专业为中国史、世界经济、国际关系,4 个博士生招生专业为世界史、世界经济、政治学理论、国际关系。

截至 2019 年 12 月,南洋研究院共培养毕业硕士生 556 人,博士生 172 人,其中国际硕士 129 人,国际博士 34 人。

(一)国内研究生培养

1.招生选拔

2017 年,南洋研究院加强硕士推免生的招生力度。2018 年以来,本院实施

“申请考核制”方式录取博士生，选拔了一些学术专业素养高、兴趣深厚、有志从事本学科教学科研的人才。近几年，硕博士招生人数稳步上升。此外，自2008年起招收外籍生，招生人数一度超过国内学生，现逐步趋于稳定。

2.课程体系

本院重视课程教学质量建设，理论前沿与现实实践相关联，课堂讲授与课堂讨论相结合。与此同时，关注课程教学持续改进机制，通过教学测评、教学检查、听课反馈等方法推动教学相长，完善教学体系。

3.导师指导

研究生导师队伍的选聘、培训、考核严格按照《厦门大学博士生指导教师资格遴选和确认工作实施细则（试行）》、《厦门大学研究生指导教师招生资格确认工作实施细则》等规则执行。研究生导师每年进行一次遴选与资格确认，其基本条件包括：坚持以社会主义核心价值观为引导，坚持以立德树人为根本，以德立身、以德立学、以德施教，认真履行导师职责，当好研究生培养的第一负责人等等。博士生导师上岗前均需参加研究生院组织的培训。

4.学术训练

南洋研究院鼓励学生参与导师各类研究课题，培养合作研究能力；同时要求学生研修课程并创造性地完成学位论文，以培养其独立研究能力；将学术讲座和社会实践规定为博士生和硕士生的必修环节，提升学术交流能力；鼓励学生出国出境进行调研，并协助提供经费资助。

厦门大学自2011年开始设立基础创新科研基金（研究生项目），每项目资助3万元。2014年起设立研究生田野调查基金项目，每项目资助2万元。南洋研究院每年都有学生申请该项目并获得资助。

5.学术交流

通过校外名家讲座、国内国际会议、短学期校外专家开课等方式，南洋研究院组织研究生积极参加国际国内学术交流活动。同时，研究生院每年都有公派出国留学项目、研究生国（境）外访学计划，以及研究生出国（境）参加国际学术会议项目等，支持研究生外出交流学习。除此之外，本院特别要求师生到研究对象所在国进行实地调研和学术交流。近年来，研究生出国（境）人数稳步增长，以博士生出国（境）访学为主，主要到达东南亚、欧洲、美国等地区和国家。

6.分流淘汰

南洋研究院严格管理研究生课程研修、中期考核、开题报告、查重、论文预答辩、论文送审、论文答辩等程序与环节。凡课程成绩不合格、中期考核不合格、论文开题报告不通过、论文预答辩不通过、论文送审不通过或论文答辩不通过者，采取延迟毕业、劝退等方式分流淘汰。

7.论文质量要求

本院严把研究生论文质量关，学位论文质量总体保持稳定。认真遴选论文送审专家，在论文送审前进行重复率抽查，查重比例超20%（含20%）不予送审。博士论文盲审比例为100%，国内硕士论文盲审比例为100%，国际硕士论文盲审比例为50%以上。近5年抽检的研究生论文中，无存在问题论文。

8.就业情况

截至2019年12月，南洋研究院共有427名硕士毕业生，其中80%～90%的毕业生选择直接就业，就业去向主要包括外交部、中联部、中央编办、国家安全部门、国家发改委、国家外汇管理局、国家统计局、省教育厅与人社局、厦门市人民政府及人事局等国家机关单位，厦门大学、集美大学、国际问题研究院、证券研究所等高等学校和研究机构，以及资产管理、地产开发、航空公司、华为技术有限公司、银行、中国移动等企业。10%左右的硕士毕业生选择继续攻读博士研究生学位，主要录取学校包括美国夏威夷大学、北京大学、中国人民大学、复旦大学、厦门大学等。从 2007 年开始，本院硕士生报名选调生项目，此后，每年都有约 20%的硕士毕业生报名选调生项目，主动投身基层，以实际行动诠释使命担当。

截止到 2019 年 12 月，南洋研究院已培养 138 名博士毕业生，其中 90%的博士毕业生就业选择为研究机构科研人员和高等教育单位教学人员，就业单位有中国社会科学院、福建社会科学院、厦门国际经济技术研究所、上海交通大学、厦门大学、云南大学、郑州大学、广东外语外贸大学、暨南大学、重庆大学等。也有的博士生在就读期间或毕业后被外交部借调到中国驻东南亚国家使馆工作。博士毕业生就业去向还包括选调生等地方基层项目，以及福建省政府、福建省旅游发展委员会、厦门市发改委、厦门市文化和旅游局、厦门市人民政府、华侨博物院、华商韬略(北京)国际文化传媒中心等机关和企事业单位。

(二)国际硕博士项目

南洋研究院研究生培养特色是大力推进国际化教学。研究院雄厚的科研和教学条件与实力吸引了大批境外留学生，特别是留学生中的高层次人才。2008 年 9 月，国际硕士项目开始面向海外招生，为南洋研究院研究生国际化办学之发端。首次招收的国际硕士生来自美国、澳大利亚等国家。截至 2019 年 12 月，本院培养了 34 名国际博士毕业生，129 名国际硕士毕业生。本院共开设全英课程 14 门，并为学生开设了印尼语、越南语、泰语等东南亚语种兴趣课程，每年招收来自海外的研究生 20～30 名。国际化办学已成为南洋研究院研究生教学的特色。

国际生项目涉及世界史、中国史、政治学(国际关系)、理论经济学(东南亚经济)4 个发展方向，采用双轨并行制，中文项目和英文项目分开，硕士和博士培养打通。中文项目的学生跟国内研究生采用同一套培养方案。国际硕博士英文项目学制为 2～4 年，采取全英文教学。学生将通过对亚太地区政治、经济和国际关系等相关课程的系统学习，掌握相关学科的理论基础和专门知识，了解并熟悉亚太地区国际关系事务。项目录取方式为“申请—考核”制，经由厦门大学招生办初审材料后，本院组织相关专业导师(组)进一步考察申请者的专业背景、学术潜质和综合素质，确认接收意向，并提交研究院招生工作领导小组，在综合考虑学业成绩、科研成果和导师(组)意见后，对招收学生进行复核和确认推荐排序。经由学生和研究院双向选择后，研究院将对拟录取的考生配备志愿者，对其进行学业和生活上的帮助。学生入学后，采用导师负责制和小班教学制，一个班级的学生往往来自不同的国家和地区，学生在导师的指导下，在搜集整理资料和调研的基础上，进行论文选题和撰写，导师鼓励学生利用本国资料和语言优势进行毕业论文的撰写。同时，研究院还鼓励学生利用外语优势在国际组织或者本国驻华使馆进行实习实践，为其将来在涉外部门工作打下良好的基础。大部分国际硕博士生毕业后都留在本国政府、高校或者科研单位继续从事涉外工作，本院保持与这些学生的联系和交流，不断增加其对本院、学校和中国的认同感，争取为国家培育知华、友华、亲华的力量。

本院国际生生源国来源比较广泛，涵盖了五大洲 40 余个国家和地区，每年项目生源稳定、运行状况良好。截止到 2019 年 12 月，南洋研究院仍有 17 名国际博士生和 22 名国际硕士生在读，国际化办学教学经验丰富。本院每年大约能收到 100 多份入学申请，大部分申请者来自非洲、南亚、欧美以及东南亚地区，如加纳、尼日利亚、巴基斯坦、俄罗斯、波兰、英国、荷兰和美国。东南亚地区主要集中在泰国和印尼，此部分学生群体主要为东南亚华人后代，该群体生源资质较好，中文水平较高，毕业后与研究院的联系也比较密切。在 100 多份申请中，本院在综合考虑学术背景、成绩以及科研能力的基础上，每年择优录取硕博士生 20～30 名。

该项目运行已逾 10 年，一直广受留学生的欢迎。本院的许可、张苾芜、廖少廉、蒋细定、沈红芳、庄国土、吴崇伯、聂德宁、王勤、林梅、李一平、施雪琴、范宏伟、赵海立、王虎、方浩、沈惠芬、黄飞、刘勇、闫森、李美婷、陈锴、王昭晖、张淼等老师，十分关心英文项目国际硕博士生的生活适应情况，注重与学生的耐心交流，达到良好的沟通与教学效果，并针对留学生们各自的特点、研究方向和学习程度因材施教，用心指导。2013 年以来，随着国家“一带一路”倡议的提出，来华留学生的求学意愿高涨。在本院重点布局的引导下，“海丝”沿线国家的来华留学生申请不断增加。在教学实践中，学生往往对中国与发展中国家的合作理念和模式、中国的外交政策以及中国的对外投资政策表现出较大的兴趣。研究院针对“海丝”沿线国家的具体情况，以需求为导向进行顶层设计，增加了相应的课程和实践主题，针对本国、本地区的特点，有重点地分享中国的经验和做法，一方面了解“海丝”沿线国家对中国对外开放政策、发展理念与模式的反应、认知及期望，另一方面也与学生们分享中国的对外开放政策和发展理念。

第二节 厦门大学东南亚研究中心与马来西亚研究所

一、厦门大学东南亚研究中心

1999 年启动以来，教育部在全国 66 所高等学校相继设立了 151 个人文社会科学重点研究基地，其中国别和区域研究方向的国际问题研究机构有 9 个。2000 年 3 月，厦门大学东南亚研究中心在南洋研究院基础上设立，同年 9 月，该中心被教育部正式批准为人文社会科学重点研究基地。2004 年 11 月，中心入选国家“985 工程”哲学社会科学创新基地，下设东南亚政治经济研究室、国际关系研究室、华侨华人研究室、历史宗教文化研究室、《南洋问题研究》和《南洋资料译丛》编辑部、图书馆、办公室。2004 年，在教育部人文社会科学重点研究基地考核中，本中心的评估成绩为优。十八大之后，随着国内国际形势的变化，“一带一路”倡议的实施，东南亚区域国别研究与智库建设迎来了新的契机和挑战。

自 2000 年以来，厦门大学东南亚研究中心认真贯彻和执行教育部《普通高等学校人文社会科学重点研究基地管理办法》，深化科研体制改革，通过主任负责制、聘任制和内部分配制度，建立了有效的科研管理体制与激励机制。中心现有科研人员 18 人，图书馆工作人员 1 人，编辑 1 人，办公室人员 1 人，其中专职科研人员 9 人，校内外兼职科研人员 9 人。

表 3-1 厦门大学东南亚研究中心历任主任名录

序号	姓名	任职时间
1	庄国土	2000 年 9 月—2007 年 1 月
2	王勤	2007 年 1 月 20 日—2018 年 12 月 6 日
3	范宏伟	2018 年 12 月 6 日—

表 3-2 厦门大学东南亚研究中心历任副主任名录

序号	姓名	任职时间
1	廖少廉	2000 年 9 月—2007 年 1 月
2	李一平	2003 年 9 月—2018 年 12 月 6 日
3	王勤	2004 年—2007 年 1 月
4	廖大珂	2007 年 1 月 20 日—2018 年 12 月 6 日
5	聂德宁	2018 年 12 月 6 日—
6	吴崇伯	2018 年 12 月 6 日—

近 20 年来，本中心根据重点研究基地的建设标准，努力工作，积极进取，大胆创新，在深化综合改革、科学研究、人才培养、学术交流和资料信息建设、服务国家战略和外交大局等方面均取得了较为突出的成绩。

（一）以完成重大研究项目为龙头，在理论研究的基础上，加强应用研究，在东南亚研究领域产出具有显示度的标志性成果

从 2002 年起，中心出版“厦门大学东南亚研究中心系列丛书”，包括三类书：东南亚与华侨华人研究系列，东南亚研究翻译系列，东南亚档案、资料系列。该丛书跟踪国际上东南亚研究的最新动态，结合中国经济与社会发展的实际情况，注重东南亚研究的基础性、理论性、综合性、权威性和前沿性。截至 2019 年，该系列丛书已出版 71 部，在国内外学术界产生了较大影响。

自 2012 年开始，本中心每年出版《东南亚蓝皮书：东南亚地区发展报告》，在北京举办相关发布会，邀请中央有关部门、学术机构和主流新闻媒体参加，并在国内主流媒体上进行报道。由中心组织编写的《东南亚地区发展报告》，是教育部哲学社会科学系列发展报告建设项目的最终成果。该报告以年度东南亚地区发展为主题，跟踪各国的政治、经济、对外关系等发展态势，对东南亚地区近期和中期发展进行分析与预测，从而为我国的外交战略和周边策略提供决策依据。

2016 年，中心策划“南洋文库”的出版发行。2018 年 6 月，中心举办“南洋文库”首套丛书《东南亚华侨口述历史丛编》新书发布会。此套丛书共 8 册，收录

20世纪60年代本所研究人员对归国的1000余位东南亚华侨进行的口述采访，调查资料500余份，近5000页，共600多万字。截至2020年，已由中国社会科学出版社出版“南洋文库”研究系列7种，翻译系列1种；广西师范大学出版社出版资料系列2种，著作者为来自境内外相关领域知名学者，或是有创新学术成果的新兴力量。

此外，中心以刊物为平台，引领国内东南亚研究，整合基础研究与对策研究力量，围绕国家、福建省重大战略需求，策划刊物选题，进行专栏建设，因应东南亚政治经济形势的新变化、新动态。2016年，《南洋问题研究》第4期开设了“‘一带一路’与东南亚”专刊，就东南亚国家对我国“一带一路”倡议的认知和反应进行专题研讨。《南洋资料译丛》根据东南亚政治变化、大国动向，2015年跟踪缅甸大选，开设了“缅甸专刊”；东南亚民粹主义日益兴起后，开设了东南亚劳工法专栏；针对国际知名智库的东南亚研究成果，开设智库观察栏目，均取得十分明显的政治和学术效果。

至2019年12月，中心研究人员作为第一负责人承担的基地重大项目35项，省部级以上科研项目80项，经费总额为660.6万元；高校自立、企事业委托与国际合作项目36项，包括美国国家科学基金、福特基金、联合国教科文组织基金，以及日本文部省基金等著名基金会资助的项目，经费总额为653.2万元，共出版学术著作（第一作者署名）101部，发表学术论文（第一作者署名）610篇，获得省部级以上社会科学优秀成果奖30项。

（二）拓展、加强与东南亚国家的智库合作，从人才引进和培养入手，积极实施国际化发展战略，不断提高基地的国际化程度

本中心实行全员聘任制，已形成一支梯队结构合理，知识、学历和年龄结构较为优化的学术团队。截至2019年12月，中心研究人员具有博士学位者占100%，其中教授10名，副教授8名。1人任教育部社会科学委员会委员兼综合研究学部召集人，3人入选“福建省高等学校新世纪优秀人才支持计划”。中心科研人员每年均在东南亚当地进行至少1个月的实地调研，在国（境）外发表学术论文多篇，每年均举办大型国际学术会议和数十场境外学者讲座，并接待数十批境外学者来访。

中心分梯队、分批次选派优秀教师，鼓励教师利用假期出国访学、调研，参加各类国际学术会议以及国际研修项目。平均每年中心教师到海外进行学术交流超过30人次。在交流地点的选择上，基地每年派遣专职研究人员到菲律宾大学、马来亚大学、新加坡国立大学、日本京都大学、日本立命馆大学、印度尼西亚大学、印度尼西亚战略与国际问题研究中心、印尼哈比比研究中心等国际著名研究机构进行为期半年至一年的学术访问或进修。除东南亚研究对象国以外，中心还大力支持研究者赴欧美知名大学访问考察。

基地注重吸收和引进国内高层次人才，欢迎来自政府部门、企业及外籍相关领域研究人员以兼职或讲座形式来基地交流研究心得体会，邀请过戴可来、余定邦、朱振明、贺圣达、梁志明、沈志华、张锡镇、戴超武、郑先武、牛军凯、张振江、张明亮、于向东、李晨阳、周方冶、吴小安、吴杰伟等国内知名专家学者来中心交流。此外，基地亦邀请国外知名学者为学生开设精品课程。2011年6月18日—7月20日，新加坡南洋理工大学拉惹勒南国际关系研究院李明江博士为中心本科生开设“中美关系”课程，并为研究生开设“东亚海洋安全”课程。

自成立以来，中心每年至少举办一次国际学术研讨会。2001年9月23—26日，中心与国务院侨务办公室政研司联合举办“马来西亚华人问题”学术研讨会。与会代表主要围绕“马来西亚华人与马来人族群及中国大陆、台湾的关系”、“金融危机以来马来西亚华人经济状况及其趋势分析”、“马来西亚华文教育与文化”、“马来西亚侨务工作的开展”等议题展开讨论。2002年4月13—17日，中心与厦门市东南亚华文文学研究会、亚洲华文作家文艺基金会联合举办第五届东南亚华人文化与华文文学研讨会，探讨海外华文文学与中国文化的关系、东南亚华文文学史撰写等问题。2003年10月19—23日，中心与荷兰莱顿大学亚非拉美研究所举办的“近代初期东南亚海上贸易”国际学术研讨会在厦门大学召开，会议研讨内容为近代初期(17—18世纪)东亚、东南亚地区海上贸易活动的演变与发展及其对当时贸易全球化进程的作用与影响。2004年6月2—5日，中心与《世界历史》编辑部联合主办“冷战以来的东南亚国际关系”学术研讨会。40余名专家学者参加了此次专题学术研讨活动，探讨冷战以来的东盟与大国关系、东盟和地区安全等问题。

2005年10月25—28日，中心与国务院侨务办公室政研司联合举办“中国和平发展与海外华侨华人”学术研讨会，学者提交的论文主题密切联系现实问题，力求为侨务及其他工作提供政策理论参考。2006年4月2—6日，由厦门大学东南亚研究中心、荷兰莱顿大学、香港浸会大学合办的“东西方移民”国际学术研讨会在厦门大学举行。与会学者45人，其中来自亚洲、欧洲和美洲的境外学者26人。会议围绕中心议题“全球化背景下的移民流动”展开深入讨论。

2008年7月，外交部、教育部、贵州省人民政府在贵阳共同举办了首届中国—东盟教育交流周，庄国土教授应邀出席并做中国—东盟关系的主题演讲。2010年8月3—4日，中国—东盟教育部长圆桌会议暨第三届中国—东盟教育交流周在贵阳举行。时任中心主任王勤教授、副主任廖大珂教授出席了教育交流周的开幕式和首届“中国—东盟人文”学术研讨会。

2017年10月，中心举办了“比较视野下的东南亚国际关系”国际学术研讨会，共有来自海峡两岸及日本等地15所高校与科研机构的30多位专家学者出席；同年12月举办“东南亚华人与现代东南亚构建”国际学术研讨会。2018年11月，中心举办了“海上丝绸之路与东南亚华侨华人：历史、现状与展望”国际学术研讨会。此外，2018年、2019年，中心还配合、协助厦门大学“一带一路”研究院开展工作，参与主办厦门大学首届和第二届“一带一路”发展论坛等重要学术活动。

（三）东南亚研究文献资料库和信息数据库共享平台建设进一步完善，继续保持东南亚资料信息收集在国内的领先地位

本中心图书馆是立足于东南亚的区域研究型图书馆，服务于基础性、长期的知识储备和教学科研，以东南亚和华侨华人文献收藏为特色。截至2019年，馆藏资料10万余册，其中，图书类包括中文图书3万余册，外文图书2万余册；国内外期刊千余种，合订本近2万册；国内外报纸310余种，合订本2万多册。

中心图书馆重视与国内外相关学术研究和文献收藏机构及海外华侨华人、归侨的联系，接收海内外特色资源捐赠，积极开展资料交换与合作。在厦门大学图书馆的支持下，拓宽中外文资料的国内外采购渠道，逐年购买相关图书、报刊和数据库，引进大型特藏文献。自2016年来，中心图书馆平均每年入藏中外文图书约2000册，新增报刊合订本400多册，扎实推进资源建设。

与此同时，图书馆不断发掘特色收藏，开发书目、索引等文献信息产品，展开

馆藏旧报刊的数字化工作，依托东南亚研究中心网站建设数字化图书馆，及时发布有参考价值的学术资讯。此外，中心图书馆已逐步建成"厦门大学东南亚研究中心数据库"，为教学科研建设重要的资讯基础。

(四)积极为政府部门的决策提供咨询服务，不断提高参与政府重大决策的能力

自2001年起，中心每年都为外交部、商务部提供关于东盟政治经济形势及其对APEC会议影响的咨询报告，还为中共中央对外联络部提供有关中国与东盟关系的咨询报告，均获得采纳。原中心主任庄国土教授为国务院侨办专家咨询委员会委员(第一届迄今)。作为国务院侨办的共建单位，中心为侨办提供了大量东南亚侨情和侨务工作咨询报告，并有多项咨询报告获得国务院侨办课题研究优秀成果一、二等奖，优秀奖和资讯奖。至2019年12月，中心承担各级政府部门委托咨询研究项目187项，为中央和地方政府提供系列咨询研究报告，并获得采纳。

十八大以来，中央特别强调了周边外交的重要性，提出了"一带一路"倡议。根据国家战略需求与形势变化，因应国家加强新型智库建设的部署，中心对咨询报告写作进行了部署、规划和队伍组建。

首先，与中央相关部委进行了供需对接，打通了报告递送管道。近年，中心报告被采纳数量能得到保障，得益于前期做好了这项工作。在服务地方方面，中心与福建省、厦门市等地方政府、部门建立了战略合作关系。

其次，准确把握国家战略需求，及时跟踪东南亚涉我利益的风险事件。2013年，针对中国东南亚互联互通风险、缅甸议会补选等问题撰写的报告，即得到了政治局常委、副总理的批示。近几年来坚持派遣研究员到东南亚进行田野调查，实地跟踪调查重大事件，例如印尼大选、缅甸大选等。

再次，与相关部门合作，针对特定议题，举行对话会，为各部门决策提供智力支持。

在提高咨询报告撰写的质量和采纳率方面，中心积极邀请相关负责人前来对接、宣讲相关事宜。就题目选择、体例以及保密相关注意事项进行讲解。在咨询报告选题的组织和策划上，采取多种形式。

近年来，中心专家积极参与二轨对话。例如，中国—东盟思想库网络对话会、中美缅甸问题高端对话会、全球湄公河研究中心讨论会、中缅高端智库对话会、中马智库对话会等，增信释疑，阐明了中国政策，圆满完成了任务。

2014年7月，中国政府发起的二轨智库机制“中国—东盟思想库网络”正式启动。2015年，本中心加入，成为“中国—东盟思想库网络”福建基地。2017年，东盟成立50周年，《南洋问题研究》特开设专栏进行专题研讨。

总体而言，近年来，本中心参与国家重大决策咨询的能力得到了进一步提升。每年向中央部委提供有关东南亚的系列咨询报告，也为福建政府部门提供有关“一带一路”的政策建议。仅在2017年，中心共提交数十篇研究报告获得了采纳，其中有三篇获得了中央政治局常委级别的批示。2018—2019年，共有74篇报告被采纳。中心入选2016年“中国智库索引（CTTI）”首批来源智库和2017年度中国智库核心智库。

（五）为社会公众提供权威性东南亚信息与咨询服务

自成立以来，中心研究人员接受了新华社、中央电视台、中国国际广播电台、《环球时报》、香港《南华早报》、美国《华盛顿邮报》《纽约时报》、日本《朝日新闻》、德国之声、新加坡《联合早报》、马来西亚《南洋商报》、菲律宾《世界日报》等国内外著名媒体的大量专访、采访，研究人员亦有许多文章在菲律宾《世界日报》《商报》、新加坡《联合早报》、马来西亚《南洋商报》等国外媒体刊载。近年来，中心研究人员还就东南亚问题、南海问题在凤凰卫视、东方卫视、云南卫视、深圳卫视、北京卫视、广东卫视和东南卫视等知名媒体担任嘉宾，提升了本中心和厦门大学的学术声誉。

二、厦门大学马来西亚研究所

厦门大学马来西亚研究所正式成立于2005年4月6日，是我国最早设立的专门从事马来西亚研究的学术机构，庄国土教授任所长。2003年，马来西亚副首相阿都拉·巴达维访问厦门大学时建议开设专门的“马来西亚研究学科”，为呼应巴达维副首相的建议，2004 年 12 月 16 日，厦门大学马来西亚研究所应运而生。本研究所依托南洋研究院，围绕马来西亚政治、经济、社会、文化、宗教、历史与中马关系等方面开展全方位的学术研究。

马来西亚研究所成立以来，根据《高等学校人文社会科学重点研究基地建设计划实施办法》(教社科厅[2012]2 号)和《中国特色新型高校智库建设推进计划》(教社科[2014]1 号)的精神，以建设中国—马来西亚双边关系研究的新型高校智库为目标，重点围绕国家重大战略需求，聚焦外交急需，确定主攻方向，并严格履行《高校人文社科重点研究基地合作建设协议书》所规定的各项义务。研究所经过不断努力，科研成果质量不断提升，研究方法不断创新，在深化综合改革、理论创新、战略研究、人才培养、政策建言、舆论引导和公共外交等各方面取得了一定的成就，对推动中国与马来西亚的友好交往做出了积极贡献。

2017 年 6 月，厦门大学马来西亚研究所成功获得教育部 2017 年国别和区域研究中心备案，有效期为 3 年。

2021 年 1 月，本研究所被教育部评为高水平建设单位。

(一)多学科和综合性的马来西亚教学与研究体系得到进一步完善，研究所的建设取得一定成效

厦门大学马来西亚研究所依托东南亚研究中心图书馆，设置马来西亚研究所资料室，为相关研究提供必要文献保障。平均每年入藏有关马来西亚的中外文书近 200 本，报纸 1 种，英文期刊 3 种；有关东南亚综合类图书 400 多本，有关东南亚和亚洲的境外期刊 10 种。此外，中心图书馆设立马来西亚研究所网站，分机构动态、学术资讯、时事报道、探寻马来西亚等栏目，不定期更新相关资讯。

至 2019 年 12 月，马来西亚研究所已培养马来西亚籍博士 8 人，马来西亚籍硕士 1 名，其中 2006 年毕业的洪丽芬(Ang Layhoon)为南洋研究院首位获得博士学位的留学生。在研究生学位论文中，与马来西亚有关的博士学位论文 28 篇，硕士学位论文 37 篇。2019 年 8—9 月，王昭晖助理教授带领本科生赴马来西亚进行田野调查，在 2019 年厦门大学学生暑期社会实践活动表彰中，“海丝探路”实践队获得“优秀团队”称号，本科生石有为作为实践队队长获得“积极分子”称号，调研报告《“一带一路”倡议下典型中马合作项目的进展情况》被评为“优秀调研报告”，由此形成了从本科生到博士生的专业人才培养系统。

2019 年 8 月 24 日，本院“海丝探路”暑期实践队在马来西亚投资发展局(MIDA)与马来西亚前驻华大使、MIDA 主席拿督马吉德(Abdul Majid Bin Ahmad Khan，左四)访谈后合影

2019 年 10 月 13—18 日，研究所与马来西亚汉文化中心共同主办“马来西亚政府官员高级汉语研修班”。研修班期间，来自马来西亚首相署、教育部、交通部等部委的高级政府官员共 6 人在厦门大学进行为期 6 天的汉语语言学习及文化交流。时值中马建交 45 周年，此次活动，是中马两国在政府层面上合作推广汉语的破冰之旅，显现出中马两国友谊万里长春。

研究所继续保持南洋研究院在华侨华人研究方面的良好传统，已出版相关学术著(编/译)作 33 部。与此同时，研究人员积极开展综合性的当代马来西亚研究，使得南洋研究院在东南亚历史研究传统优势的基础上进一步扩展了研究的广度，并通过扎实的基础理论研究和区域与国别实证研究，不断加深本所马来西亚研究的深度，为我国在马来西亚研究的学术发展贡献力量。2019 年 5 月，刘计峰助理教授到马来西亚砂拉越和沙巴两地，就华人教会、原住民信仰、族群关系开展为期一个月的实地研究。同年 12 月，马来西亚籍博士生蓝中华(Lam Choong Wah)以“中马关系发展”为题前往马来西亚进行田野调查和数据收集。

(二)研究所对咨询报告、论文写作进行了部署、规划和队伍组建,扩大学术影响力

本所研究团队准确把握国家战略需求,及时跟踪马来西亚政经大事,特别是马来西亚政权更迭后的政策走向及风险。2018 年 5 月马来西亚首次实现政党轮替,反对党联盟执政中央。其政权更迭后新政府对中国外交政策的变化、对在马中资企业的影响以及中国对马来西亚政策如何调整等方面,研究所都有及时的研究报告及政策建议,并得到有关部门的重视。研究团队于 2019 年 5 月提交了题为"马来西亚第 14 届全国大选后的社会转型及其对中马关系的影响研究"的研究项目规划,并就马来西亚涉疆问题、中国在海外投资安全问题等撰写报告。同时,研究所也与相关部门合作,针对特定议题,为各个部门决策提供智力支持。此外,研究团队到马来西亚进行田野调查,实地跟踪调查重大事件,例如马来西亚第 14 届全国下议院选举等。2019 年,研究所正在积极完成教育部下派的《马来西亚教育情况手册》的编写任务。

除此之外,本所研究人员积极发表评论文章,就热点事件接受国内外主流媒体采访,以扩大马来西亚研究所在海内外的学术声誉和社会影响力。研究团队亦通过在马来西亚和中国主流媒体撰写中英文文章等方式,就马来西亚大选、马哈蒂尔首相访华、中国"一带一路"倡议的实施等热点事件提供中国视角,这些时事热点追踪评论,有助于国内外有关方面理解中国的外交政策以及多渠道宣示中国有关主张,为我国的发展营造有利的舆论环境。

(三)通过开展一系列学术研究,与国内外马来西亚研究者保持良好的学术互动与交流

本研究所通过参与各种重要论坛,与海内外马来西亚研究专家、学者及研究机构建立合作伙伴关系,聘任"特聘研究员"等方式,推动学术共同体的构建,全方位夯实马来西亚研究的基础。

2007 年 4 月 19—23 日,研究所与马来亚大学中国研究所在厦门大学联合举办"中马关系与马来西亚华人研究"国际学术研讨会,论文集于 2013 年由厦门大学出版社出版。2012 年 12 月 5—6 日,马来亚大学中国研究所与厦门大学马

来西亚研究所联合举办“中国、东盟与变迁的东亚地区主义”国际学术会议，并得到马来亚大学欧亚研究所、韩国国立昌原大学国际关系系的积极支持。此次会议是2004年马来亚大学与厦门大学建立国际合作以来联合召开的第八次国际会议，为继续深化两所大学的学术交流与合作发挥了积极影响。

2019年6月17日，为纪念中马建交45周年，研究所与马来亚大学中国研究所、马来亚大学孔子学院在马来西亚吉隆坡共同举办学术论坛，主题为“Malaysia—China Relations：Cherishing the Past and Working towards the Future”（中国与马来西亚外交关系：珍惜过去，共创未来），活动得到了中国驻马来西亚使馆、马来西亚外交部、马来西亚国防部的支持。同时，研究所还致力于加强同马来西亚社会全方位交流的深度和广度，同马来西亚国家统计局、投资发展局、贸工部等政府部门共同开展合作研究，并就相关课题定期开展田野调查和实地研究。

第三节　对外交流成果

南洋研究所（院）/国际关系学院是20世纪80年代厦门大学首批开展对外交流的单位之一。近年来，为适应经济全球化需要，实现建成国内一流、国际上有影响的研究型学院的目标，南洋研究院/国际关系学院积极实施国际化战略，加强与东南亚国家政要的高层互访，采取“引进来”和“走出去”的合作交流方式，与国内外多所知名院校和研究机构签署了一系列合作协议和谅解备忘录，建立了良好的合作机制。同时，借助丰富的海外校友资源，本院大力支持教师和学生出国进行国际学术交流，并于2010年3月1日出台《关于资助教师和博士生赴东南亚进行国际学术交流的试行办法》，特别鼓励师生到研究对象所在国进行实地调研和学术交流，取得了丰硕成果，本院的国际影响力得到不断提升。

一、合作协议为桥，海外院友搭台

(一)以合作协议为桥梁,不断丰富合作内涵

1983 年 10 月,厦门大学南洋研究所与荷兰莱顿大学签订了合作交流协议,合作重点放在中国与东南亚关系史、海外华侨(华人)及侨乡研究、印尼史研究,开启了南洋研究所(院)与国外高校合作的序幕。

至 2019 年 12 月,美国北伊利诺伊大学、英国利兹大学、新加坡尤索夫伊萨东南亚研究所、南洋理工大学拉惹勒南国际关系研究院、马来西亚战略与国际问题研究所、马来亚大学、印尼塔鲁玛伽大学、印尼佩特拉基督教大学、印尼万隆玛拉拿达基督教大学、文莱大学、缅甸仰光大学、泰国国立法政大学、泰国宋卡王子大学、马来西亚策略分析与政策研究所、菲律宾大学、菲律宾莱西姆大学、印尼《千岛日报》和《印华日报》等国内外教学科研机构和媒体先后与厦门大学南洋研究院/国际关系学院签订了合作协议,深化双方合作,为开展更深层次学术交流和实践调研提供机制保障。

1.厦门大学南洋研究院/国际关系学院与国外高校和研究机构签订合作协议及合作情况

(1)2005 年 6 月,厦门大学南洋研究院与日本立命馆大学国际地域研究所签订研究交流备忘录,双方在师生交流、共同举办会议等方面进行合作。

2005 年 9 月,南洋研究院李金明教授应邀在日本立命馆大学国际地域研究所做题为“17 世纪初全球贸易在东亚海域的形成与发展”的学术报告,报告会由著名经济学家、立命馆大学经济学部西口清胜教授主持。

2009 年 11 月 6 日,日本立命馆大学经济学部教授、社会体系研究所所长岩田胜雄应邀访问南洋研究院并做报告,其报告主题为“全球化经济的趋势及东亚共同体”。2011 年 7 月 20 日,岩田胜雄教授再次来访,做题为“日本经济能否从长期萧条、大地震灾难中重生”的讲座。

2011 年 3 月,厦门大学南洋研究院和日本立命馆大学联合举办“围绕 GMS(大湄公河次区域)的日本与中国”国际学术讨论会,会议在厦门大学举行,来自

日本立命馆大学、长崎大学、名古屋大学、同志社女子大学和南洋研究院 20 多位专家学者参加了此次讨论会。

(2)2008 年 1 月 7—9 日,南洋研究院与韩国全南大学社会科学学院在厦门大学举办“世界移民族群研究——以中、韩移民为例”国际学术研讨会。1 月 8 日,厦门大学南洋研究院与韩国全南大学签订了关于进行学术交流与合作的协议书,同意在学术交流、资料与信息共享以及人员互访等领域中展开全面合作。

2009 年 10 月 19—20 日,厦门大学苏氏东南亚研究中心与中国东南亚研究会、马来亚大学中国研究所、韩国全南大学世界韩商文化研究院等机构联合举办“东亚区域整合:人口跨国迁移及其影响”国际学术会议。来自英国、日本、韩国、新加坡、马来西亚、越南、孟加拉国和中国的 40 多位专家学者在厦门大学,深入探讨了东亚区域经济整合与人口跨国迁移活动中有关“文化新侨”、中国崛起的挑战与海外华人“迁移选择”的困境等历史和现实问题,涉及国际关系、族群政治、公民社会、性别研究等领域。2010 年,《东亚区域整合:人口迁移与影响》由厦门大学出版社出版,上册收录会议 8 篇英文论文,下册收录 23 篇中文论文。

(3)2008 年 3 月 10 日,日本大学经济学部中国与亚洲研究中心主任本多光雄教授、黑泽义孝教授、清水纯教授及曾根康雄副教授一行访问南洋研究院,双方举行了合作研究备忘签署仪式,将在课题合作研究、成果交换和人员交流等方面开展合作。

2010 年 12 月 11 日下午,日本大学举办“当代华侨华人网络”国际研讨会,为南洋研究院的博士生安排了华人社团研究专场,在庄国土教授的率领下,博士生刘文正、陈丙先、郑达、丁丽兴和学术秘书陈君应邀发表研究成果。庄国土教授在当月 12 日下午发表主旨演讲“东南亚华人社团的发展脉络”。

2011 年 3 月 29 日上午,日本大学经济学部中国与亚洲研究中心赠书南洋研究院仪式在本院图书馆举行。出席赠书仪式的日方代表有该中心主任本多光雄教授、清水纯教授、曾根康雄教授、吴逸良先生,以及日本京都文教大学潘宏立教授。这批捐赠的精品书刊共 435 册,其中英文书 89 册、日文书 346 册,主要涉及经济理论与实证、日本经济研究。

2012 年 3 月 11 日上午,日本大学经济学部大学院委员会委员长角田教授一行 6 人访问了国际关系学院/南洋研究院,与副院长林梅副教授、刘晓民编审、方浩副教授进行了友好座谈。双方讨论了日本如何利用大陆和台湾地区的《海峡两岸经济合作框架协议》(ECFA)拓展中国市场。

(4)2011 年 12 月 14 日上午,厦门大学南洋研究院与意大利那不勒斯东方大学签署了双边学术交流协议。双方拟在人员交流、资料交换、人才培养以及科研项目的合作研究等方面,展开更为广泛且密切的交流与合作。南洋研究院院长庄国土教授、副院长聂德宁教授以及廖大珂教授,与那不勒斯东方大学校长代表白蒂博士(Patrizia Carioti)等出席了协议的签字仪式。厦门大学与意大利那不勒斯东方大学有着近 20 年的合作交流关系。此次厦门大学南洋研究院与那不勒斯东方大学新签署的学术交流协议,从签署之日起为期 5 年。

2012 年 4 月 17 日,那不勒斯东方大学副校长朱塞佩·卡塔尔蒂(Giuseppe Cataldi)教授来访,做题为"海洋法与地中海海域的海洋管辖"的学术讲座。

2013 年 9 月 28 日—10 月 6 日,聂德宁教授应邀前往意大利,出席由意大利那不勒斯东方大学主办的"16—18 世纪历史上的海洋东亚,史料、档案、研究者:成果与展望"国际学术研讨会。来自意大利那不勒斯、罗马、米兰,以及法国、荷兰、西班牙、美国、加拿大、日本、中国内地、中国澳门的专家学者 30 余人出席了研讨会。聂德宁教授向此次会议提交和报告的论文题目是"清代中国帆船的东南亚贸易"。

2017 年 11 月 21—25 日,意大利那不勒斯东方大学白蒂教授专程前来厦门大学,代表那不勒斯东方大学校长与厦门大学南洋研究院续签双边学术交流协议,并为本院师生做题为"The Overseas Chinese in Nagasaki,16th—18th Centuries"(16—18 世纪的日本长崎华侨)学术研究报告,拓展和深化了双方合作交流的领域和内涵,进一步推动了南洋研究院国际化进程。

(5)2011 年 12 月 16—19 日,时任南洋研究院副院长林梅前往日本京都大学东南亚研究所,参加题为"Plural Coexistence: East Asian Experience in Comparative and Interdisciplinary Perspectives"(多元共存:比较与跨学科视角下的东亚经验)的国际会议,并在讨论会上做报告,主题是"Economic Development and Policy under the President of S.B.Yudhoyono"(印尼苏西洛总统时期的经济发展与政策)。12 月 16 日,林梅副院长与京都大学东南亚研究所所长清水展(Shimuzu Hiromu)教授讨论了双方的合作事宜,同意两所之间在人员和信息交流、合作研究以及举办国际会议等方面开展合作,并签署合作协议。日本京都大学东南亚所成立于 1965 年,是一个综合性的研究机构,对东南亚做人文、社会科学和自然科学研究。

2012 年 12 月—2013 年 5 月，聂德宁教授应邀赴日本京都大学人文科学研究所进行合作研究。2013 年 12 月 25 日，日本京都大学人文科学研究所与南洋研究院联合主办的“东亚海洋史研讨会：亚洲国际通商秩序和中国商人”在厦门大学成功举行。在此次研讨会上，来自中日两国的 6 位专家学者分别就东亚海洋贸易、贸易档案、印尼华商等问题做学术报告，研讨会分为中文与英文两场，吸引了广大师生积极参加。

2017 年 1 月 13—25 日，陈锴助理教授应邀赴日本京都大学东南亚研究所进行短期访学。2019 年 10 月 1 日，受国家留基委资助，本院 2017 级博士生史勤赴日本京都大学东南亚研究所访学一年。

(6)2013 年 1 月 1 日，南洋研究院推动厦门大学与法国国家科学研究中心签署协议，加入国际合作研究网络协议，有效期为 4 年。2019 年 1 月 2 日，厦门大学与法国国家科学研究中心续签网络协议。庄国土和聂德宁教授作为厦门大学代表学者参加该合作网络。国际合作研究网络协议 2013—2017 年实施情况如下：

2013 年 11 月 27 日—12 月 1 日，聂德宁教授前往巴黎参加该项目举办的第一次会议，此次会议由法国国家科学研究中心中国、韩国、日本研究所，以及法国社会科学高等研究院联合主办，题为“全球化的起源及其分歧：亚欧商业网络与经济制度的轨迹，1500—2000”国际学术研讨会。聂德宁提交和陈述的论文题目是“18 世纪末期巴达维亚华人的遗嘱及其遗产分配”。

2014 年 11 月 28—29 日，聂德宁教授出席在法国巴黎举行的第二次会议，该会议题为“Connected Histories—Trading Networks Across the Eurasian Continent: Structures, Practices, and Socio-Economic Impact”（联结的历史——欧亚大陆的贸易网络：结构、实践和社会经济的影响）。来自法国、英国、荷兰、比利时、葡萄牙、以色列、日本、新加坡、中国大陆及中国香港的 20 多名专家学者参与此次研讨会。聂德宁向该会提交和陈述的论文题目是“17—18 世纪中国海外贸易航线的发展变迁”。

在本协议框架下，法国国家科学研究中心苏尔梦教授、法国远东学院柯兰(Calanc Paola)教授于 2013—2017 年间数次联袂来访南洋研究院，与学院师生进行学术交流。苏尔梦教授还多次捐赠图书给本院图书馆，她于 2018 年 3 月捐

赠的 *Les Chinois de Jakarta*：*Temples et Vie Collective*(《椰城华族庙宇志》)是其与龙巴尔教授合作的法文首版,1977 年面世,尤为珍贵。

2016 年 10 月 25 日,法国著名汉学家苏尔梦教授、荷兰著名史学家包乐史教授在南洋研究院访问期间,与师生座谈,分别介绍了东南亚华人坟山墓地研究成果,以及印尼雅加达华人公馆《公案簿》档案的内容及特点。

2018 年 8—10 月,本院 2015 级世界史专业博士生何静波应法国远东学院邀请,赴法国国家科学研究中心和法国远东学院研修,在苏尔梦及柯兰两位教授的指导下,进行博士论文《法国殖民时期的越南华侨社会结构研究》的资料收集与研究工作。

2018 年 9 月,该网络重新规划为"Trading Networks and the Trajectory of Economic Institutions: Maritime Empires, Continental Empires, 1500—2000"(海上帝国、大陆帝国之贸易网络与经济制度的轨迹,1500—2000)项目,由法国国家科学研究中心、法国社会科学高等研究院、里昂高等师范学校、里昂政治学院、里昂第二大学发起,由欧亚 15 所国际著名高校和科研机构(均为全球排名 100 名以内的高校与研究机构)参与,旨在联合欧亚顶尖学者力量对 16 世纪至 20 世纪欧亚贸易网络和经济制度变迁进行跨学科研究。厦门大学南洋研究院聂德宁教授仍作为合作教授,加入该网络协议。

(7)2013 年 9 月,在厦门大学与华沙大学校际合作的基础上,国际关系学院/南洋研究院、人文学院与华沙大学欧洲中心签订学生交流协议书。根据协议要求,华沙大学欧洲中心与厦门大学国际关系学院/南洋研究院、人文学院互派学生进行交流学习。

(8)2014 年 4 月,厦门大学南洋研究院与韩国釜山外国语大学东南亚研究所签订谅解备忘录,双方同意在东南亚研究领域开展广泛合作与交流。

2014 年 5 月 30—31 日,南洋研究院施雪琴教授、黄飞博士与博士后李美婷等三人赴韩国釜山参加"东南亚区域特征与区域内部比较研究"国际学术会议,并提交三篇论文。此次会议由韩国国家研究基金赞助,韩国釜山外国语大学东南亚研究所主办。

(9)2013 年,厦门大学与英国卡迪夫大学共同设立了总额为 120 万英镑的联合研究基金,资助两校教师、博士后研究员以及博士生赴对方学校访问交流,从而推动两校在共同感兴趣的学科领域启动科研合作。

2015 年 5 月 5 日，国际关系学院/南洋研究院与英国卡迪夫大学合作举办“国际海事安全”国际会议，并商定双方在人才培养、科研项目等方面开展合作研究。专家学者围绕“海上安全”展开专题性研讨，主要涉及的子专题有：海事审判、中国去往东南亚的海上航行及其政策演变、美国重返亚太及中国的应对、海上安全、海上安全研究中的人类安全、印尼人对中国南海争端的认知、海事安全中的国家关系（中国与印尼、中国与越南）、南非与亚洲海上安全、中国南海问题、海上边界、海上战略等。中外专家学者们从政治、经济、历史、文化、社会等多个角度进行了跨学科的探讨与交流，尤其是关于中国南海问题方面，涉及的国家关系的变化，以及国家在海事安全方面所采取的海上战略等给人留下了深刻的印象。

2016 年 11 月 10 日下午，国际打击索马里海盗联络组“教训项目”负责人、世界著名海洋安全专家、卡迪夫大学政治与国际关系系副教授克里斯蒂安·布玉格博士（Christian Bueger）应邀来到国际关系学院/南洋研究院做讲座。他详述了各国政府、海军、国际组织等主体在海洋安全问题中所处的地位和应有的措施，并做了反思。

(10)2015 年 10 月，厦门大学国际关系学院/南洋研究院与美国华盛本大学签订第二个五年交流合作协议，本院在首个五年交流期间，每学年平均选派 4 名同学交流，收效甚好，该项目已于 2014 年从院级项目升格为国家留基委资助的优秀本科生交流计划的校际项目。本院每年大约派出 3～4 名本科生，至 2019 年，累计派出 18 人次。

(11)2015 年 12 月 8 日，厦门大学与英国利兹大学签订合作交流协定，并指派国际关系学院/南洋研究院同学进行交流培养，提升师生国际学术交流的广度。利兹大学是拥有百年历史的英国顶尖大学，世界百强名校之一，产生了 6 位诺贝尔奖得主。国际关系学院/南洋研究院每学年派出本科生 1～2 人次赴利兹大学进行交流，至 2019 年，共计派出 7 人次。

(12)2016 年 7 月 1 日，厦门大学国际关系学院/南洋研究院与美国北伊利诺伊大学签署合作协议，为两所大学合作之开端，亦是本院国际化的又一里程碑。北伊利诺伊大学东南亚研究所成立于 1963 年，开始是为联合国维和组织提供东南亚国家的语言训练。1997 年之后，成为由联邦政府资助的东南亚国家信息资源中心，同时也会为师生提供跨学科训练和课程。至 2019 年，该项目运行到第三年，每年双方都互派教师授课，共计派出 2 人次，接受 4 人次教师短期授课。

美国北伊利诺伊大学研究东南亚和美国国际关系的资深专家克莱默教授（Clymer）曾于 2015 年 7 月 9 日来南洋研究院访问，做题为“从坚冰到融解：1988 年以来美国和缅甸的关系”的讲座。此后，克莱默教授多次来访南洋研究院。

本院许可副教授先后于 2018 年 6 月、2019 年 3—4 月两次赴美国北伊利诺伊大学历史系东南亚研究所进行短期讲学。

（13）2018 年 8 月，厦门大学国际关系学院与波兰弗罗茨瓦夫大学国际关系学院签订合作谅解备忘录。双方拟定在教师交流、学生交换、合作研究上进行密切合作。2019 年 7 月，波兰弗罗茨瓦夫大学孔子学院外方院长马林诺夫斯基（Gościwit Malinowski）教授来学院为本科生授课一周。

（14）2019 年 7 月 23 日，厦门大学国际关系学院/南洋研究院与西班牙卡米亚斯（Comillas）天主教大学签订学生交流协议。卡米亚斯天主教大学人文与社会科学学院于 2008 年开设国际关系学术学位专业，为西班牙在此学科的开拓先锋。该校国际关系专业课程 80％用英语教学，并可选修其他联合国官方语言，并辅以全球相关的课程和学术训练。为了积极落实国际化战略，培养参与全球治理的高质量人才，充分发挥双方的办学优势和资源，本院与西班牙卡米亚斯天主教大学签署学生交流协议，以进一步密切交流与合作。2020 年 1 月，本院 2016 级博士生曾守正赴卡米亚斯天主教大学访学。

2.国际关系学院/南洋研究院与部分国内高校和研究机构签订联合培养与合作研究的协议

2011 年 4 月 12 日，厦门大学国际关系学院与中山大学亚太研究院签订关于交流培养本科生协议书。同年 9 月 16 日，本院与暨南大学国际关系学院签署关于交流培养本科生协议书。

2012 年，由广东外语外贸大学牵头，协同中国社会科学院世界经济与政治研究所、厦门大学、中共中央对外联络部当代世界研究中心、商务部国际贸易经济合作研究院、中国科学院南海海洋研究所等单位，以广东国际战略研究院为主平台组建了广东“走出去”协同创新中心。2014 年 7 月，该中心被广东省教育厅认定为省级协同创新培育中心。同年12月，中心更名为“21世纪海上丝绸之路协同创新中心”。厦门大学南洋研究院为该中心核心协作单位。2019年9月，该中心被教育部认定为省部共建协同创新中心。

2013年3月25日，“两岸关系和平发展协同创新中心”在厦门大学揭牌。该中心是厦门大学响应国家“2011计划”、充分整合校内学术资源，与复旦大学、中国社会科学院台湾研究所等单位协同海峡两岸兄弟院校、实务部门共同组建的，并在2014年10月获准为教育部、财政部认定的国家级“协同创新中心”。厦门大学南洋研究院为核心协作单位，以“两岸共同事务合作治理制度化研究与实践平台”推动教学科研合作与资料交流。

2014年9月29日，厦门大学南洋研究院与华东师范大学冷战国际史研究中心签订合作研究备忘录，涉及教师交流、科研合作、学术资料交流。

2015年1月23日，中国外交学院亚洲研究所与厦门大学南洋研究院建立全面合作关系的备忘录，开展科研合作与学术资料交流。

2015年4月17日，厦门大学南洋研究院与广东外语外贸大学签署“非通用语种教学与研究中心”学术交流协议书，涉及教师交流、科研合作、学术资料交流等方面。

2019年9月，由云南大学牵头的“中国周边外交研究省部共建协同创新中心”获教育部正式认定。厦门大学南洋研究院作为核心合作伙伴单位之一，与“云南大学周边外交研究中心”等合作单位一道，围绕中国周边外交的理论探索和实践创新等重点任务开展研究工作。

（二）以人才培养制度为突破口，借助丰富的校友资源

厦门大学国际关系学院/南洋研究院国际化进程以人才培养和教学成果为突破点，特别是2008年9月增设国际硕士项目以来，国际化进程正逐年提升。截至2019年12月，本院有在校研究生132名，其中海外研究生39人，所占比例达到29.5%之多。本院海外研究生来自五大洲，主要国家有印尼、泰国、马来西亚、菲律宾、越南、新加坡、柬埔寨、日本、韩国、孟加拉国、斯里兰卡、巴基斯坦、塔吉克斯坦、哈萨克斯坦、阿塞拜疆、亚美尼亚、蒙古、法国、俄罗斯、乌克兰、英国、德国、葡萄牙、阿尔巴尼亚、美国、巴西、智利、墨西哥、汤加、布隆迪、突尼斯、南

非、卢旺达、津巴布韦、尼日利亚等。

尽管南洋研究院招生专业并非外国留学生所向往的热门专业，但由于南洋研究院的品牌效应和教学质量，近年来，报名攻读本院国际硕士项目的人数仍居厦门大学前列。本院对国际硕士项目开设全英语课程教学，专业课程数量达14门，对本科生也坚持国际化的培养模式，开设大量双语课程，至今已开设将近10门全英语课程。

自2008年起，南洋研究院开设国际硕士班与国际博士班，并开设泰语、印尼语、越南语等东南亚语种培训班。至2019年，国际关系学院/南洋研究院已培养来自世界各地40多个国家的国际学生，在读国际研究生曾一度超过国内研究生规模，已毕业学生163人，占毕业研究生总数的29.32%。

2013年以来，为配合国家“一带一路”倡议，顺应新形势的发展，本院进一步重点布局，提升项目质量，以国际硕博士项目为平台，通过校友搭线和学者互访，定期参加海外招生展，赴当地高校进行招生宣传，不断扩展与深化同“一带一路”沿线国家大学和研究机构的人文交流，重点做好对东南亚国家以及其他亚非发展中国家招生工作，进一步加大招生力度，通过此项目培育沿线国家的知华、友华、亲华力量，为推动“一带一路”建设、扩大对外开放、促进中国与发展中国家的合作做出贡献。

1.利用已有合作渠道，扩大本院社会影响力

美国加州大学伯克利分校东南亚研究所、日本亚洲经济研究所、京都大学东南亚研究所、澳大利亚国立大学太平洋研究院、英国卡迪夫大学国际关系学院、新加坡尤索夫伊萨东南亚研究所、南洋理工大学拉惹勒南国际关系研究院、马来西亚战略与国际问题研究所、香港城市大学东南亚研究所等均与厦门大学南洋研究院建立了密切的学术交往和联系。近几年，本院与“新海丝”沿线国家很多知名大学和研究机构的人文交流不断深化，相继与菲律宾莱西姆大学、印尼塔鲁玛伽大学、泰国国立法政大学、印尼《千岛日报》和《印华日报》等机构签订合作协议，进一步夯实已有合作基础，提升了本院影响力。同时，本院每年举办2～3次国际学术研讨会，并接待来自国外高校和科研机构的专家学者30余人次。

2.主动走出去,赴生源国招生宣讲

本院积极主动“走出去”进行招生宣讲。根据分析学生来源国分布,大部分申请者来自东南亚国家,其中以泰国和印尼为最多,“一带一路”沿线其他国家比较少。为紧密配合国家战略需要,学院加大对其他东南亚国家的招生宣传,积极参加当地的招生展。2016 年 8 月,本院组织一支队伍专门赴菲律宾进行招生宣传,先后赴菲律宾莱西姆大学、菲律宾圣托马斯大学、菲律宾东方大学、菲律宾女子大学以及菲律宾师范大学等马尼拉当地高校举办招生推介会。推介会得到菲律宾学生的积极回应,此后,菲律宾学生的申请数量有了一定增长。

3.校友搭台,进一步拓宽交流渠道

截至 2019 年 12 月,本院培养了 163 名国际硕博士,部分毕业生在原籍国的政府部门、高等教育机构和企业,如越南外交部、财政部,菲律宾旅游部,博兹瓦纳财政部,南非高教部,孟加拉驻伊朗大使馆,印度尼西亚大学、印尼汉学研究中心,泰国梅州大学(Maejo University),马来西亚马来亚大学、博特拉大学(Universiti Putra)、新纪元大学学院等机构任职,或在中国工作,具有一定的社会和学术影响力,成为中外友谊的桥梁,其中有马来西亚新纪元大学学院东南亚学系系主任廖文辉副教授、印尼新生代企业家联盟总会主席吴云辉、外交部中非智库10+10 合作计划中方智库云南大学非洲研究中心博士后研究员卡斯(Kaze Armel)等人。本院重视毕业生后续的联系和交流工作,建立学生通讯录,并以海外校友会为平台,与教师实地调研相结合,通过校友推荐的方式,不断扩大招生渠道,推进国际友好交流。

二、保持研究特色，布局东南亚

厦门大学国际关系学院/南洋研究院始终在东南亚研究领域保持一定的综合实力和研究特色，不断加强与东盟国家各高校和研究机构之间的学术交流及合作，持续深化了本院师生对东南亚各国历史与现状的了解，以民心相通推动中国与东南亚国家的互信与友好关系。近年来，本院进一步加大在东南亚各国的布点，尤其以印尼、马来西亚、新加坡、泰国和菲律宾为重。

（一）与印尼高校以及研究机构合作回顾

1.协议签署及合作研究

2013年10月23日，由“印尼《生活报》纪念丛书”编委会和厦门大学南洋研究院共同举办的“印尼《生活报》创刊68周年纪念暨《印尼〈生活报〉纪念丛书》首发研讨会”在厦门大学召开。来自海内外的两百多名来宾参加了开幕式。

2015年2月3—9日，本院副院长施雪琴教授、聂德宁教授出访印尼，参加在印尼万隆举办的“第二届印尼华裔研究”国际学术会议。此次学术会议主题为“印尼华人与国家建构：挑战与前景”，由印尼万隆玛拉拿达基督教大学主办，厦门大学南洋研究院与印尼泗水佩特拉基督教大学、塔鲁玛伽大学、苏吉甲普拉那塔天主教大学协办。会后，施雪琴教授代表南洋研究院与印尼的四所大学共同签署“印尼华人研究论坛联合宣言”，约定中印尼五所大学正式成立“印尼华人研究论坛”，该论坛每两年召开一次关于印尼华人研究的国际会议，将由五所大学轮流主办。同年6月26日，印尼塔鲁玛伽大学校长罗斯迪曼·苏贾索（Roesdiman Soegiarso）教授带领的代表团来南洋研究院访问，与学院就学术交流合作展开会谈并签订交流合作协议，为促进南洋研究院以印尼为落脚点、辐射东南亚各国开展研究创设有利条件。

2016年5月14日，国际关系学院/南洋研究院与印尼泗水《千岛日报》签署合作协议，为师生海外实习实践以及学术调研搭建平台，取得校企合作新进展。《千岛日报》是印尼东爪哇地区影响力较大的华文报纸之一，创办于2000年。

2019年1月，在本院的直接推动下，厦门大学与印尼万隆玛拉拿达基督教大学签订合作谅解备忘录以及学生交流协议。印尼万隆玛拉拿达基督教大学创建于1955年9月11日，是一所以华人为主的跨文化、跨宗教、跨种族的私立大学，也是印尼西爪哇唯一一所基督教大学。

2.重要互访

国际关系学院/南洋研究院每年均有3～4人次教师访问印尼高校和研究机构，进行田野调查，接待3～4批次印尼学者、政府官员及社会人士来访。

2006年11月13日，印尼国务院内阁秘书长夫人女宁苏迪嘉拉拉喜女士、印尼驻广州总领事馆塔力刚领事、印尼国防部语言学院钟家燕教授、印尼生力钢铁有限公司陈毓强董事长一行访问南洋研究院。

2011年5月16日，时任印尼驻华大使易慕龙阁下(H. E. Imron Cotan)率印尼驻华大使馆教育参赞安华(Chaerun Anwar)、印尼驻广州总领事艾迪·尤索夫(Edi Yusuf)一行10人访问南洋研究院，易慕龙阁下做了题为"中国—印尼双边友好合作关系"的讲座。他指出，中国和印尼是东亚区域两个人口大国，寻求东亚安全繁荣稳定无法离开中印(尼)的合作。易慕龙阁下还追述了中国—印尼之间交往的历史和当前的友好外交关系，以及印尼作为东盟轮值主席所做出的努力。

2011年8月13—21日，南洋研究院院长庄国土教授应印尼外交部邀请，作为中国代表参加印尼外交部举办的"印尼总统之友"国际友好活动。东盟十国和东盟对话国(中、日、韩、印度、澳大利亚、美国)、重要联系国(俄罗斯等)共22个国家代表参加，皆为资深外交、媒体和学术界人士。活动包括参加印尼外交部在东盟总部举办的"作为全球共同体中的东盟圆桌论坛"、在总统府举办的8月17日印尼国庆招待会、晋见印尼总统、会见印尼外交部部长、印尼外交部在巴厘岛举办的"东盟民主化进程圆桌论坛"等印尼重要国事活动。庄国土教授在东盟总部的圆桌会议做关于东亚多核心合作的重要发言。

2011年10月，林梅副教授出席了在印尼举办的《为了13亿人的教育》赠书仪式，并主持"提高国民素质教育"主题研讨会。2012年4月24日，印尼驻华兼蒙古大使易慕龙阁下一行6人访问厦门大学，朱崇实校长会见来访客人并授予易慕龙阁下"厦门大学客座教授"荣誉聘书。

2013 年 11 月 11—15 日，南洋研究院副院长李一平、施雪琴教授出访印尼万隆玛拉拿达基督教大学，并参加由佩特拉基督教大学印华研究中心、玛拉拿达基督教大学、三宝垄苏吉甲普拉那塔天主教大学与厦门大学南洋研究院共同举办的“印尼华人：生活与认同”国际学术会议。

2014 年 5 月 12 日，印度尼西亚华人文化与历史研究专家欧阳春梅女士(Myra Sidharta)来本院访问，为师生做关于勿里洞岛客家人的讲座。同年 11 月 12 日，印尼东加里曼丹省穆拉哇曼大学（Mulawarman Univeristy）副校长艾菲・鲁凯米（H.Afi Ruchaemi）教授带领的代表团访问厦门大学南洋研究院，并与南洋研究院和海外教育学院的相关教师商谈交流与合作项目。

2014 年 11 月 25 日，印度尼西亚共和国驻华大使苏更・拉哈尔佐阁下（H. E. Soegeng Rahardjo）到访厦门大学国际关系学院/南洋研究院，做题为“一个新印度尼西亚”的精彩演讲。2017 年 10 月 27 日，苏更・拉哈尔佐阁下再次莅临本校做报告，主题为“印尼经济转型升级：加强双边合作所面临的机遇和挑战”。

2015 年 6 月 5 日，印尼驻广州新任总领事琇翡（Ratu Silvy Gayatri）率文化、经济等领事及十几名印尼学生到南洋研究院访问，与施雪琴教授、林梅和许可副教授等学者开展座谈。此次座谈会增进了中印尼两国进一步的了解与认识，促进了双方在政治、经济、文化、学术等方面更深入的交流与合作。

2015 年 8 月 17—27 日，施雪琴教授与赵海立副教授赴印尼万隆与雅加达调研，先后拜访了印尼万隆渤良安福利基金会、万隆华人历史纪念馆、万隆客属联谊会、万隆福清会馆、闽南公会，与相关华人社团的负责人就社团历史、现状、文教公益活动、社团青年骨干领导人培养、中华文化传播等方面进行了深入的交流与调研。同年 10 月 14 日，印尼佩特拉基督教大学埃丝特・昆贾拉（Esther Kuntjara）教授来访厦门大学南洋研究院，并做讲座，她从住宅建筑、节日习俗、宗教信仰三个方面详细介绍了泗水华人文化与当地原生文化间的碰撞与融合，以及由此留下的文化瑰宝的传承与保护问题。

2016 年 3 月 15—19 日，施雪琴、聂德宁教授出席由印度尼西亚塔鲁玛伽大学主办的“第三届印尼华裔研究”国际会议。当年 7 月 8 日，印尼《印华日报》主编李卓辉应邀为南洋研究院师生做关于印度尼西亚独立后几次政治大事件的主题报告。同年 11 月，印尼玛拉拿达基督教大学华裔文化研究中心邱崇义研究员应邀参加本院 60 周年院庆活动，发表演讲，主题为“中国传统文化对印尼马都拉清真寺建筑艺术的影响”。他代表印尼万隆玛拉拿达基督教大学表达进一步深化扩展与厦门大学合作的希冀。以此为契机，在南洋研究院不断推进下，两校的合作进入制度化的轨道。

2017 年 7 月 5—10 日，应印尼玛中大学董事长黄启铸先生的邀请，施雪琴教授赴印尼东爪哇名城玛琅参加玛中大学十年庆典暨印尼华人高等教育发展论坛。同年 8 月，施雪琴教授与林梅、许可副教授赴印尼参加“中国对东南亚的影响及其华侨华人研究：过去、现在与未来”国际学术研讨会，随后前往印尼华人聚居城市棉兰华社和华校进行调研与学术交流。

2017 年 10 月 24 日，印尼主流媒体主编团应邀来国际关系学院/南洋研究院参访交流。双方还就中国在印尼的投资、中印海洋合作、中国产品在印尼市场的营销、中国与印尼关系等问题展开了热烈讨论。该团成员有美都电视台总编辑、《雅加达邮报》网站主编、《印尼媒体报》副主编、点滴网副主编、《共和报》副主编等九人。

2018 年 11 月 25—26 日，南洋研究院举办“第五届印尼华裔研究国际论坛”暨“海上丝绸之路与东南亚华侨华人：历史、现状与展望”国际学术会议。来自印尼万隆玛拉拿达基督教大学的罗志春博士（Krismanto Kusbiantoro）做主题演讲，题为“万隆华人传统的跨文化旅游前景：对‘一带一路’倡议的可持续性意义探讨”。

2019 年 6 月，印尼塔鲁玛伽大学研究与社会服务院副教授叶至盟博士（Jap Tji Beng）到访南洋研究院并赠书。印尼塔鲁玛伽大学又名新明会大学，系印尼华人组织新明会创办，与南洋研究院长期有着密切的学术交流与人员往来。叶至盟博士还携子专程到福建省南安市高田村寻根谒祖，联络亲情。

2019 年 6 月 22 日，印尼知名侨领、印尼新中三语学校董事长何文金，新中教育总监彭则翔女士一行来访，与本院院长李一平教授、副院长施雪琴教授等学者展开座谈。同年 9 月 24 日，印尼前海洋渔业部部长、茂物农业大学渔业和海洋科学学院教授罗克明（Rokhmin Dahuri）为南洋研究院师生做专题讲座，该讲座围绕世界经济和人类文明的历史发展、全球化时代面临的问题和挑战、中国与印尼的关系史、中国的“一带一路”倡议、印尼的全球海洋支点战略构想等 8 个专题展开。

3.学生培养与交流

2010 年 8 月—2011 年 5 月，本院 2008 级博士生丁丽兴获印尼政府奖学金，赴印尼日惹国立大学访学。2019 年，丁丽兴的博士论文《坎坷中的前行：印度尼西亚华人社团政治参与研究（1945—2010）》列入“南洋文库”出版计划。

2014 年 8 月 16 日，本院 7 位师生赴印尼雅加达、东加里曼丹、日惹和巴厘等 4 个省市展开学术交流和调研，成员包括本院党委书记范丽、副院长施雪琴、赵海立副教授和其他三名学生。同年 10 月 28 日—11 月 4 日，施雪琴教授、林梅副教授前往雅加达参加雅加达中华中学创立 75 周年纪念大会，并访问印尼多家华文报社、三语学校以及华社领袖。当年 11 月，2012 级博士生张小倩赴印尼玛拉拿达基督教大学进行为期三个月的访学。

2016 年 1 月 15—23 日，施雪琴教授、赵海立和林梅副教授、博士研究生张元、硕士研究生许婷婷赴印尼泗水千岛日报社调研。此间，他们还与雅加达印华日报社合作，开展有关海上丝绸之路印尼民丹岛华人文化资源的考察。

2016 年 5 月，本院硕士生谢红燕赴印尼雅加达，协助印华日报社总编李卓辉共同开展为期三个月的印尼华文报业史研究。同年 12 月，南洋研究院再次派出博士生叶丽萍赴印华日报社实习三个月。

2016 年 5 月，许婷婷参加文化教育部举办的印尼语演讲比赛，获得佳绩，被印尼驻华使馆派作中国代表，与来自 18 个国家的印尼语获奖者赴印尼参加交流文化活动。同年 10 月，南洋研究院派出许婷婷到千岛日报社进行为期一年的实习。

2017 年 4 月，许可副教授参加首届中国—印尼青年互访交流游学项目。该项目由福建省政府外事办公室和中国驻印尼大使馆发起，活动地点在中国福建省与印尼雅加达等地。同年 8 月，国际关系学院本科生万子杰赴印尼三宝垄大学参加暑期夏令营活动。

2018 年 4 月，本院外事秘书龙羽西与本科生曹玉洁、郑斯尹、邹韬参加为期 16 天的第二届中印尼青年互访交流游学项目。

2019 年 1 月，南洋研究院派出两位硕士研究生陈梦施和范瑞，前往印尼万隆玛拉拿达基督教大学访学一学期。同年 3—4 月，包广将助理教授与本科生杨洋参加为期 20 天的第三届中印尼青年互访交流游学项目，与印尼师生建立了深厚的感情，为日后双方的交流合作奠定了良好基础。

2019 年 4 月 7 日，参加第三届中印尼青年互访交流项目师生在印尼婆罗浮屠寺庙群前合影

2019 年 5 月，本院博士毕业生王刘波在其博士论文基础上整理出版著作《变动与分裂——“二战”后初期印尼苏门答腊北部华侨华人社会研究：1945—1958》，该书由中国社会科学出版社出版，并被收入“南洋文库”，2019 年获得河南省高校人文社会科学优秀成果奖一等奖。该研究成果受到印尼棉兰华社的关注与好评。同年 11 月，印华作协苏北分会执行主席林来荣到访本院，与施雪琴教授商谈该书在印尼发布，并举办相关学术活动。

2019 年 9 月 1—8 日，施雪琴教授访问印尼并开展课题调研。她先后访问位于雅加达的塔鲁玛伽大学、南洋三语国际学校、中华中学雅加达校友会，以及位于中爪哇普禾格多市的普华三语基金会与普华三语学校、苏迪曼将军大学等机构，还应邀参加了雅加达中华中学建校 80 周年庆祝活动。同年 9—10 月，刘计峰助理教授前往雅加达、泗水，开展有关“马来西亚与印度尼西亚华社比较研究”的田野调查。

另一方面，厦门大学国际关系学院/南洋研究院每年都会接收不少印尼学生攻读硕博士学位。这些印尼学生在读期间，积极与中国学生互动交流，增进双方友谊。例如，2015 年 4 月 1 日，本院研究生会举办了一场南洋硕博论坛——中外学子交流会活动。此次中外学子交流会为印尼专场，特邀本院印尼籍博士生米拉、硕士生王小明等学生来演讲。

2019 年 3 月 25 日，厦门大学印度尼西亚研究中心沈燕清副教授组织厦门大学获得陈嘉庚奖学金资助的印尼华裔留学生，进行“我心目中的中国与中印尼关系”的课堂讨论，来自棉兰和泗水的 7 位印尼华裔学生分三组上台发言，他们以自己的亲身经历，与在场的其他东南亚国家华裔留学生及国内学生分享其对中国的印象及对中印尼关系的看法。2019 年 7 月，印尼加札马达大学学者努鲁尔・茵达尔蒂为本院研究生进行短学期授课。

从 2013 年 9 月开始，国际关系学院/南洋研究院为全院师生开设印尼语课程，厦门大学海外教育学院印尼籍博士生王世圆（Surinah）应邀授课。随着“一带一路”倡议的推广，厦门大学有更多师生关注印度尼西亚及印尼语学习。本院团委组织“印尼语角”活动，为热爱印尼语的师生提供一个沟通交流、展现自我的平台。印尼语老师王世圆女士结合课程，提高师生对东南亚语种课程的兴趣，丰富印尼语的学习模式。2020 年 12 月，厦门大学印度尼西亚研究中心聘请厦门大学外文学院外籍教师王世圆博士为特聘研究员。

（二）与泰国高校以及研究机构合作回顾

1.协议签署及合作研究

2014 年 12 月，在厦门大学校际交流的基础上，南洋研究院副院长施雪琴教授、林梅和沈惠芬副教授、衣远助理教授访问泰国国立法政大学人文学院，双方签订合作谅解备忘录，在科学研究、学生交流等领域展开合作。

2015 年 3 月 23 日，南洋研究院与泰国国立法政大学签订研究人员交流合作协议，深化双方合作，为开展更深层次学术交流和实践调研提供机制保障。

2017 年 5 月 16 日，“泰国华人与中泰关系”国际学术研讨会在厦门大学召开。此次研讨会由厦门大学、泰国宋卡王子大学（普吉校区）联合主办，厦门大学国际关系学院/南洋研究院承办，并得到泰国驻厦门总领事馆的支持。厦门大学副校长李建发教授、泰国驻厦门总领事邱塔泰先生、泰国潮州会馆主席黄迨光博士，以及厦门大学、宋卡王子大学等单位相关领导和学者出席研讨会。

2017年11月28—29日，南洋研究院与厦门市东南亚华文文学研究会、厦门大学东南亚华文文学研究中心、中国东南亚研究会和泰华作家协会等机构联合主办第12届东南亚华文文学研讨会暨东南亚华文文学研究30周年论坛。会议的两个议题是探讨“一带一路”与东南亚华文文学发展的关系，以及从文化角度探视东南亚华文文学的独特价值。

2018年11月，杨新新博士协助泰国清莱中华文化教育协会、皇太后大学孔子学院、皇太后大学汉学院，在泰国清莱筹办首届泰北华人文化国际研讨会“澜湄合作与泰北华人社会文教发展”，并提交会议论文，会后主编出版了《泰北华人文化研究》(第一辑)。人民网、泰国《世界日报》对会议做了报道。翌年11月，杨新新协助筹办了第二届泰北华人文化国际研讨会“‘一带一路’与泰国华人社会”，并主编出版了《泰北华人文化研究》(第二辑)。

2019年11月28日，厦门大学国际关系学院/南洋研究院与泰国国立法政大学东亚研究所签署合作谅解备忘录。

2.重要互访与资料交流

2009年10月，泰国泰中学会会长洪林来南洋研究院访问，做题为“20世纪30年代的泰国华侨社会”的演讲。此后，洪林会长与《泰中学刊》主编黎道纲先生多次来访，并赠送书刊。

2012年8月24—26日，庄国土、李一平和沈红芳教授赴泰国参加“第一届中泰战略研讨会”，该会议由泰国国家研究委员会、泰中文化经济协会和中国华侨大学联合主办。人民网报道泰国公主诗琳通、泰国副总理兼财政部部长吉滴叻等出席开幕式，200多位中泰学者专家和官员齐聚曼谷，就进一步推动中泰关系发展交流意见，这种场面在中泰交往史上从未有过。会议之后，沈红芳提交的论文 *The Economic Relations between China and Thailand under the Context of CAFTA：An Assessment*(《中国—东盟自由贸易区背景下中国与泰国的经济关系评估》)在美国刊物 *Chinese Studies*(2013, vol.2)上发表。

2015年8月9—21日，林梅副教授、衣远助理教授、朱鸿婕赴泰国曼谷、清莱调研。此次调研课题为“后起工业化国家技术能力构建中的泰国汽车产业技术发展”。调研期间，他们先后走访了泰国国立法政大学、朱拉隆功大学、泰国汽车协会、泰国技术发展研究院、泰国国家科学技术与创新中心、皇太后大学、厦门大学泰国校友会等高校和机构，与相关负责人和研究员就研究课题进行座谈和交流，到相关机构图书馆收集资料。同年 11 月，施雪琴教授赴泰国参加“中国—东盟与东盟—中国：新海上丝绸之路的纽带”国际会议。

2016 年 7 月，受泰国国立法政大学比里·帕侬荣国际学院邀请，衣远助理教授赴泰国进行短期访问考察。次月，陈锴助理教授前往泰国国立法政大学访学。同年 10 月 28—31 日，廖少廉教授赴泰国皇太后大学参加孔子学院成立十周年纪念活动。

2017 年 11 月 24 日，南洋研究院参加了由中国书刊发行业协会、福建省新闻出版广电局及泰国文化部、泰国出版商和书商协会在泰国曼谷主办的首届东南亚中国图书巡回展，进一步与泰国加强文化交流。同年 12 月，应泰国华文作家协会和泰国留学中国大学校友会邀请，南洋研究院院长李一平教授和学术助理朱鸿婕赴泰国参加第 12 届东南亚华文文学研讨会。

2018 年 6 月，受泰国朱拉隆功大学邀请，陈锴助理教授赴泰国进行短期访学。同年 12 月，应泰中文化慈善基金会和缅甸胞波网邀请，范宏伟教授赴泰国清迈参加“首届泰北华人文化”国际研讨会，并进行泰北侨情调查。

2019 年 2 月，杨新新先后为泰国清莱中华文化教育协会下属泰北华人文化研究中心撰写完成《美塞、大其力区域华人社会与华文教育概况分析》、《泰北山区华人社会与华文教育概况分析》等研究报告，为泰国、马来西亚和中国非政府组织在当地开办华文学校提供了决策与参考依据。同年 7—8 月，杨新新在中国博士后科学基金项目“泰北山区华文教育历史与现状研究”的资助下，对泰北清迈、清莱山区满堂村建华综合高中学、回马村恩泉小学等近 30 所华文学校进行跟踪调查与研究。8—9 月，杨新新协助并带领中国西南民族大学、成都大学、中国台湾东海大学和泰国皇太后大学、玛希隆大学等高校多名学者先后访问了泰国和平统一促进会、曼谷云南会馆、泰北义民文史馆、泰北文教推广协会、清莱华校教师公会、清迈华校教师联谊会以及泰国农业大学《中国学期刊》编辑部等社团与文教单位。泰国《世界日报》对此做部分报道。2020 年 3 月，泰国清莱中华文化教育协会、泰中文化慈善基金会颁发服务感谢状，表彰杨新新对推动泰北山区华文教育研究，助力泰中两国文化交流合作所做出的贡献。泰国《世界日报》

做了专门报道。

3.学生培养

南洋研究院每年都会收到泰国学生的入学申请，截止到2019年12月，南洋研究院共有9名泰籍硕士研究生、5名泰籍博士生毕业，他们在泰国各大研究机构或企业工作。

从2011年9月开始，南洋研究院为全院师生开设泰语课程，泰籍华人许佩旋女士应邀授课。其授课风格严谨而有生趣，她还通过传授泰国舞蹈、歌曲、礼仪文化等方式，让学生更为充分地了解泰国社会。此间，有多位研究生赴泰国访学调研。

2015年7月，2013级博士生王杨红赴泰国国立法政大学人文艺术学院访学三个月，从事清代中泰关系研究。

2017年9月—2018年2月，2016级硕士生陈新达赴泰国进行有关闽南华人华侨研究的田野调查。

2019年12月9—19日，2016级博士生刘文静前往泰国普吉泰华学校开展实地调研，了解该校的历史及其与中国学校的交流和联系。

（三）与马来西亚高校以及研究机构合作回顾

1.协议签署及合作研究

2008年9月，在南洋研究院的积极推动之下，厦门大学与马来西亚拉曼大学签署合作框架协议，双方将在国际研究、人才交流、师生互访、促进学术创新等方面开展合作。

2010年4月30日，马来亚大学与厦门大学签订谅解备忘录，延长协议，继续进行学术交流合作。

2011年12月12—13日，南洋研究院与马来西亚马来亚大学中国研究所、德国阿登纳基金会上海办事处联合举办“21世纪中国—东盟合作：挑战与前景”国际学术研讨会。此次会议旨在通过探讨新世纪中国—东盟合作中的问题与挑战，以推动中国—东盟各国加强政治互信、深化经济合作、完善安全机制建设与促进社会文化进步，为21世纪亚太地区的稳定与和平出谋划策。

2014年10月21日，前马来西亚首相对华特使丹斯里黄家定率队访问厦门大学，南洋研究院与马来西亚策略分析与政策研究所缔结交流合作协议，双方秉承平等互惠原则，促进研究人员交流与研究合作。

马来西亚策略分析与政策研究所主席何国忠博士（左）
与南洋研究院院长庄国土教授签订谅解备忘录

2019年10月30日，厦门大学国际关系学院/南洋研究院与马来西亚双威大学谢富年东南亚研究院签订科教合作谅解备忘录，加强双方在科研和人员交流上的合作。

2.重要互访

2006年3月19—22日，庄国土、沈红芳教授，李一平、林梅和赵洪副教授，李毅博士等一行11人访问马来亚大学，并出席厦门大学马来西亚研究所和马来亚大学中国研究所联合举办的“全球化时代的中国和马来西亚：国家、区域和国际视角”国际学术研讨会。会议受到马来西亚官方、学术界、媒体的高度重视，时任马来西亚房屋与地方发展部部长黄家定、马来亚大学校长拿督哈桑·B.雅各布教授（Hashim B.Yaacob）亲临会场，对全球化背景下的中马关系阐述立场及期望。马来西亚多家主流报刊全程采访此次会议。

2006年7月3—7日，马来西亚钟正山美术馆钟瑜博士来访交流。2007年9月18日，马来西亚槟城韩江校友会一行30人访问东南亚研究中心，座谈交流和合作事宜，会后参观了马来西亚研究所、中心图书馆和展览室。

2008年9月23日，马华公会会长黄家定、马来西亚高等教育部副部长何国忠率团来校访问。黄家定为师生做题为“3·08以后的马来西亚政局”的演讲。厦门大学敦聘拿督黄家定为客座教授。之后，黄家定和何国忠多次来访南洋研究院，与南洋研究院缔结了深厚的友谊。

2010年7月，厦门大学南洋研究院与拉曼大学中华研究院合作，在拉曼大学举办了“马中关系——挑战与机遇”国际学术研讨会。时任马来西亚高等教育部副部长何国忠博士、拉曼大学校长拿督蔡贤德教授、大会主席林水檺教授、厦门大学副校长李建发教授出席会议，南洋研究院王虎和林梅副教授、闫森助理教授提呈了学术论文，他们的文章被收入拉曼大学中华研究中心出版的论文集《审视马中——一场跨疆域的对话》。

2012年10月16日，时任马来西亚拉曼大学中华研究院院长何启良教授率领拉曼大学中华研究院“闽南汉文化考察团”莅临南洋研究院交流。代表团主要成员包括林水檺教授、黄文斌副教授、廖冰凌博士、张晓威博士以及来自拉曼大学的20位博硕士研究生。

2013年4月6日，中国—马来西亚中学校长论坛在厦门大学举行。南洋研究院院长庄国土教授主持“中马教育与国际化”分论坛。同年5月27日，孟加拉国防大学前校长、前孟加拉总统军事秘书、马来亚大学亚欧研究所高级研究员、退休中将穆罕默德·阿米努尔·卡里姆（Mohd Aminul Karim）博士莅临本院，做题为“中美两国的东南亚、南亚战略”的学术讲座。翌日，马来西亚海洋研究院沿海和海洋环境研究中心穆罕默德·尼扎姆·巴希龙（Mohd Nizam Basiron）教授来访，做题为“马六甲与新加坡海峡的航海安全与合作——问题、挑战与经验共享”的讲座。

2014年6月23日，马来西亚国立大学族群研究所沙姆苏尔·阿姆里·巴哈鲁丁（Shamsul Amri Baharuddin）教授、阿尼斯·尤萨尔·尤索夫（Anis Yusal Yusoff）研究员，以及该校马来世界与文明研究所陈祖明（Ding Choo Ming）研究员一行访问本院，与庄国土、施雪琴教授探讨了开展马来西亚民族问题合作研究的前景。沙姆苏尔・阿姆里・巴哈鲁丁教授是马来西亚国立大学族群研究所的创会所长，兼任马来西亚全国教授协会副主席，是马来西亚高教部授予的“杰出教授”之一。

2014 年 10 月 22 日，马来西亚首相对华特使兼马来西亚—中国商务理事会主席丹斯里黄家定先生、马来西亚华人公会副会长拿督何国忠教授一行出席厦门大学南洋研究院举办的专家论坛，分别做“马中圆梦：建交 40 周年回顾与前瞻”与“当代马来西亚华人政治”主题演讲，之后，丹斯里黄家定与拿督何国忠接受了厦门大学国际关系学院/南洋研究院客座教授的续聘。

2015 年 11 月 12 日，马来西亚槟州华人大会堂主席拿督许廷炎、马华女作家及画家朵拉、马华女作家菲尔来访，拿督许廷炎做题为“马来西亚槟城华社与华人文化发展——兼谈槟城的多元文化融合与华人政治”的讲座。

2017 年是马来西亚独立 60 周年，为探讨 60 年来马来西亚在政治、经济和文化等领域的发展及其在中国政府“一带一路”重大倡议下的角色和定位，厦门大学南洋研究院和马来西亚华社研究中心于当年 12 月 4—6 日共同举办“东南亚华人与现代东南亚构建”国际学术研讨会，马来西亚拉曼大学中华研究院陈中和博士与会，并发表演讲，主题为“从马来西亚开国领袖的观点看马华关系与马来西亚建国”。

2018 年 3 月，马来西亚贸工部双边经济与贸易关系司第一副司长乌尼・桑卡尔・拉维・桑卡尔(Unny Sankar Ravi Sankar)访问南洋研究院。同年 11 月 19 日，美国加州大学戴维斯分校经济学教授、马来西亚双威大学谢富年东南亚研究所主席胡永泰(Woo Wing Thye)来南洋研究院访问并演讲，其演讲题目为“带马来西亚逃离中等收入陷阱”。

2019 年 5 月 29 日，马来西亚国立大学马来西亚暨国际关系研究院副教授、高级研究员陈穆红(Helen Ting)来访并做报告，她以马来西亚第 14 届大选以来的族群关系演变为重心，分析并讨论了马来西亚的族群关系与国家构建问题。同年 11 月 25 日，马来西亚拉曼大学中华研究院当代中国研究组组长、中华研究院中文系助理教授陈中和在本院举行学术讲座，他聚焦于马来人政治三大主要流派的形成、发展与演变，并着重分析过去 100 年来不同政治源流的马来政党之间，及其同非马来政党之间错综复杂的竞合关系。

2019 年 12 月 17 日，马来西亚投资发展局主席、马中商务理事会理事、马中友好协会会长、马中总商会荣誉主席拿督马吉德莅临本院，做题为“马哈蒂尔政府的中马外交关系：回溯与展望”的演讲。当月 27 日，马来西亚下议院第二大政党民主行动党的高级媒体顾问旺·哈米迪（Wan Hamidi）来访南洋研究院，与研究院师生就马来西亚政治发展及社会转型等议题进行了深入交流。

3.师生交流

借助与马来亚大学、拉曼大学等马来西亚高校之间构架的国际学术平台，南洋研究院师生每年有 3～4 人次赴马来西亚进行田野调查和开展国际交流，此外，每年均有 2～3 团次马来西亚当地学者来南洋研究院访问交流。

2009 年 5 月 6—7 日，沈红芳教授应邀参加在马来亚大学中国研究所召开的国际会议，做题为“21 世纪中国与东南亚的经济关系：变化中的特点与未来挑战”主旨演讲。同年 6—7 月，庄国土教授应马来西亚拉曼大学邀请，在拉曼大学担任客座教授一个月，受到马来西亚各大媒体的广泛关注。

2010 年 6—10 月，沈红芳应邀聘为马来亚大学中国研究所教授，期间做了题为“东亚经济区域化：宣传与现实”的讲座，并参加 9 月 5—6 日举行的国际研讨会，提交论文《对中国—东盟自由贸易区的不同声音的看法》。

2011 年 7—8 月，张长虹、张大勇馆员出访马来西亚，与马来亚大学中国研究所等十余个教育机构和社团进行图书馆管理与资讯交流。同年 12 月，马来西亚董总时任主席叶新田博士、副首席行政主任王瑞国一行回访，并签订资料交流协议。当月 20—31 日，蒋细定教授应叶新田主席邀请，赴马来西亚进行学术访问。

2013 年 8 月 17—18 日，本院博士生王杨红前往马来西亚吉隆坡参加世界海外华人研究学会第八届国际会议，会议主题为“本土、区域、跨国：海外华人研究再思考”。2015 年 7 月，聂德宁教授出席由马来西亚砂拉越华族文化协会与中国暨南大学华侨华人研究院联合主办的“婆罗洲华人国际学术研讨会”。

2015 年 11 月 25—26 日，李金明教授在吉隆坡参加由马来亚大学中国研究所与北京外国语大学国际中国文化研究院联合举办的“回顾与前瞻：中国文化、软实力与海上丝绸之路建设”国际研讨会，在会上做题为“中国海上丝绸之路的发展与变迁”的发言。同年 12 月，庄国土教授应邀参加在马来西亚举行的“东南亚福建学”研讨会，并做主题演讲。当月，李一平教授、王付兵副教授、办公室主任洪小荣赴马来西亚，参加“海外福州人与海上丝绸之路”会议及福建人社团调查。

2016年5月，王付兵受国家留基委国际区域问题研究及外语高层次人才培养项目资助，前往马来亚大学访学一年。2018年11月，衣远助理教授赴马来西亚就校长基金课题开展实地调研与资料搜集工作。2019年6月，博士后杨新新赴马来西亚参加拉曼大学举办的“2019年国际青年发展研讨会”，对金宝、怡宝、曼绒、吉隆坡等地华人新村进行实地参访与考察，并访问了拉曼大学中华研究院与马来西亚华社研究中心。

2019年6月17日，张淼副教授在马来西亚吉隆坡参加“中国与马来西亚外交关系：珍惜过去，共创未来”学术论坛，并做报告。同年11月18日—12月3日，张淼前往马来西亚就“中国在马来西亚投资”等课题进行实地调研。

2019年下半年，受马来亚大学邀请，博士生罗晶晶和姚云贵赴马来亚大学进行短期访学。同年10月，硕士生高楚东前往马来西亚砂拉越诗巫，访问砂拉越华族文化协会及当地华人公会，针对方言群的集体记忆与历史书写开展实地调研。

(四)与新加坡高校以及研究机构合作回顾

1.协议签署及合作研究

2001年、2003年、2004年，厦门大学先后与新加坡南洋理工大学、新加坡管理大学、新加坡国立大学签订校级交流协议，并于2007年、2015年、2016年先后续签协议，促进师生开展国际学术交流与科研合作。

2.重要互访

2006年3月1日—6月23日，新加坡国立大学徐本钦教授来南洋研究院短期讲学，主讲课题为“国际政治经济特论”。

2008年1月13日，新加坡东南亚研究所苏瑞福教授应邀前来厦门大学举办题为“新加坡人口：当前的问题与未来挑战”的南强学术讲座，会上同时举行苏瑞福教授向南洋研究院捐赠科研经费的仪式。

2009 年 3 月 13 日，时任新加坡国立大学出版社社长、前《东南亚研究杂志》（*The Journal of Southeast Asian Studies*）编辑 Paul H. Kratoska 博士莅临本院，做有关亚洲研究英文学术成果出版的主题报告。2011 年 4 月 27 日，Kratoska 博士再次来访，以其从事出版、编辑工作的经验为据，畅谈英文论文的投稿技巧及相关注意事项。数年来，Kratoska 博士十分关心本院图书馆资料建设，多次赠送有关东南亚历史、文化、社会、政治研究的珍贵外文书刊，凡百余册。

2009 年 5 月 18 日，新加坡资深中国问题专家、著名经济学家、新加坡国立大学东亚研究所所长黄朝翰教授来南洋研究院进行学术访问，并做题为“从新加坡的经验与视角看经济发展成功的主要因素”的讲座。2010 年 7 月 5 日，黄朝翰教授再次莅临做学术报告，主题为“新加坡的政治与社会发展”。

2009 年 12 月 12 日，庄国土教授应《联合早报》与新加坡国立大学中文系邀请，赴新加坡参加 2009 年度吴德耀文化讲座，做关于中国新移民在东南亚的演变及特点的主题演讲。2010 年 12 月 29 日，新加坡国立大学历史系黄坚立副教授来南洋研究院访问并做报告，他基于中心—边缘思维，对辛亥革命与南洋/新加坡华社的关联性进行了解析与阐释。

2011 年 7 月 13 日，新加坡南洋理工大学拉惹勒南国际关系研究院亚洲研究项目部主任李明江博士应邀在本院演讲，主题为“南海争端：战略与利益的平衡”。2016 年 5 月 10 日，李明江副教授再次莅临国际关系学院/南洋研究院，做“南海问题：法律、实力与政治”学术报告。

2011 年 9 月 23 日，新加坡戏曲学院创院院长蔡曙鹏博士应邀来访，与本院师生座谈，主题为“新加坡戏曲发展的难题与生机”。

2012 年 12 月 13 日，新加坡国家图书馆学科馆员导师王连美和馆员李梅瑜到访本院图书馆，拉开了两馆交流合作的序幕。2014 年 12 月 1 日上午，新加坡南洋理工大学中文图书馆暨王赓武图书馆馆长阮阳参观本馆，与馆员们座谈，商议资料互换，并做了关于新加坡海外华人收藏的报告。2016 年 8 月，张长虹副研究馆员、张大勇馆员、姚晓静工程师、朱鸿婕秘书访问新加坡国家图书馆、新加坡国立大学图书馆、新加坡南洋理工大学华裔馆和图书馆、新加坡尤索夫伊萨东南亚研究所图书馆、新加坡宗乡会馆联合总会等机构，并洽谈双方开展图书资料交换与合作。2018 年 5 月 14 日，时任新加坡国家图书馆伍慧贤馆长、新加坡驻厦门总领事馆总领事池兆森、新加坡国家图书馆咨询委员会委员柯木林、新加坡国家档案馆助理处长叶进泉、新加坡国家图书馆高级馆员洪小玲莅临本院，进一步推动厦门大学与新加坡的跨国文化交流。

2014 年 4 月，新加坡开国元勋李炯才到访南洋研究院并赠书。福建省政协原副主席、原泉州市市长陈荣春，厦门大学东南亚研究中心主任王勤教授参加了赠书仪式。

2016 年 1 月 8 日，新加坡南洋理工大学教授、南洋研究院客座教授刘宏应邀来访，为研究院师生做学术报告，主题为“从东南亚看‘一带一路’——跨界治理的视野”。2018 年 1 月 4 日，新加坡南洋理工大学陈嘉庚讲席教授刘宏再次来访，做题为“新加坡的动态治理与跨国知识转移”的讲座。

2017 年 3 月 27—31 日，新加坡世界华文文学研究创作学会秘书长欧清池博士、常务理事长陈鸿举先生一行应邀到访厦门大学南洋研究院。来访期间，欧清池博士做了题为“新加坡华人思想发展史勾勒”的报告，并与南洋研究院院长李一平教授等商谈合作研究新加坡华人思想史并出版相关学术成果等事宜。① 同年 6 月，新加坡南洋理工大学中文系主任、中华语言文化中心主任游俊豪副教授莅临本院，为师生做“华人研究的建构与推进：以新加坡华裔馆为案例”学术讲座。

2017 年 10 月 19 日上午，新加坡南洋理工大学穆罕默德·纳瓦布(Mohamed Nawab)博士来访，做题为“Contemporary Islamic political and terrorist issues in Malaysia”(马来西亚当代伊斯兰政治与恐怖主义问题)的报告。当天下午，新加坡国家档案馆口述历史中心高级研究员赖素春博士到访南洋研究院，并做报告，她以“心灵校勘：口述历史方法学与其操作实例”为题，用专业性的术语和通俗易懂的解释拉近了听者与史学研究的距离。

---

① 2018 年 10 月，欧清池、李一平主编的《新加坡华人思想史》(上册)由新加坡斯雅舍出版。

3.师生交流

南洋研究院每年约有2～3人次教师赴新加坡进行田野调查和开展学术交流。

2006年1月12—14日,沈红芳教授应邀参加在新加坡举行的“中国与东南亚研究:成就、问题与展望”国际学术会议,提交论文《中国关于菲律宾及中菲关系之研究》。同年12月18—19日,沈红芳参加在新加坡召开的“和谐与发展:东盟与中国关系”国际圆桌研讨会,提交论文《通过对话管理中国与菲律宾关系》。

2008年5—8月,林梅副教授赴新加坡东南亚研究所访学。2010年5—8月,南洋研究院博士生丁丽兴赴新加坡国立大学亚洲研究所访学。

2012年1月16—27日,沈红芳在新加坡国立大学东亚研究所进行学术交流和田野考察,期间为新加坡社会做了题为“中国—东盟自由贸易区:机遇与挑战”的英文讲座,引起较大的反响。

2014年9月,2012级博士生王丽敏赴新加坡南洋理工大学拉惹勒南国际关系研究院访学三个月。2015年9—12月,2013级博士生匡荣韬赴新加坡国立大学东亚研究所访学。2016年3—6月,2014级硕士生文竹前往新加坡南洋理工大学交流访学。同年5月,受国家留基委资助,冯立军副教授前往新加坡南洋理工大学访学一年。2016年8月,王虎副教授赴新加坡南洋理工大学拉热勒南国际研究院访学三个月。

2017年6月,许可副教授赴新加坡参加“中国—东盟思想库网络教育合作工作组会议”。同年7月,受国家留基委资助,2014级博士生张元赴新加坡南洋理工大学华裔馆进行为期一年的访学。访学期间,张元在华裔馆做题为“‘风下之乡’的‘山东村’——沙巴州的华北移民”的讲座。同月,2014级博士生杨程玲、上官小红分别赴新加坡南洋理工大学拉惹勒南国际关系研究院、中华语言文化中心进行为期三个月的访学。

2018年1月,2014级博士生叶丽萍赴新加坡南洋理工大学华裔馆访学研究6个月,师从游俊豪副教授。访学期间,叶丽萍在华裔馆做题为“印尼的客家移民:历史与文化”的讲座。同年8月,博士生刘文静受国家留基委资助,前往新加坡国立大学中文系进行为期一年的访学,师从黄贤强副教授,开展与博士论文“跨域互动与多元融合:泰国南部闽籍华人社会研究(1855—1932)”有关的资料收集和研究工作。

2019 年 3 月，2016 级博士生陈世凤赴新加坡尤索夫伊萨东南亚研究所进行为期三个月的交流访学。同年 6 月 18—22 日，张淼副教授受邀参加新加坡南洋理工大学和公共管理国际研究会共同举办的 2019 年国际行政科学学会年会—连氏善治国际学术会议，会议主题为"Effective，Accountable and Inclusive Governance"（有效、负责、包容的治理），并做题为"China's Growing Role in Southeast Asia：A Study of Chinese Investment in Malaysia's Solar Manufacturing Industry"（中国在东南亚的角色：以中国在马来西亚光伏产业投资为例）的发言。

（五）与菲律宾高校以及研究机构合作回顾

1.协议签署及合作研究

2007 年，菲律宾世界日报社与厦门大学南洋研究院合作《菲律宾华人通史》研究项目，由陈华岳社长与庄国土、蒋细定教授共同主持，这是当时关于菲华研究规模最大的项目。

2015 年 10 月 12 日，厦门大学与菲律宾大学合作开办的菲律宾大学孔子学院在菲律宾大学迪利曼校区举行揭牌仪式，标志着厦门大学共建的第 16 所孔子学院正式成立，这也是菲律宾第 4 家孔子学院。

2017 年 5 月，南洋研究院与菲律宾莱西姆大学（马尼拉校区）签订合作谅解备忘录，拟定在教师交流、学生交换以及科研合作等方面进行合作。

2.重要互访

2006 年 6 月 25 日，蒋细定教授应菲律宾菲华联谊总会的邀请赴菲律宾访问，并在该会举办的全菲第九次工作会议上担任大会主讲人。

2006 年 7 月，时任厦门大学校长朱崇实应菲律宾世界日报社的邀请率团访问菲律宾，参加了由厦门大学新闻系与世界日报社合作出版的《菲律宾华文报史稿》首发仪式，参观访问了菲律宾大学、雅典耀大学等，南洋研究院院长庄国土教授、蒋细定教授随团出访。

2009年9月2—12日，沈红芳教授和林梅副院长访问了菲律宾大学亚洲中心及菲律宾华社，与该中心师生、世界日报社社长与总编等人进行学术交流，并参观了菲律宾首都马尼拉和宿务的华人工厂与公司。

2009年12月16—18日，菲律宾世界日报社陈华岳社长率总编辑侯培水、副董事长吴仲振、专栏作家吴建省一行4人访问南洋研究院，就《菲律宾华人通史》合作项目的进展情况与庄国土、蒋细定教授等做进一步的沟通。

2010年5月18日，菲律宾大学校长塞吉奥・曹(Sergio S. Cao)与该校亚洲中心主任马里奥・麦克莱特(Mario I. Miclat)一行造访南洋研究院，庄国土院长、林梅副院长及南洋研究院部分从事菲律宾研究的学者，同来访客人举行了座谈。

为庆祝中菲建交35周年，2010年5月29日，国际关系学院/南洋研究院与菲律宾驻厦门总领事馆联合举办了“厦门大学菲律宾周”，时任菲律宾驻厦门总领事何瑞良，菲律宾共和国投资贸易特使、工商总会理事长蔡聪妙(Francis Chua)大使，菲律宾旅游局驻香港澳门及南中国市场代表黄凯权(Wong Hoi Kuen)出席了开幕式。“厦门大学菲律宾周”活动包括“菲律宾文化主题演讲会”、以“丰富我们共同的传统”为主题的中菲两国人民数世纪友好交流图片展。

2011年5月23—31日，菲华商联总会、菲华联谊总会与世界日报社联合主办会议，特别邀请厦门大学国际关系学院/南洋研究院院长庄国土教授赴马尼拉做“近三十年的中国新移民：兼论老侨与新侨的关系”专题演讲，《世界日报》连篇刊载并报道了庄国土教授一行及其专题演讲。蒋细定教授、陈君老师等一同出访，期间，他们与世界日报社就合作项目《菲律宾华人通史》进行了审定。

2011年7月5—6日，沈红芳教授赴菲律宾参加由菲律宾外交部外交服务研究所、越南外交学院和菲律宾国防学院联合举办的主题为“南中国海：朝向和平、合作与进步的区域”国际会议。这是在南中国海主权争端处于非常时期在马尼拉召开的第一次国际会议，也被称为“第二轨道”的国际会议。沈红芳教授的大会发言和论文引起了与会人员的高度关注。她在会议上的提问被评价为“对第一天会议一面倒谴责中国的言论起了平衡的作用”。菲律宾总统府、众议院、国防部等十多个英文媒体，以及越南的媒体都对此做了专门的报道。

2011年11月，菲律宾华裔青年联合会主席洪玉华女士(Teresita Ang See)

来访，为南洋研究院师生做讲座。她从“菲律宾华侨与中国辛亥革命的关系及其作用”、“菲律宾革命与中国辛亥革命的密切关系”两个部分，展现了菲律宾华侨与中国同根相连的深厚感情。2012 年 12 月，时任菲律宾驻厦门总领事卢德安(Adelio Angelito S. Cruz)来南洋研究院访问，做题为“现代外交中的社交礼仪”的演讲。

2013 年 11 月，菲律宾学者雷纳尔多·C.伊莱多教授(Reynaldo C. Ileto)莅临本院并做报告，他以其父亲及其本人在美国的学习生活为主线，对比两代菲律宾知识分子对美国和个人归属感的认知。伊莱多教授曾获得“本达奖”、“大平正芳纪念奖”、“菲律宾国家图书奖”以及“福冈亚洲文化奖学术研究奖”等主要学术文化重要奖项，是一位享有国际声誉的东南亚历史文化学者。

2014 年 10 月，新任菲律宾驻厦门领事馆总领事付昕伟先生(Mr. Julius Caesar Aragon Flores)访问南洋研究院，之后，总领事付昕伟多次来访南洋研究院，捐赠书籍以及艺术品，与南洋研究院缔结了深厚友谊。

2015 年 6 月 4 日，菲律宾大学玛得利加合唱团(The Philippine Madrigal Singers)前来厦门大学国际关系学院/南洋研究院进行交流演出。国际关系学院 2014 级全体本科生组成的合唱团与菲律宾大学合唱团同台演出，在歌声中增进了中菲两国大学生之间的友谊。

2016 年 10 月 15 日，菲律宾大学中国研究协会代表团与南洋研究院蒋细定、沈红芳、聂德宁、施雪琴教授等学者举行会谈，双方对如何进一步扩展学术和教育交流提出了各自的意见，并一致认同双方应促进彼此间的合作。同年 12 月，菲律宾文化和艺术专家、菲律宾国家文化艺术委员会主席德·里昂(Felipe M. de Leon)教授莅临本院演讲，主题为“铸就菲律宾民族的力量——多彩的菲律宾文化”。

2018 年 5 月，菲律宾前交通部副部长阿图罗·瓦德兹(Arturo T. Valdez)来南洋研究院访问并做精彩的讲座。他介绍了菲律宾航海文化的发展、菲律宾古船的考古挖掘与古船复制、马尼拉大帆船贸易及菲律宾人对大帆船贸易的贡献，以及他所率领的探险队在东南亚地区的航海经历，并谈及当时正在进行的航行，其目的在于重新唤醒人们对航海的热情，追寻海上丝绸之路的遗迹，促进东南亚各国的联系与团结。

此外，南洋研究院举办国际会议，如第一届南洋论坛、第二届南洋论坛、第五届印尼华裔论坛等等，均有邀请菲律宾著名学者来访，进行学术交流。

3.师生交流

2008年4月12—18日，应菲律宾世界日报社邀请，庄国土、蒋细定教授带领《菲律宾华人通史》国际课题组刘勇副教授、洪小荣秘书以及5名硕士研究生陈君、刘冠楠、陈建达、曾慧、陈改利赴菲律宾搜集资料。

2015年8月16—27日，南洋研究院黄飞助理教授和博士后李美婷前往菲律宾，参加了菲律宾大学举办的首届面向中国学者的菲律宾研究研讨班，并于研讨班结束后在菲律宾进行了相关调研。

2016年1月，博士生上官小红赴菲律宾收集《漳州华侨史》相关资料，进行田野调查。同年8月16—20日，施雪琴副院长、许可副教授以及外事秘书龙羽西赴菲律宾高校进行国际硕士项目招生宣传。

2017年12月，应菲华联谊会的邀请，庄国土教授、陈君秘书赴菲律宾参加菲华联谊会43周年纪念大会，并应邀做"'一带一路'与菲律宾华人"主题演讲。

2018年1月，施雪琴教授、硕士生杨艺红赴菲律宾田野调查，收集整理菲律宾华校历史资料。同年10月，施雪琴教授与菲律宾棉兰佬地区的高校建立联系，赴菲律宾进行华社调研，收集菲律宾华侨历史资料。2018年11月，李一平教授赴菲律宾马尼拉访问高校，参加学术交流活动。

2019年11月，2016级博士生薛斌赴菲律宾雅典耀大学进行为期三个月的访学。

第四章 教学成果

第一节 本科专业设置及课程体系

一、专业设置

厦门大学国际关系学院国际政治专业于2007年开始招生，本专业学生主要学习政治学、国际政治、世界经济等方面的基本理论和基础知识，接受国际关系和国际形势研究等方面的基本训练，培养调查研究、分析判断和协调组织等方面的基本能力，侧重以亚太地区政治、经济和国家关系为教学和科研重点。

外交学专业于2010年开始招生，专业办学立足于区域研究优势，尤其是东南亚区域研究，突出全球化与国际移民理论与实践、历史与现状、华侨华人历史与侨务理论的研究特色，契合厦门大学面向华侨、面向东南亚、面向世界的办学传统与优势。厦门大学校主陈嘉庚先生是著名的爱国华侨，被誉为“华侨旗帜，民族光辉”，厦门大学建校历史和办学传统离不开华侨华人的贡献，与东南亚地区各国有着千丝万缕联系。而东南亚区域研究和华侨华人问题研究正是南洋研究院研究特色和优势。相较于国内同类专业，国际关系学院外交学专业发展更加强调将“侨”和“外”进行有机统一。研究领域包括一般外交学理论与实践以及国家的外交、侨务政策两个方面。在理论方面，研究外交与侨务的本质、目标和类型，不同外交理论和范式的比较，一般对外决策理论和模式等；在实践方面，主要研究外交与侨务的历史、手段与技巧、国别外交与侨务政策及行为分析等。

根据培养方案，本科一、二年级进行大类培养，至二年级长学期结束进行专业分流，即国际政治专业和外交学专业。2012级至2015级国际政治专业与外交学专业的学生数比例约为2∶1。自2016级本科生开始，学院在综合考虑专业平衡发展和充分尊重学生个人发展诉求的基础上，优化专业分流，两个专业人数比例调整为 1∶1～1∶2 之间。

二、课程体系

(一)调整培养方案,提升课程设置专业性

根据学科教学和人才培养的要求,结合师生建议和意见,国际关系学院认真修订本科教学培养方案。学院自 2007 年本科招生,专业培养方案经历过三次修订。第一次是在 2013 年,根据学校对于本科生培养方案调整的总体安排,文科类专业毕业要求最低学分总体下调至 140 学分左右。学院结合专业上课情况,统一将部分 3 个学分、4 个学分课程进行缩减,相关课程包括“英语精读(上)”、“英语精读(下)”、“国际法总论”、“国际法分论”等。

第二次培养方案调整于 2015 年 10 月。本轮调整,根据两个专业人才培养需求和实际教学情况,进一步区分国际政治和外交学的专业课程,人才培养更加专业化和精细化。外交学专业教学更加注重侨务和领事这两个领域。其中,“中国侨务与华侨华人”、“领事侨务”、“中华人民共和国对外关系史”、“移民与国际关系”调整为外交学专业的核心课程。此外,根据学校要求,将创新实践纳入培养方案其他教学环节的必修学分。

第三次培养方案调整从 2019 级本科开始试行,根据教育部 2018 年公布《普通高等学校本科专业类教学质量国家标准》的基本要求做出相关调整,具体包括:专业分流时间由本科二年级长学期结束提前至本科二年级上学期结束,专业分流前不安排专业选修课;方法论类课程由原来选修课调整为必修课,涉及课程为“社会研究中的基础统计学”、“社会科学研究方法”、“论文写作”;增加了“外交决策”、“国家安全概论”、“国际组织概论”等课程;进一步强调区域国别类课程的重要性,在外交学专业或方向性课程中,设立区域与国别研究类课程群,要求学生在此课程群内修读至少 6 个学分。

（二）重视学生专业英语能力的培养

国际关系学院在课程设置上注重本科生的英文教学，除了设置专业英语课程，还将双语课程和全英课程纳入培养方案，重点培养学生的外语和专业综合分析应用能力，着力把学生打造成国际化的复合型人才。学院在专业核心和方向性选课上设有多门全英或双语课程，其中5门入选厦门大学首批全英文教学课程建设项目，在文科学院中位列第三。这5门课程分别为："国际关系学英文原著选读"、"发展学研究"、"当代国际热点安全问题研究"、"美国政治与外交"、"国际组织与全球治理"，课程项目见表4-1。

表4-1　厦门大学首批全英文教学课程建设项目（国际关系学院）

课程名称	课程类型	学分	开课学期	课程负责人
国际关系英文原著选读	专业必修课	2	秋季	张苾芜
发展学研究	专业必修课	2	春季	林梅
当代国际安全热点问题研究	专业选修课	2	春季	许可
美国政治与外交	专业选修课	2	秋季	黄飞
国际组织与全球治理	专业选修课	2	春季	王虎

（三）强化学科地域优势，开设东南亚语种课程

国际关系学院每周二至周四晚分别开设有东南亚语种课程，包括印尼语、越南语、泰语，以兴趣班的形式培养学生语种学习兴趣和日常用语能力。2016年9月，学院每周日晚上新增"东南亚语言中的中国方言（闽南语）"课程，学生在学习闽南语的同时，了解东南亚的中国方言在学术文献中的表达，拓展东南亚文献阅读与研究的技能。

(四)深化区域与国别研究和侨务研究,充分发挥课程组优势,提升教学质量

国际关系学院设立“外交学及区域与国别研究课程组”和“侨务与华侨华人研究课程组”,以日常备课、组内评价交流、邀请嘉宾讲座以及师生互动等机制,发现、解决问题,提升教学质量,保证教学成效。

(五)以学科热点问题和前沿问题为主题,培养小学期教学团队

专业人才培养不仅需要扎实的理论知识,也需要加强学习国别历史文化知识与跨文化交流能力,关注学科前沿问题。针对这一情况,国际关系学院充分了解学生学习需求,立足学院教师研究实际和优势,逐步培养小学期教学团队,以主题沙龙、专题讲座等形式,切磋琢磨,集思广益。

学术前沿与专业课程结合。学院在提升基础课程质量的同时,充分调动院内外的学术资源,促进学生对学术前沿的了解。学院内新开设多门外交史和国际关系课程,分别是:“美国外交史专题”、“冷战国际史”、“当代亚太财政与金融热点问题研究”、“国际关系中的人权问题研究”、“比较政治专题:英美宪政及其在东南亚的流变”。日常教学之余,学院积极邀请北京大学,美国北伊利诺伊大学、波兰弗罗茨瓦夫大学、日本新潟大学等国内外知名高校专家,在小学期开设区域与国别类课程,集中授课,拓展学生研究兴趣,完善课程体系。课程包括:“菲律宾研究”、“中印关系:过去,现状和未来”、“东南亚文化”、“美国与亚洲关系”、“中美日三边关系与东亚地区主义”、“波兰视角下的欧洲国际关系”、“发展中地区的政治经济”、“美国政府与政治”等。

(六)以点带面,落实本科教学示范岗工作,发挥带动作用

根据教学测评和学生反馈及学院推荐,外交学专业核心课程“外交学”成为学校首批本科教学示范课程,在此之前,2015 年任课老师方浩结合自身 6 年的授课经验,撰写《关于“外交学”课程教学改革的一些尝试——以欧美高校课程为参考》教学管理论文,2015 年 11 月发表于《厦门大学学报》增刊。其他示范课程

包括:“国际法总论”(授课教师林达丰)、“国际关系专业高级英语”(授课教师王昭晖)。

(七)跨院合作,打通选课,为跨学科大类人才培养做铺垫

国际关系学院与新闻传播学院合作,尝试打通专业选课。针对学生跨学科学习的课程需求,学院两个本科专业与新闻传播学院新闻系新闻学专业(国际新闻实验班)合作,2018—2019 学年第一学期试行打通部分专业课程,两院学生可以根据提供的院系课表,在开课第一周进行试听,决定选课后统一报给教学秘书汇总。在征得任课老师同意后,由教学秘书统一代选课程,通过学院代选的课程将按“学科或方向性课(选修)”类型计入成绩单并纳入培养方案的学分核算,学分绩点纳入评奖评优计算范围。打通选课意在为跨学科人才培养提供便利,提升学生跨学科专业素养。2018—2019 学年第二学期,新闻传播学院国际新闻实验班共有 4 名同学选修本院 6 门专业课程,本院有 1 名学生修读国际新闻实验班全英文课程。

(八)拓宽就业渠道,搭建就业创业平台

学院积极打造就业分享会、毕业生交流会、保研分享会等就业促进交流平台,主动与用人单位联系沟通,了解需求,加强指导。

2011 年,国际关系学院迎来国际政治专业首届本科毕业生,每级国际政治专业同学人数在 30 人左右。截至 2019 年 12 月,国际政治专业共有 9 届本科毕业生,凡 248 人,在读 48 人。其中 2011 届毕业生有 30%同学选择在国内继续攻读硕士学位,分别被中国人民大学、复旦大学等学校录取,有 20%的同学选择出国出境继续深造,录取学校包括美国明尼苏达大学、美利坚大学,加拿大魁北克大学,英国巴斯大学,香港中文大学等等。

总体而言,国际关系学院国际政治专业毕业生 30%～40%同学选择继续攻读研究生,录取学校包括美国哥伦比亚大学(联合项目)、约翰斯・霍普金斯大学、康奈尔大学、威斯康星大学麦迪逊分校、密歇根大学、南加利福尼亚大学、纽约大学,英国伦敦大学、曼彻斯特大学,法国巴黎政治学院,澳大利亚国立大学、

墨尔本大学，新加坡国立大学，韩国首尔国立大学，印度尼赫鲁大学等，国内高校包括：北京大学、清华大学、复旦大学、中国人民大学、上海交通大学、南京大学、中山大学、外交学院、香港中文大学等。本科毕业直接就业的单位包括外交部、公安消防、报社、汽贸、对外服务有限公司等党政机关、国有企业，以及房地产、银行、培训机构等企业。

2014 年，本院首届外交学专业毕业生 19 人，此后每级外交学专业学生数为 15～20 人。截至 2019 年 12 月，外交学专业共有 6 届本科毕业生，共计 96 人，在读 39 人。毕业生中，31 人有外出交流学习的经历，占外交学毕业生总人数的 32.3%，其中 2014 级 13 名外交学专业同学有 9 人在学期间在高年级外出交流，交流比重为 69.2%，达到历史新高。

本科阶段的交流经历，为外交学专业毕业生在研究生深造期间获得国外交流实习机会奠定了基础。2014 级有两位毕业生被联合培养项目录取，分别是法国巴黎政治学院和美国哥伦比亚大学双硕士联合培养项目、复旦大学和巴黎政治学院双硕士联合培养项目。

总而言之，国际关系学院外交学专业毕业生中，有 50%～60% 的同学选择继续攻读研究生，国外录取学校包括英国牛津大学、杜伦大学、伦敦大学、伦敦政治经济学院、华威大学，法国巴黎政治学院，波兰华沙大学，新加坡国立大学，日本早稻田大学等；国内高校包括北京大学、复旦大学、中国人民大学、上海交通大学等。本科生毕业直接就业的单位包括国家安全部门、四大会计师事务所、银行等。值得一提的是，2017 届一名外籍毕业生已担任吉尔吉斯斯坦共和国总统办公厅行政专员。

2019 年，国际关系学院被外交部列入重点生源培养院校，1 名本科生入选外交部招录定向培养人选。学院本科生 2019 年毕业季就业率为 93.10%，创历史新高。

第二节　教学团队与成果奖

一、教学团队

国际关系学院/南洋研究院重视课堂教学，组织教师积极参加教学研讨、教学比赛、教材出版及教材使用培训。2008 年 4 月 29 日，学院成立青年教师教学技能比赛领导小组和评审小组，推动相关工作的开展。2011 年，林达丰助理教授代表学院首次参加厦门大学青年教师教学技能比赛，荣获二等奖。此后，张苾芜教授等多位老师相继在学校、省级乃至全国教学比赛中斩获佳绩。学院教师历年教学获奖情况见表 4-2。

表 4-2　学院教师教学获奖情况表

获奖人	奖项/课程名称	年度
庄国土、郭玉聪、王望波、王付兵	福建省教学成果二等奖/“通过田野调查推进研究生素质教育的创新工程”	2005 年
张苾芜	厦门大学首届英语教学比赛一等奖	2012 年
	首届全国高校微课教学比赛优秀奖	2013 年
	厦门大学第七届高等教育教学成果奖一等奖	2013 年
	福建省高等教育教学成果二等奖/“国际关系专业英语授课之实践与创新”	2014 年
林达丰	厦门大学第六届青年教师教学技能比赛二等奖	2011 年
闫森	厦门大学第七届青年教师教学技能比赛一等奖	2012 年
	厦门大学第七届高等教育教学成果奖二等奖	2013 年
	厦门大学 2015 年度本科生科创竞赛优秀指导教师	2015 年
衣远	厦门大学第八届青年教师教学技能比赛二等奖	2013 年
林梅	厦门大学 2009—2011 年度本科生优秀导师	2012 年

续表

获奖人	奖项/课程名称	年度
陈锴	厦门大学 2017 年度"十大活跃在线课程"/"谈判学"	2019 年
	厦门大学高等教育教学成果二等奖/"基于'翻转课堂'的混合教学模式在'谈判学'课程中的应用研究"	2018 年
	厦门大学第十二届青年教师教学技能比赛二等奖	2018 年
王昭晖	厦门大学第八届英语教学比赛二等奖	2019 年

2012 年 12 月，教育部举办首届全国微课教学比赛，以推动高校教师培训方式方法的改变，促进高校教学与现代信息技术的深度融合。中央电视台、《光明日报》、《中国教育报》、中国教育电视台对该项比赛做了报道。2013 年 1 月 29 日，本院张苾芜教授进入福建赛区复赛，其微课"外交政策模式与中国和平崛起"获福建赛区省级优秀作品奖。福建赛区有 6 门微课进入全国决赛，其中厦门大学占 4 门。2013 年 10 月，经评审专家组严格遴选与公示，张苾芜荣获首届全国高校微课教学比赛优秀奖。张苾芜授课风趣幽默，神采飞扬。2015 年 9 月，厦门大学"我最喜爱的十位老师"给他的颁奖词是："纵横捭阖，胸怀天下，运筹帷幄，决胜千里。"

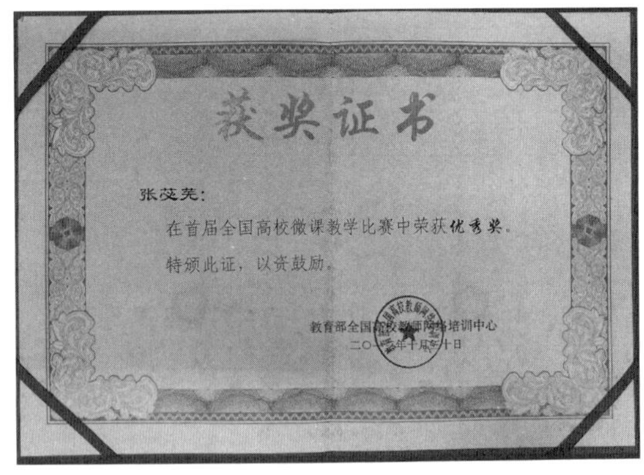

获奖证书

张苾芜：

在首届全国高校微课教学比赛中荣获优秀奖。

特颁此证，以资鼓励。

教育部全国高校教师网络培训中心

张苾芜参加首届全国微课教学比赛获奖证书

2019 年 1 月，本院选派青年教师包广将和国际关系系副主任赵海立到北京参加"第二届清华大学国际关系教学研讨会"。同年，吴崇伯教授申请本科生教材立项，黄飞助理教授参加教育部及高等教育出版社在北京举办的马工程教材《国际政治学概论》使用培训。

2019年，国际关系学院进一步推进科创工作，鼓励青年教师带队优秀本科生赴东南亚开展实践调研。8月，王昭晖助理教授带队赴马来西亚进行为期两周半的实地考察。与此同时，本院全面开展"双一流"项目孵化和申报。2019年，在一流本科示范课程建设中，国际关系学院共有6门课程提交申请，其中4门课程获得立项。本院自2015年以来课程立项情况见表4-3。

表4-3 国际关系学院课程立项情况统计表

课程负责人	课程名称	项目名称
王勤	国际经济学	厦门大学2015年第一批大类平台课程
李一平、衣远	近代国际关系史	厦门大学2015年第一批大类平台课程
赵海立	政治学原理	厦门大学2015年第一批大类平台课程
陈锴	谈判学	厦门大学2018年第五批在线开放课程
冯立军	当代国际关系	厦门大学2019年一流本科课程建设计划
方浩	外交学	厦门大学2019年一流本科课程建设计划
王望波	中国侨务与华侨华人	厦门大学2019年一流本科课程建设计划
高艳杰	冷战	厦门大学2019年一流本科课程建设计划
王付兵	陈嘉庚精神与华侨华人史	厦门大学2019年"课程思政"示范课程建设计划
王昭晖	国际关系专业高级英语	厦门大学2020年一流本科课程建设计划
衣远	近代国际关系史	厦门大学2020年一流本科课程建设计划
高艳杰	现代国际关系史	厦门大学2020年"课程思政"示范课程建设计划

此外，国际关系学院积极组建教学团队申请教学改革项目，为申报省级和国

家级教学改革项目做铺垫。2017 年 6 月,陈锴助理教授负责的“谈判学”课程获厦门大学“翻转课堂”教学改革研究项目立项。2018 年 6 月,陈锴负责的“基于‘翻转课堂’的混合教学模式在‘谈判学’课程的实践与探索”项目获得校级教改立项。2019 年,高艳杰副教授负责的“‘一带一路’背景下的区域与国别复合型人才培养模式探索”项目获得校级立项。

第三节 人才培养、社会服务与获奖情况

2006 年 7 月,南洋研究院党总支荣获福建省高校“先进基层党组织”称号。2012 年至 2014 年,为了维护南海领土主权,普及国际海洋法,李金明教授先后在福建武警总队、厦门市卫生局、浙江省温州市图书馆、上海社会科学研究院、北京外国语大学等单位做了 43 场相关专题学术报告。2015 年 8 月 5 日,李金明被福建省社会科学界联合会授予“福建省社会科学普及名家”荣誉称号。

2006 年 7 月,厦门大学南洋研究院党总支被中共福建省委教育工作委员会评选为“先进基层党组织”

作为福建省政协常委、农工民主党福建省委常委的吴崇伯教授一直积极参政议政。2012—2016 年,他撰写了《关于促进福建内需发展的对策思考》等 5 篇福建省政协提案,其中,《关于化解我省产能过剩问题的建议》被福建省政协列为 2016 年重点提案,并受到时任福建省省委书记尤权、省长于伟国批示。信息是发扬民主、反映民意、履行监督的有效形式之一。在此期间,吴崇伯共报送信息

156 条，全部被相关部门采用。其中，《绿色壁垒对我国出口贸易的消极影响与对策建议》等 2 篇文章被中央统战部《零讯》采用，并获得福建省委统战部优秀调研论文二等奖；《两岸携手合作捍卫南海“祖”权》信息专报件被评为 2014 福建省政协系统优秀社情民意信息；《中国边境贸易发展存在的主要问题与对策建议》等 12 篇信息被全国政协采用；《深化中国东盟合作，推动“海上丝绸之路”建设》等 10 篇信息被《八闽快讯》采用；《福建省在城镇化建设中不能忽视粮食安全》等 2 篇信息发表在《政协天地》；《冷静看待我国成为世界“第一贸易大国”，加快外贸转型升级》等 8 篇信息分别为农工民主党中央、中共福建省委、福建省政协、福建省委统战部、农工民主党福建省委会、中共厦门市委、厦门市政协等采用。同时，吴崇伯也在福建省政协大会上做了关于加快构建福建“数字丝绸之路”的对策建议等 5 场专题发言。此外，吴崇伯结合自身教学、科研实际开展调研活动，撰写调查报告，为政府的决策部门提供决策参考。2012 年 10 月，中国文化出版社出版吴崇伯所著《农工民主党厦门市委参政议政丛书（三）》，书中对其党派工作与参政议政方面的工作进行回顾总结。自 2012 年以来，他主持完成“加快福建省海洋经济发展的对策思考”等 20 项课题。吴崇伯教授共获得农工民主党中央、福建省委会、厦门市委员会，以及统战系统各级组织颁发的奖项 20 余项。他先后于 2011 年、2016 年获评“厦门市优秀政协委员”；农工民主党中央授予他 2014—2015 年度、2018—2019 年度“反映社情民意信息工作先进个人”荣誉称号；2014—2020 年，连续七年被农工民主党福建省委授予“社情民意信息工作先进个人”荣誉称号；荣获 2018 年度全国侨联系统信息宣传工作先进个人一等奖；2019 年获评“福建省优秀政协委员”。

2014 年，时任团委书记、辅导员沈丽秀获得“福建省优秀共青团干部”、“福建省高校优秀思想政治工作者”称号，2015 年 3 月，她被评为“第四届福建省高校十佳辅导员”。同年 4 月，沈丽秀荣获第七届“全国高校辅导员年度人物”提名奖。2015 年 5 月，国际关系学院本科生 2012 级团支部荣膺 2014 年度“福建省五四红旗团（总）支部”称号。2015 年 12 月，2013 级本科生团支部荣获全国高校践行社会主义核心价值观“示范团支部”称号（全国百个，厦门大学两个支部获评）。这些个人与集体荣誉也体现了国际关系学院/南洋研究院的社会担当与团队成就，形成了教书育人、服务社会、担当使命的人文传统。本院的学生工作坚持以人为本，实现科学管理，弘扬优秀传统，把学生的成长和发展作为工作的起点与终点，取得诸多佳绩。

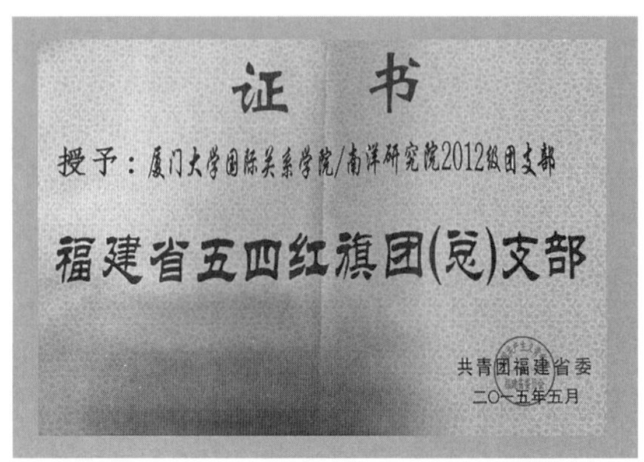
证　书
授予：厦门大学国际关系学院/南洋研究院2012级团支部
福建省五四红旗团(总)支部
共青团福建省委
二〇一五年五月

2015 年 5 月，本院本科生 2012 级团支部荣获“福建省五四红旗团(总)支部”称号

一、重视发挥学生主体作用，倡导学以致用

“外交风云起，谁来定乾坤。”为促进本专业学生对专业知识以及相关专业技能的应用，向外普及国际关系基本知识，激发其他专业学生对于国际政治和外交事务的兴趣，培养学生们关注国际形势、关心中国发展的意识，国际关系学院/南洋研究院于 2009 年举办了首届“我是外交官”外交风采大赛。集考察选手专业知识、口才表达、英文水平、应变能力、协调能力于一体的“我是外交官”外交风采大赛，每届均吸引了来自包括国际关系学院、人文学院、公共事务学院、法学院、外文学院、经济学院、管理学院等十多个专业 100 余名学生的参与，成为学院最成熟也是最成功的校园文化活动之一。自 2016 年开始，该项赛事逐步扩大在国内的影响，与中山大学等五所高校联合举办。

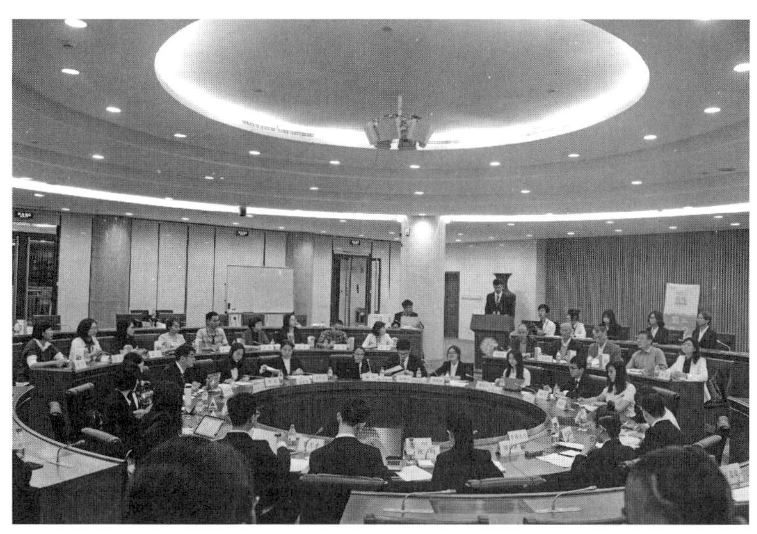

2018 年 4 月 28 日，厦门大学第十届 MBA 智库杯“我是外交官”
外交风采大赛在厦门大学科学艺术中心举行

亚太青年模拟 APEC 大会活动是本院继“我是外交官”系列活动之后推出的又一项富有学院特色、高水平、高质量的学术类比赛活动。这项益于青少年发展的公共外交活动，对教育和引导当代青年，理解和支持我国的外交事业，提升中国青年的国际形象有着十分重要的意义。本院与厦门大学教务处、团委先后于 2014 年 7 月、2015 年 5 月承办了首届和第二届亚太青年模拟 APEC 大会厦门赛区复赛，此项活动由该大会组委会与中国青少年发展服务中心等主办。厦门大学荣获 2014 年亚太青年模拟 APEC 大会优秀组织高校。

2014 年 5 月 9—11 日，本院与共青团思明区委员会联合主办 2014 年度海峡两岸模拟联合国大会暨青少年公益国际论坛，充分发挥了学院学生团体的学科优势和自我管理的作用。至 2020 年，本院有两个学生社团——“厦门大学模拟联合国协会”与“厦门大学南洋学社”。厦门大学模拟联合国协会成立于 2007 年，协会主办的海峡两岸模拟联合国大会和厦门大学校际模拟联合国大会已分别成为全国以及东南地区的重要“模联”活动。2020 年初，厦门大学国际关系学院成为该协会的挂靠单位。厦门大学南洋学社成立于 2017 年，是研究东南亚及其相关问题的学生兴趣团体。社团的宗旨是“以学术为信仰，以致知为己任”，“前沿、专业、求实”是学社的发展理念。

本院亦鼓励学生通过参加全国模拟联合国大赛和辩论赛的方式，增强“思辨”能力，帮助学生更加深刻理解并思考历史的逻辑，同时也为学生提供一个锻炼自我与提升协作能力的平台。2007 年 11 月，本院 2006 级硕士研究生刘冠楠和四位队友一起，在北京模拟联合国大赛中获得最高荣誉——“杰出代表奖”，他们的表现受到了外交部前部长李肇星、联合国前副秘书长陈健、曾任中国驻联合国全权代表李道豫大使等人的赞誉。2009 年 11 月，2007 级本科生杨濡嘉在第六届中国模拟联合国大赛获得个人奖“最佳友谊奖”，其所在的代表队荣获“杰出贡献奖”。2009 年 11 月 27—29 日，在由国际经济学商学学生联合会（AIESEC）中国大陆区总会、中国人民大学模拟联合国协会、丹麦大使馆共同主办的“模拟哥本哈根大会——全球气候变化青年峰会”上，厦门大学五名学子组成的代表队摘得“杰出贡献奖”，本院 2008 级硕士研究生汪亚光、2008 级本科生生乐与曹伟群为代表团成员。

除此之外，国际关系学院/南洋研究院代表队亦积极参加厦门大学校级辩论赛，并多次获取佳绩。本院辩论队在 2012 年厦门大学辩论赛总决赛中勇夺桂冠，2013 年、2016 年均获得亚军，2013 级本科生金超逸、2016 级硕士生陈振胤先后荣获“最佳辩手”称号。2016 年 12 月 11 日，陈振胤参加第十届厦门仲裁杯大学生辩论赛，所在团队获得冠军。

2017 年，2015 级本科生杨洋担任第八届世界大学生领袖研讨会（USLS）中国代表，积极参与九龙总商会海峡两岸“一带一路”精英训练营。2018 年，杨洋担任第 64 届哈佛大学全美模拟联合国大会（HNMUN）马来西亚国家“首席代表”，在各类专业活动中展现厦大学子的风采。

二、注重学术传承，推进传帮带的学长辅助制度，通过聚焦“读懂中国”，弘扬爱国精神，涵养报国情怀，着力立德树人

2008 年 9 月，《厦大国关》首刊印行。这是由国际政治专业首批本科生创办的刊物，是集学术、人文、生活、娱乐于一体的精神园地，展现了国关学子的严谨治学与激情活力。薪火相传，历久弥香。

学院重视新老生之间的“传帮带”工作。每学期组织学长经验交流会 2～3 场，主要围绕如何适应大学学习生活、申请外出学习交流以及发表论文和就业经

验分享等主题。此外，本院结合专业特色，以“南洋师说”、“南洋观天下”、“南强议事厅”、“印尼语角”、“国关/南洋读书会”等系列讲座为新途径，积极打造生趣活泼、百花齐放的第二课堂教育基地。

“南洋观天下”是分享多元文化，拓展国际视野的平台。该系列讲座从2008年开始举办，涉及柬埔寨、老挝、越南、马来西亚、文莱、布隆迪、韩国等多个国家。2015年5月8日，学院特邀专业讲师为师生进行形象礼仪培训。自2017年10月起，学院图书馆与院研究生会、团委联合举办系列专题读书会，以南洋论天下，分文学博物、戏剧美术、归侨故事、贸易医疗、外交教育、气候环保等多个主题，融知识性和趣味性于一体，以扩大学生的知识面，激发其学习兴趣，各抒己见，培养人文情怀和使命感，引领读书风气。至2020年12月，读书会已举办25期。

南强议事厅是由传承厦门大学社会科学优良学术传统的公共事务学院、国际关系学院/南洋研究院、人文学院、台湾研究院、新闻传播学院五院长期合作举办的学术活动。2019年12月，国际关系学院/南洋研究院承办的第五期“南强议事厅”学术论坛以“让世界读懂中国”为题，紧贴国家“国际传播能力建设”时政热点与学科前沿，汇聚不同院系、不同国家的师生，多角度探讨“如何讲好中国故事，传播好中国声音”这一时代议题。

2019年，为整理和挖掘老一辈南洋学人的爱国传统，国际关系学院/南洋研究院组建学生采写团队，专访本院退休老教授。采访组撰写的征文《科研学者心，参政爱国情——访汪慕恒教授》、《书生刀笔书春秋，立心立命立国轴——访吴凤斌教授》分别荣获厦门大学“读懂中国”竞赛征文类一、二等奖，拍摄视频《书生刀笔书春秋，立心立命立国轴——访吴凤斌教授》获视频类三等奖，国际关系学院/南洋研究院获得“优秀组织奖”。2020年5月，本院退休副教授陈大冰病逝，他临终前决定将120万元遗产捐赠给学院，用于资助贫困学子。学院将设立以他的名字命名的助学金，奖掖和激励青年学子传承本院学术报国的优良传统，并弘扬其一生节俭、无私奉献的大爱精神。

三、注重校园文化建设，躬身社会实践，肩负强国使命

国际关系学院/南洋研究院组织学生立足实际，结合专业知识，开展别具特

色的校园文化和志愿者活动，包括学生运动会、学生合唱节展演、新年师生联欢晚会、六院迎新晚会、国际学生论坛等。2007 年 4 月，本院主办首届“东南亚文化周”，新加坡、菲律宾、泰国驻厦门总领事莅临现场，多种媒体对活动和成绩进行了报道。同年 12 月，在“中国移动杯厦门大学情系海西青年 CEO 论坛”之“囊萤灵光”——“金点子大赛”中，国际关系学院 7 名学生组成的“国关希望队”，提出了创意，即利用网络平台对海西地区小企业进行整合和宣传，优化产业链，促进合作，创造共赢，同时充分发挥厦门大学的智力支持作用，为学生提供实践项目。该创意荣获第三名，并获得《海西晨报》评选的“最具新闻价值奖”。

2012 年 2 月 28 日，由孟加拉留学生 Abdur Rouf Mondol 提议，本院举办了首届“国际母语节”，来自五大洲的留学生欢聚一堂，积极互动。2013 年 1 月 3 日，本院来自尼日利亚、博茨瓦纳、美国、尼泊尔和中国的 7 名本科生与硕士生，参加厦门大学在华留学生“阳光文化之旅”系列活动，取得了男子篮球赛第一名和团队优胜奖的佳绩。2019 年 11 月 3 日，本院团委主办了中外学生交流会之诗歌沙龙，不同国家的语言以诗歌的形式承载着彼此的情谊。

国际关系学院/南洋研究院学生亦积极参加志愿者项目。2017 年厦门金砖国家峰会、厦门市“中国国际投资贸易洽谈会”、中国青年志愿者扶贫接力计划研究生支教团、中马校长论坛、南洋论坛、校庆活动、老教授之家、汉语角、农民工学校等等场合，都留下了志愿者任劳任怨的动人身姿，涉外实践活动也锻炼了学生外事接待和国际交流的能力。2015 年，本院 2013 级硕士生程雪被授予“厦门大学五星青年志愿者”称号。人生因奉献而精彩。2016 年，学院青年志愿者协会与 2016 级硕士生党支部共同策划组织“走进校园，华人华侨史讲解活动”，志愿者们先后进入厦门市 22 所中小学校进行百场宣讲，旨在继承和弘扬陈嘉庚的爱国主义精神，深入挖掘嘉庚精神的时代价值。在 2017 年厦门大学志愿服务项目奖评选中，本院汉语角活动荣获优秀志愿服务项目奖。汉语角活动作为本院传统志愿服务项目，以提高国际学生的汉语水平、充分体验中国文化、提供中外学生语言和文化交流平台为宗旨。

国际关系学院/南洋研究院亦鼓励学生参与国防教育活动，配合学校做好新生军训、国防教育宣传、大学生征兵等各项工作，积极组织、引导学生参加民兵组织和民兵活动，支持大学生退伍返校复学相关工作和政策的落实。2016 年，本院共有 3 名学生参军入伍，其中 2015 级本科生 2 名，2016 届硕士毕业生 1 名。

根据团中央《关于加强和改进大学生社会实践的意见》等文件的精神，为重点发挥综合性院校优势及本院专业优势，实现学生“受教育、长才干、做贡献”的宗旨，2010 年 3 月 1 日，国际关系学院/南洋研究院制定《社会实践活动管理规定》，将社会实践作为教学的重要环节，从专业指导、资金支持、制度配套等方面，推动学生开展丰富多彩的假期社会实践活动。

2012 年，本院共组建了 16 支学生实践队。凭借对学术传统的继承与专业敏感，这些实践队特别关注了华侨、领事馆及周边国家。其中有支名曰“一路向南”的队伍行至越南；王付兵副教授带队的“青年集合”实践队奔赴闽东第一侨乡——宁德古田县大桥镇实地调研，受到了中国新闻网的关注与报道。2014 年 7 月，“山水南洋实践队”在福建漳平开展社会实践。2015 年暑期，“厦智”社会实践队在厦门市商务局开展实地走访、调研工作。2016 年 6 月，研究生实践队在施雪琴教授带领下赴广西凭祥综合保税区调研。2017 年，“疆心比心实践队”在金向东助理教授带领下赴吉林延边进行调研。2019 年，学院实践活动成果丰硕，共组建 16 支暑期社会实践团队，参与人数超过学院学生半数，足迹遍布国内各地和东南亚地区。

在众多实践活动中，涌现出优秀的个人和团队，展现了南洋人之风采。应中共厦大党委统战部和厦门大学经济学院暑期社会实践中国茶都队的邀请，蒋细定教授于 2008 年七、八月间带领该队 20 多位成员到安溪县开展社会实践活动。该队荣获了福建省委宣传部等部门授予的“先进团队”称号，蒋老师也因表现突出被共青团厦门大学委员会评为“优秀带队教师”。国际关系学院 2011 级本科生肖琳琳、2012 级本科生丁燕、2014 级本科生曹志伟先后荣获 2013、2014、2016 年度福建省大中专学生志愿者暑期“三下乡”社会实践活动“先进个人”称号。2012—2014 年，王付兵副教授连续三年被评为“厦门大学暑期社会实践活动优秀带队教师”。2013 年，团委书记沈丽秀荣获“福建省社会实践活动先进工作者”称号。2015 年，王付兵荣获福建省教育厅工作委员会等部门授予的“福建省大学生暑期社会实践活动优秀带队教师”称号。2015 年，“厦智”社会实践队获得“福建省优秀社会实践团队”称号。2019 年，本院 2 支队伍入选厦门大学重点社会实践团队，1 支队伍入选“丝路新世界 · 青春中国梦”团中央专项，为国家级社会实践团队。“甘肃百合”社会实践队荣获校“十佳团队”称号，“海丝探路”实践队获得“优秀团队”称号，王昭晖助理教授荣获校“优秀带队老师”称号。

四、人才培养基地

至2019年，国际关系学院/南洋研究院有校级、院级本科生实习实践基地各一个，即华侨博物院、厦门《海西晨报》。2013年9月3日，海西晨报社与厦门大学国际关系学院/南洋研究院签署《战略合作协议》，双方在新闻传播、人才培养、理论探索等方面展开全方位的合作。2014年3月21日，厦门大学国际关系学院与海西晨报社共建教学实习基地的揭牌仪式正式举行，展开了学院与媒体之间交流合作的新篇章。2013年11月7日，厦门大学国际关系学院/南洋研究院与华侨博物院签订了《共建教学实践基地协议》。1959年，陈嘉庚先生在《倡办华侨博物院缘起》中关于华侨博物院之功能第三条便已明确指出是为"配合南洋研究所的南洋研究工作，有助于对华侨情况的了解"。

国际关系学院/南洋研究院采取集中实习和分散实习两种方式组织学生开展专业实习，学生以通过志愿服务，实习讲解、新闻采编等多种形式在基地中锻炼。2012年，2009级本科生程雪荣获"厦门大学十佳志愿者暨厦门大学共青团创先争优活动志愿服务十标兵"称号。2014年，国际关系学院青年志愿者协会的"华侨博物院志愿讲解员志愿服务项目"荣获"厦门大学志愿者项目优秀项目奖"。2015年，国际关系学院多名本科生获得"华侨博物院优秀志愿者"称号。

为贯彻落实习近平总书记关于"根、魂、梦"新时代侨务工作主线，发挥厦门大学的创新、人才、科研和福建侨务资源等优势，2020年10月17日、10月24日，厦门大学国际关系学院/南洋研究院先后与南安市侨联、连江县侨联签订"侨乡教学研究实践基地"共建协议。双方合作开展课题申请与研究工作，实现资源成果共享；本院将定期组织教师与学生到侨乡开展调查研究活动，为侨联地方侨史研究工作提供人才支撑和智力支持；南安市和连江县每年向本院开放一定数量实习岗位供本科生与研究生申请并完成实习指导，合力挖掘侨乡文化资源，促进侨乡文化品牌提质，共同为福建侨乡经济社会发展出力。

在外国留学生实践建设方面，作为本院国际硕士课程"中国法"的实地调研部分，2011级来自8个国家的13名国际硕士生在于剑助理教授和国内同学的带领下，前往厦门市中级人民法院参加该机构举办的"12·4法制宣传周"系列活动，列席了法庭公开日的庭审案件、法院参观以及座谈会等，这些活动在一定程度上有助于留学生们了解中国的法院体系、民事刑事责任归属、涉外案件的特殊服务以及法律援助、调节制度等，亦激发了他们的学习兴趣。

五、获奖情况

国际关系学院/南洋研究院学生在模拟联合国大赛、大学生外交外事礼仪大赛、研究生数学建模竞赛、创业实践赛等多类省级、国家级和境外专业比赛中斩获佳绩，在各级评奖中表现出色。获奖情况详见表 4-4。

荣誉证书

厦门大学 荣获二〇一一年“青年的使命”第十届全国大学生外交外事礼仪大赛

优秀礼仪团队奖

第十届全国大学生
外交外事礼仪大赛组委会
二〇一一年十一月

2011 年，本院学生代表学校参加第十届全国大学生外事礼仪大赛，荣获优秀礼仪团队奖

表 4-4　国际关系学院/南洋研究院学生获奖一览表

获奖时间	奖项名称	获奖者	年级
2006 年 12 月	第三届全国研究生数学建模竞赛二等奖	闫森	2006 级博士生
2007 年 11 月	2007 北京模拟联合国大赛，代表队获得“杰出代表奖”	刘冠楠	2006 级硕士生
2008 年 11 月	本科生国家奖学金	杨濡嘉	2007 级本科生

续表

获奖时间	奖项名称	获奖者	年级
2009年11月	第六届中国模拟联合国大赛获得个人奖“最佳友谊奖”，代表队获得“杰出贡献奖”	杨濡嘉	2007级本科生
2010年1月	本科生国家奖学金	高逸风	2008级本科生
2010年10月	第九届全国大学生外事礼仪大赛优秀礼仪团队奖暨个人优胜奖	杨濡嘉	2007级本科生
		曹伟群	2008级本科生
		高逸风	2008级本科生
		朱鸿婕	2008级本科生
2010年11月	本科生国家奖学金	曹伟群	2008级本科生
2011年11月	本科生国家奖学金	朱鸿婕	2008级本科生
		邹倩楠	2009级本科生
2011年11月	国家励志奖学金	熊云书	2008级本科生
		程雪	2009级本科生
		黄立高	2010级本科生
		许文芳	2010级本科生
		陈龙	2010级本科生
2011年11月	第十届全国大学生外交外事礼仪大赛优胜奖	袁晓	2010级本科生
		胡可心	2010级本科生
		刘静漪	2010级本科生
		安琪	2010级本科生
2011年11月	福建省三好学生	曹伟群	2008级本科生
2012年1月	教育部台湾、港澳及华侨学生奖学金一等奖	朱育萱	2009级本科生，台湾学生
2012年7月	福建省三好学生	程雪	2009级本科生

续表

获奖时间	奖项名称	获奖者	年级
2012 年 10 月	本科生国家奖学金	程雪	2009 级本科生
		胡可心	2010 级本科生
2012 年 10 月	国家励志奖学金	祁丽萍	2009 级本科生
		邹倩楠	2009 级本科生
		陈龙	2010 级本科生
		李端淼	2010 级本科生
		李笠	2011 级本科生
		林榕娜	2011 级本科生
2012 年 12 月	教育部台湾、港澳及华侨学生奖学金二等奖	王之立	2010 级本科生，台湾学生
2013 年 1 月	研究生国家奖学金	王杨红	2010 级硕士生
		郭慧琳	2011 级硕士生
		刘俊涛	2010 级博士生
		赵立斌	2011 级博士生
2013 年 5 月	“北极光—清华”第三届全国大学生公益创业实践赛铜奖	庄毅(“鹏飞计划”团队队员)	2011 级硕士生
2013 年 9 月	第三届全国国际关系研究生学术论坛优秀论文奖	周亭佑	2012 级硕士生
2013 年 11 月	本科生国家奖学金	唐嘉华	2010 级本科生
		陈昱颖	2011 级本科生
		周念泽	2012 级本科生

续表

获奖时间	奖项名称	获奖者	年级
2013 年 11 月	国家励志奖学金	黄立高	2010 级本科生
		陈龙	2010 级本科生
		李笠	2011 级本科生
		何春雨	2011 级本科生
		吴若男	2012 级本科生
		许尚	2012 级本科生
2014 年 1 月	研究生国家奖学金	邓海清	2011 级硕士生
		姚元园	2011 级硕士生
		熊云书	2012 级硕士生
		赵立斌	2011 级博士生
		辉明	2011 级博士生
2014 年 3 月	2013 年福建省大中专学生志愿者暑期“三下乡”社会实践活动先进个人	肖琳琳	2011 级本科生
2014 年 4 月	美国华盛本大学“纳尔演讲比赛”第二名	肖韶芳	2011 级本科生
2014 年 5 月	海峡两岸模拟联合国大会“杰出代表奖”	肖琳琳	2011 级本科生
2014 年 5 月	中央电视台“希望之星”英语风采大赛福建省总决赛二等奖	肖琳琳	2011 级本科生
2014 年 10 月	福建省高校台湾学生奖学金	辛承熹	2012 级本科生
2014 年 10 月	国家奖学金	肖琳琳	2011 级本科生
		林丹	2012 级本科生
		周亭佑	2012 级硕士生
		陈丽霜	2012 级博士生

续表

获奖时间	奖项名称	获奖者	年级
2014年10月	国家励志奖学金	李笠	2011级本科生
		何春雨	2011级本科生
		李小鹏	2011级本科生
		吴若男	2012级本科生
		章梦瑶	2012级本科生
		曹梦	2013级本科生
		杨涛	2013级本科生
2014年10月	教育部台湾、港澳及华侨学生奖学金二等奖	吴辰龙	2011级本科生，香港学生
2014年10月	教育部台湾、港澳及华侨学生奖学金三等奖	张为超	2012级本科生，台湾学生
2014年12月	2014年福建省大中专学生志愿者暑期“三下乡”社会实践活动先进个人	丁燕	2012级本科生
2015年10月	福建省政府外国留学生奖学金	Ng Wan Wei	2014级博士生，马来西亚籍
		Laura Tarlet	2015级硕士生，法国籍
2015年10月	教育部台湾、港澳及华侨学生奖学金二等奖	黄鑫	2012级本科生，台湾学生
2015年10月	教育部台湾、港澳及华侨学生奖学金三等奖	叶伟龙	2014级本科生，香港学生

续表

获奖时间	奖项名称	获奖者	年级
2015 年 12 月	国家奖学金	王艺蓉	2013 级硕士生
		赵阳	2014 级硕士生
		林丹	2012 级本科生
		郑晓婕	2013 级本科生
		郑斯尹	2014 级本科生
2015 年 12 月	国家励志奖学金	吴若男	2012 级本科生
		武琳	2012 级本科生
		许尚	2012 级本科生
		曹梦	2013 级本科生
		李媛媛	2013 级本科生
		叶俊廷	2014 级本科生
		谢茂月	2014 级本科生
2016 年 11 月 30 日	CMAIT 2016 全国大学生移动应用创新大赛创意组二等奖	曹玉洁（“痕迹墨”创业团队代表队员）	2014 级本科生
2016 年 12 月	国家奖学金	刘宇彤	2014 级本科生
		杨洋	2015 级本科生
2016 年 12 月	国家励志奖学金	李媛媛	2013 级本科生
		李浪	2013 级本科生
		杨涛	2013 级本科生
		谢茂月	2014 级本科生
		龙丽颖	2015 级本科生
2017 年 1 月	2016 年福建省大中专学生志愿者暑期“三下乡”社会实践活动先进个人	曹志伟	2014 级本科生

续表

获奖时间	奖项名称	获奖者	年级
2017 年 12 月	“华为杯”第十四届中国研究生数学建模竞赛一等奖	梅海阳	2015 级硕士生
2017 年 12 月	国家奖学金	郑斯尹	2014 级本科生
		孙志强	2015 级本科生
		彭晓钊	2015 级硕士生
		付宇珩	2014 级博士生
2017 年 12 月	国家励志奖学金	谢茂月	2014 级本科生
		钱瑶	2015 级本科生
		龙丽颖	2015 级本科生
		穆睿彤	2016 级本科生
		臧雪	2016 级本科生
		罗苗苗	2016 级本科生
		杨雪琴	2016 级本科生
		雷明珠	2016 级本科生
2018 年 9 月	国家奖学金	穆睿彤	2016 级本科生
		邢巍	2017 级本科生
		孙悦琦	2016 级硕士生
		姚云贵	2016 级博士生
2018 年 9 月	国家励志奖学金	龙丽颖	2015 级本科生
		臧雪	2016 级本科生
		洪方园	2016 级本科生
		雷明珠	2016 级本科生
		杨雪琴	2016 级本科生
		唐宇	2017 级本科生

续表

获奖时间	奖项名称	获奖者	年级
2019年12月	国家奖学金	张雨馨	2016级本科生
		石有为	2017级本科生
		康君如	2017级硕士生
		史勤	2017级博士生
2019年12月	国家励志奖学金	臧雪	2016级本科生
		陈雅婷	2016级本科生
		洪方园	2016级本科生
		罗苗苗	2016级本科生
		高全	2017级本科生

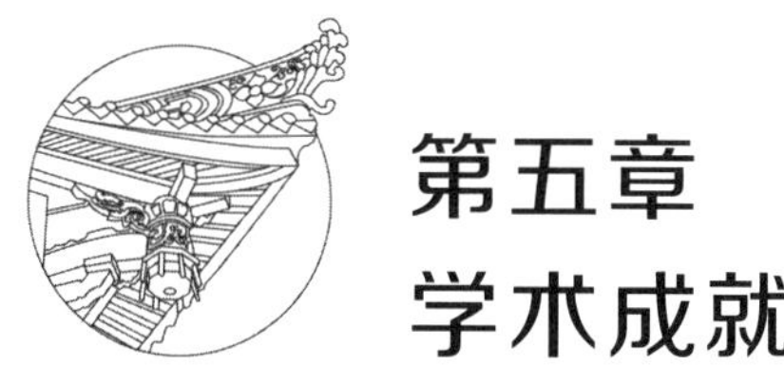

第五章 学术成就

自1956年成立以来，南洋研究所(院)在不同历史时期，根据国家需求，先后完成了有关东南亚研究和华侨华人研究，以及南海诸岛等国际问题研究系列重要课题，为政府决策提供参考咨询，取得了令人瞩目的学术成就。①

第一节　获奖学术成果

1985年至今，南洋研究所(院)研究人员与专业技术人员共获得市级以上(含市级)社会科学成果奖90余项，其中省部级奖项60余项，著作29部(含译著3部)、论文39篇、调研报告15份，主要详见表5-1。

表5-1　南洋研究所(院)获奖学术成果表

序号	作者姓名	成果题目	成果形式	颁奖单位	获奖等级	获奖时间
1	蒋细定	国外农业发展战略研究	论文	中国农业科学院学术委员会	1983年度农业技术改进三等奖	1985年

① 改革开放后，始有公开刊物与科研奖励，科研成果如雨后春笋般绽放。原南洋研究所人才，后调离者，其成果不计入本院史。

续表

序号	作者姓名	成果题目	成果形式	颁奖单位	获奖等级	获奖时间
2	林金枝、庄为玑编	近代华侨投资国内企业史资料选辑（福建卷）	著作	福建省人民政府	福建省第一届社会科学优秀成果奖二等奖	1988 年
3	温广益、蔡仁龙、刘爱华、骆明卿编著	印度尼西亚华侨史	著作	福建省人民政府	福建省第一届社会科学优秀成果奖三等奖	1988 年
4	韩振华、吴凤斌	驳越南当局所谓黄沙、长沙即我国西沙、南沙群岛的谬论	论文	福建省人民政府	福建省第一届社会科学优秀成果奖一等奖	1988 年
5	汪慕恒	马来西亚的“新经济政策”与华人经济	论文	国务院侨务办公室	国务院侨务办公室首届侨务工作优秀论文奖	1990 年
6	李国梁	战后海外华人变化的性质问题	论文	国务院侨务办公室	国务院侨务办公室首届侨务工作优秀论文二等奖	1990 年
7	林金枝	海外华人在中国大陆的投资及其前景	论文	国务院侨务办公室	国务院侨务办公室首届侨务工作优秀论文二等奖	1990 年

续表

序号	作者姓名	成果题目	成果形式	颁奖单位	获奖等级	获奖时间
8	蒋细定	菲律宾农村外向型经济的发展与问题	论文	中国农村外向型经济研究会	优秀论文奖	1991年
9	赵文骝、吴崇伯	亚太地区产业结构变化及外资的作用	著作	福建省人民政府	福建省第二届社会科学优秀成果奖二等奖	1994年
10	李金明	明代海外贸易史	著作	福建省人民政府	福建省第二届社会科学优秀成果奖二等奖	1994年
11	吴凤斌	契约华工史	著作	福建省人民政府	福建省第二届社会科学优秀成果奖二等奖	1994年
12	林金枝	近代华侨投资国内企业概论	著作	福建省人民政府	福建省第二届社会科学优秀成果奖二等奖	1994年
13	庄国土	中国封建政府的华侨政策	著作	福建省人民政府	福建省第二届社会科学优秀成果奖三等奖	1994年
14	郭玉聪编剧	侨魂——陈嘉庚	电视连续剧	中央宣传部	中共中央宣传部“五个一工程”奖	1995年
				福建省人民政府	福建省政府“首届文艺百花奖”特别荣誉奖	

续表

序号	作者姓名	成果题目	成果形式	颁奖单位	获奖等级	获奖时间
15	蒋细定	关于创办《厦门商报》的建议	提案	厦门市政协	1994年度优秀提案	1995年
16	汪慕恒	当代新加坡	著作	中国图书评论杂志编委会	第十届中国图书奖	1996年
17	吴凤斌主编[①]	东南亚华侨通史	著作	国家教育委员会	国家教委优秀教材二等奖	1996年
18	汪慕恒主编[②]	东南亚华人企业集团研究	著作	厦门市人民政府	厦门市第三次社会科学优秀成果三等奖	1997年
19	李金明、廖大珂	中国古代海外贸易史	著作	厦门市人民政府	厦门市第三次社会科学优秀成果三等奖	1997年
20	李金明	清代前期厦门与东南亚的贸易	论文	厦门市人民政府	厦门市第三次社会科学优秀成果三等奖	1997年
21	沈红芳	菲律宾经济发展滞后及其原因探索	论文	厦门市人民政府	厦门市第三次社会科学优秀成果三等奖	1997年

① 吴凤斌、林金枝、郭梁、庄国土、蔡仁龙合著。

② 蔡仁龙、林伍珖、王勤、蒋细定、陈大冰合著。

续表

序号	作者姓名	成果题目	成果形式	颁奖单位	获奖等级	获奖时间
22	庄国土	茶叶、白银与鸦片：1750—1840年中西贸易结构	论文	教育部	第二届中国高校人文社会科学研究优秀成果奖三等奖	1998年
23	李金明、廖大珂	中国古代海外贸易史	著作	福建省人民政府	福建省第三届社会科学优秀成果奖三等奖	1998年
24	刘晓民	日中缩略语辞典	编著	福建省人民政府	福建省第四届社会科学优秀成果奖三等奖	2000年
25	庄国土、苏子惺、聂德宁译	远东国际舞台上的风云人物——郑成功	译著	福建省人民政府	福建省第四届社会科学优秀成果奖三等奖	2000年
26	李金明	中国南海疆域研究	著作	福建省人民政府	福建省第四届社会科学优秀成果奖一等奖	2000年
				教育部	第三届中国高校人文社会科学研究优秀成果奖三等奖	2003年
27	庄国土	厦门侨务对台优势和对策	调研报告	中共福建省委政策研究室	福建省重点课题优秀调研成果奖二等奖	2000年

续表

序号	作者姓名	成果题目	成果形式	颁奖单位	获奖等级	获奖时间
28	庄国土	新时期的侨务工作及其在福建省的实践	论文	福建省邓小平理论研究基地	福建省邓小平理论研究基地优秀成果奖二等奖	2000 年
29	李金明	越南黄沙长沙非中国西沙南沙考	论文	厦门市人民政府	厦门市第四次社会科学优秀成果奖一等奖	2000 年
30	王勤	东南亚五国金融自由化改革及其借鉴	论文	厦门市人民政府	厦门市第四次社会科学优秀成果奖三等奖	2000 年
31	李国梁	东南亚华人企业集团的形成、发展和前景	论文	中国华侨历史学会	中国华侨历史学会优秀论文奖	2002 年
32	蒋细定	新时期民建会员应具备的素质	论文	民建中央	理论研究优秀成果二等奖	2002 年
33	蒋细定	对我省实施“走出去”战略若干建议	提案	福建省政协	1999—2001 年度优秀提案	2002 年

续表

序号	作者姓名	成果题目	成果形式	颁奖单位	获奖等级	获奖时间
34	庄国土	华侨华人与中国的关系	著作	福建省人民政府	福建省第五届社会科学优秀成果奖二等奖	2003 年
				教育部	第四届中国高校人文社会科学研究优秀成果奖三等奖	2006 年
35	沈红芳	东亚经济发展模式比较研究	著作	福建省人民政府	福建省第五届社会科学优秀成果奖三等奖	2003 年
36	聂德宁	近现代中国与东南亚经贸关系史研究	著作	福建省人民政府	福建省第五届社会科学优秀成果奖三等奖	2003 年
37	廖大珂	福建海外交通史	著作	福建省人民政府	福建省第五届社会科学优秀成果奖三等奖	2003 年
38	李金明	从历史与国际海洋法看黄岩岛的主权归属	论文	厦门市人民政府	厦门市第五次社会科学优秀成果奖二等奖	2003 年
39	沈红芳	亚洲金融危机:东亚模式转变的催化剂——对泰国与菲律宾的案例研究	论文	厦门市人民政府	厦门市第五次社会科学优秀成果奖三等奖	2003 年

续表

序号	作者姓名	成果题目	成果形式	颁奖单位	获奖等级	获奖时间
40	林梅	中国—东盟自由贸易区的建立及其前景	论文	厦门市人民政府	厦门市第五次社会科学优秀成果奖三等奖	2003 年
41	李金明	南海争端与国际海洋法	著作	福建省人民政府	福建省第六届社会科学优秀成果奖三等奖	2005 年
				厦门市人民政府	厦门市第六次社会科学优秀成果奖三等奖	2005 年
42	庄国土等著[①]	二战以后东南亚华族社会地位的变化	著作	福建省人民政府	福建省第六届社会科学优秀成果奖三等奖	2005 年
43	庄国土、郭玉聪、沈燕清	近 20 年福州人移民美国和对我国海外移民政策的建议	研究报告	福建省人民政府	福建省第六届社会科学优秀成果奖三等奖	2005 年
44	施雪琴	16 世纪天主教会对西班牙海外管辖权的争论	论文	厦门市人民政府	厦门市第六次社会科学优秀成果奖三等奖	2005 年
45	林梅	中国与印尼经贸关系的互补性与竞争性分析	论文	厦门市人民政府	厦门市第六次社会科学优秀成果奖三等奖	2005 年

① 庄国土、杨仁飞、范宏伟、于向东、潘少红、叶兴建、杨阳合著。

续表

序号	作者姓名	成果题目	成果形式	颁奖单位	获奖等级	获奖时间
46	吴崇伯	金融危机后东南亚国家金融改革评价	论文	厦门市人民政府	厦门市第六次社会科学优秀成果奖三等奖	2005年
47	李一平	从地区主义看冷战后中国与东南亚国家的关系	论文	厦门市人民政府	厦门市第六次社会科学优秀成果奖三等奖	2005年
48	沈红芳	菲律宾华校的嬗变及其诱因探析	论文	厦门市人民政府	厦门市第六次社会科学优秀成果奖三等奖	2005年
49	李国梁、林梅、李毅	东南亚华人企业集团的发展及其地位、作用研究	调研报告	国务院侨务办公室	国务院侨办课题优秀成果二等奖	2006年
50	庄国土	海峡两岸侨务工作比较研究	调研报告	国务院侨务办公室	国务院侨办课题优秀成果一等奖	2006年
51	郭玉聪	日本华侨华人二三代与新华侨华人的发展趋势和我们应采取的策略	调研报告	国务院侨务办公室	国务院侨办课题优秀成果优秀奖	2006年
52	李金明	南海波涛：东南亚国家与南海问题	著作	厦门市人民政府	厦门市第七次社会科学优秀成果奖三等奖	2008年

续表

序号	作者姓名	成果题目	成果形式	颁奖单位	获奖等级	获奖时间
53	李金明	海洋法公约与南海领土争议	论文	厦门市人民政府	厦门市第七次社会科学优秀成果奖一等奖	2008 年
54	蒋细定	在创新中发展的多党合作事业	论文	中共中央统战部宣传办、人民政协报社	征文三等奖	2009 年
55	蒋细定	发挥政协独特作用,推进民主政治建设	论文	福建省政协办公厅、省政协理论研究会	2008—2009 年度优秀论文	2009 年
56	周宁主编①	东南亚华语戏剧史	著作	福建省人民政府	福建省第八届社会科学优秀成果二等奖	2009 年
57	王勤、廖少廉	东盟的政治经济形势及其对 APEC 韩国会议的影响	研究报告	福建省人民政府	福建省第八届社会科学优秀成果奖三等奖	2009 年

① 撰写者:张长虹、康海岭、[新]赖素春、[新]郭坤福、张桃、李丽。

续表

序号	作者姓名	成果题目	成果形式	颁奖单位	获奖等级	获奖时间
58	廖大珂	明代“佛郎机黑番”籍贯考	论文	澳门基金会和广东省社会科学界联合会	第二届澳门人文社会科学研究优秀成果论文类三等奖	2009年
59	庄国土	华侨华人分布状况与发展趋势研究	研究报告	国务院侨务办公室	国务院侨办课题研究优秀成果一等奖	2011年
60	蒋细定	提高人民政协工作有效性的几点建议	论文	福建省政协办公厅	2010年度福建省政协好信息三等奖	2011年
61	蒋细定	统一战线服务社会建设与管理探索	论文	福建省统一战线理论研究会	征文二等奖	2011年
62	庄国土、刘文正	东亚华人社会的形成和发展：华商网络、移民与一体化趋势	著作	国家新闻出版广电总局	第二届中国出版政府奖	2011年
				福建省人民政府	福建省第九届社会科学优秀成果奖一等奖	2011年
63	张旭东	东南亚的中国形象	著作	福建省人民政府	福建省第九届社会科学优秀成果奖三等奖	2011年

续表

序号	作者姓名	成果题目	成果形式	颁奖单位	获奖等级	获奖时间
64	庄国土、[菲]陈华岳、蒋细定、陈君、[菲]吴建省、刘勇、陈丙先、刘冠楠、[菲]侯培水、洪小荣	菲律宾华人通史	著作	国家新闻出版广电总局	入选第四届“三个一百”原创图书出版工程	2013 年
				教育部	第七届中国高校人文社会科学研究优秀成果奖三等奖	2015 年
				福建省人民政府	福建省第十一届社会科学优秀成果奖一等奖	2016 年
65	庄国土、黄兴华、王艳	华侨华人经济资源研究：以华商资产估算为重点	研究报告	福建省人民政府	福建省第十届社会科学优秀成果奖二等奖	2013 年
66	蒋细定	发挥政党制度优势，再创多党合作辉煌	论文	中共福建省委统战部	征文一等奖	2013 年
67	吴崇伯	福建制造业发展存在的主要问题与对策建议	论文	农工民主党福建省委会	农工民主党福建省委会优秀调研论文二等奖	2013 年

续表

序号	作者姓名	成果题目	成果形式	颁奖单位	获奖等级	获奖时间
68	吴崇伯	福建省如何在城镇化建设中确保粮食安全	论文	农工民主党福建省委会	农工民主党福建省委会优秀调研论文二等奖	2013年
69	吴崇伯	以绿色为抓手，大力发展我省低碳农业	调研报告	农工民主党福建省委会	农工民主党福建省委会优秀调研成果三等奖	2013年
70	吴崇伯	国际粮食危机与确保中国粮食安全的对策思考	调研报告	农工民主党福建省委会	农工民主党福建省委会优秀调研成果三等奖	2013年
71	吴崇伯	发展实体经济首先必须振兴我国制造业	调研报告	农工民主党福建省委会	农工民主党福建省委会优秀调研成果三等奖	2013年
72	蒋细定	进一步发挥参政党民主监督作用的探讨	论文	中共福建省委统战部	全省统战理论研究优秀成果三等奖	2014年
73	吴崇伯	福建积极融入国家21世纪海上丝绸之路的战略优势与对策分析	论文	农工民主党中央	农工民主党中央优秀调研论文一等奖	2014年

续表

序号	作者姓名	成果题目	成果形式	颁奖单位	获奖等级	获奖时间
74	吴崇伯	福建港口经济发展存在的主要问题与对策思考	论文	农工民主党福建省委会	农工民主党福建省委会优秀调研论文一等奖	2015年
75	吴崇伯	积极融入国家“一带一路”战略，助推福建企业“走出去”	论文	农工民主党福建省委会	农工民主党福建省委会优秀调研论文二等奖	2015年
76	刘晓民译	东南亚的经济	译著	美国康德基金会	首届姚楠翻译奖三等奖	2015年
77	蒋细定	人民政协在国家治理中的作用探讨	论文	中国民主建国会福建省委员会	2015年重点理论研究课题优秀成果奖	2015年
78	刘勇	中国茶叶与近代荷兰饮茶习俗	论文	福建省人民政府	福建省第十一届社会科学优秀成果三等奖	2016年
79	王勤、闫森	厦门与新加坡发展远景的预测及比较	研究报告	厦门市人民政府	厦门市第十次社会科学优秀成果奖三等奖	2016年
80	范宏伟	缅甸华侨华人史	著作	福建省人民政府	福建省第十二届社会科学优秀成果奖三等奖	2018年

续表

序号	作者姓名	成果题目	成果形式	颁奖单位	获奖等级	获奖时间
81	吴崇伯	关于化解我省产能过剩问题的建议	调查报告、咨询报告	福建省人民政府	福建省第十二届社会科学优秀成果奖三等奖	2018 年
82	吴崇伯	福建省改革开放 40 年来经济发展的主要成就、面临的主要挑战与对策建议	调研报告	农工民主党福建省委会	农工民主党福建省委会优秀调研成果奖一等奖	2018 年
83	高艳杰	建而不交：冷战前期的中国与印尼关系（1949—1954）	论文	厦门市人民政府	厦门市第十一次社会科学优秀成果奖三等奖	2019 年
84	吴崇伯	关于加快推进我省“丝路海运”建设的对策思考	论文	农工民主党福建省委会	农工民主党福建省委会优秀调研论文一等奖	2019 年
85	吴崇伯	推进我省新一轮农村改革发展研究	论文	农工民主党福建省委会	农工民主党福建省委会优秀调研论文三等奖	2019 年

续表

序号	作者姓名	成果题目	成果形式	颁奖单位	获奖等级	获奖时间
86	吴崇伯	加快推进福建省“丝路海运”建设,构建“一带一路”海上枢纽	调研报告	农工民主党中央	农工民主党中央优秀调研报告二等奖	2019 年
				农工民主党福建省委会	农工民主党福建省委会优秀调研报告一等奖	2020 年

第二节 主要著作与论文

一、主要著作

自 1976 年以来,南洋研究所(院)共出版专(编)著 170 部(含英文著作 11 部,日文著作 2 部),译著 39 部(含荷兰文译著 3 部,日文译著 12 部,中译英著作 1 部),档案、资料、辞典类工具书 34 种 41 部(含日文工具书 5 部),由荷兰、丹麦、日本、美国、东南亚国家、中国大陆和台湾、香港地区的学术(出版)机构发行,具体详见下表。

表 5-2　(编)著作系列①

序号	书　　名	作　者	出版社	出版时间
01	东南亚五国经济概况	厦门大学南洋研究所编写组②	人民出版社	1976 年
02	新加坡简史	厦门大学南洋研究所《新加坡简史》编写组	商务印书馆	1978 年
03	东南亚五国经济	厦门大学南洋研究所编	人民出版社	1981 年
04	南海诸岛史地考证论集	韩振华	中华书局	1981 年
05	西沙群岛和南沙群岛自古以来就是中国的领土	韩振华、林金枝、吴凤斌等 9 人	人民出版社	1981 年
06	近代华侨投资国内企业史研究	林金枝	福建人民出版社	1983 年
07	东南亚各国农业	谷源洋、林伍珖、马汝骏等编著③	农业出版社	1984 年
08	印度尼西亚华侨史	温广益、蔡仁龙、刘爱华、骆明卿编著	海洋出版社	1985 年
09	近代华侨投资国内企业史资料选辑(福建卷)	林金枝、庄为玑编	福建人民出版社	1985 年
10	菲律宾	沈红芳编著	上海辞书出版社	1985 年
11	马来西亚简史	钱文宝、林伍珖	商务印书馆	1981 年

① 包括厦门大学东南亚研究中心兼职研究员聘期相关著作。

② 参加编写者有吴志生(主编)、林伍珖、汪慕恒、李滋仁、高红印、杨成、温广益、黄丁兰、蒋细定、陈丽娘、沈红芳、林淑娟、郁贝红。

③ 参与该书编撰工作的还有陈茜、李滋仁、蒋细定和杜敦信。

续表

序号	书　　名	作　者	出版社	出版时间
12	侨魂:陈嘉庚文学传记	郭玉聪	湖南人民出版社	1985年
13	《华侨历史论丛》第一辑	蔡仁龙、李国梁等编撰	福建省华侨历史学会	1984年
14	华侨抗日救国史料选辑	蔡仁龙、郭梁主编	闽委党史工作委员会、中国华侨历史学会	1987年
15	东南亚国家经济发展战略研究	吴志生主编[①]	北京大学出版社	1987年
16	世界各地的自由港和自由贸易区	陈永山、汪慕恒、郭哲民、黄汉生编著	厦门大学出版社	1988年
17	近代华侨投资国内企业概论	林金枝	厦门大学出版社	1988年
18	祖国的南疆——南海诸岛	林金枝、吴凤斌	上海人民出版社	1988年
19	契约华工史	吴凤斌	江西人民出版社	1988年
20	我国南海诸岛史料汇编	韩振华、林金枝、吴凤斌	东方出版社	1988年
21	东南亚华人经济	汪慕恒主编	福建人民出版社	1989年
22	东南亚著名华侨华人传(第一集)	蔡仁龙、杨力、叶小敦编著	海洋出版社	1989年

① 廖少廉、黄汉生、泰南、林伍珧、汪慕恒、蒋细定、贺一平合著。

续表

序号	书　　名	作　者	出版社	出版时间
23	中国封建政府的华侨政策	庄国土	厦门大学出版社	1989年
24	近代华侨投资国内企业史资料选辑(广东卷)	林金枝、庄为玑	福建人民出版社	1989年
25	明代海外贸易史	李金明	中国社会科学出版社	1990年
26	战后海外华人变化国际学术研讨会论文集(中英文论文)	郭梁主编	中国华侨出版公司	1990年
27	中国帆船与海外贸易	陈希育	厦门大学出版社	1991年
28	厦门华侨志	《厦门华侨志》编委会编①	鹭江出版社	1991年
29	华侨历史论丛(第七辑)	梁康生、蔡仁龙、李国梁、郑炳山主编	福建省华侨历史学会	1991年
30	南洋研究论文集:厦门大学南洋研究所35周年所庆纪念特集	厦门大学南洋研究所	厦门大学出版社	1992年
31	中国与东南亚关系史研究	韩振华	广西人民出版社	1992年
32	亚太经济新格局	赵文骝、王勤	广西人民出版社	1992年
33	亚太地区产业结构变化及外资的作用	赵文骝、吴崇伯	厦门大学出版社	1992年

① 洪卜仁、李国梁、蔡仁龙、沈芦、肖永吉、蔡正昆为编委会委员。

续表

序号	书　　名	作　者	出版社	出版时间
34	中国民族史	林惠祥	商务印书馆	1993年
35	外国确认中国拥有西沙和南沙群岛主权的论据(中英文对照)	林金枝	香港岭南学院亚太研究中心	1993年
36	东盟国家经济发展与社会经济形态	廖少廉、王勤	社会科学文献出版社	1993年
37	华侨华人与中国革命和建设	林金枝、李国梁、蔡仁龙	福建人民出版社	1993年
38	茶叶贸易和18世纪的中西商务关系	庄国土	厦门大学出版社	1993年
39	陈嘉庚与陈敬贤、李光前、陈六使	陈少斌、蔡仁龙	集美校友总会	1994年
40	近代华侨投资国内企业史资料选辑(上海卷)	林金枝编著	厦门大学出版社	1994年
41	东南亚华侨通史	吴凤斌主编①	福建人民出版社	1994年
42	东南亚华人企业集团研究	汪慕恒主编②	厦门大学出版社	1995年
43	中国古代海外贸易史	李金明、廖大珂	广西人民出版社	1995年
44	世界华人精英传略:印度尼西亚卷	蔡仁龙、黄昆章、翁锡辉、方雄普编著	百花洲文艺出版社	1995年

① 吴凤斌、林金枝、郭梁、庄国土合著。

② 王勤、蔡仁龙、林伍珖、蒋细定、陈大冰合著。

续表

序号	书　　名	作　者	出版社	出版时间
45	当代新加坡	汪慕恒主编①	四川人民出版社	1995年
46	南海诸岛史地研究	韩振华	社会科学文献出版社	1996年
47	新加坡经济发展研究	王勤	厦门大学出版社	1996年
48	厦门海外交通	李金明	鹭江出版社	1996年
49	新加坡研究	李一平、周宁	国际文化出版公司	1996年
50	当代印度尼西亚	汪慕恒主编②	四川人民出版社	1997年
51	明清中国沿海社会与海外移民	杨国桢、郑甫弘、孙谦	高等教育出版社	1997年
52	世纪之交的海外华人（上册）	庄国土、黄猷、方雄普主编	福建人民出版社	1998年
53	世纪之交的海外华人（下册）	庄国土主编	福建人民出版社	1998年
54	东南亚华侨华人经济简史	郭梁	经济科学出版社	1998年
55	清代华侨与闽粤社会变迁	孙谦	厦门大学出版社	1999年

① 林伍珖、黄汉生、王勤参加该书编撰。

② 黄丁兰、吴崇伯、林事恒合著。

续表

序号	书　名	作　者	出版社	出版时间
56	国有企业运行机制比较研究——兼论中国国有企业的改革	林梅	厦门大学出版社	1999年
57	中国南海疆域研究①	李金明	福建人民出版社	1999年
58	*Food Security in China & Southeast Asia*	Aileen S. P. Baviera，廖少廉，Clarissa V. Militante	Philippine—China Development Resource Center，the Research School of Southeast Asian Studies of Xiamen University	1999年
59	中外关系历史研究	韩振华	香港大学亚洲研究中心	1999年
60	诸蕃志注补	韩振华	香港大学亚洲研究中心	2000年
61	印尼华侨与华人概论	蔡仁龙	南岛出版社	2000年
62	印度尼西亚华人企业集团概论	蔡仁龙	南岛出版社	2000年

① 2014年，该书增订本由黑龙江教育出版社出版。

续表

序号	书　　名	作　者	出版社	出版时间
63	中国侨乡研究：1998 年 10 月晋江《中国侨乡研究国际研讨会》论文集中文卷	庄国土编	厦门大学出版社	2000 年
64	*New Studies on Chinese Overseas and China*	Cen Huang，庄国土，Tanaka Kyoko	International Institute for Asian Studies	2000 年
65	明末清初的海寇商人	聂德宁	杨江泉	2000 年
66	近现代中国与东南亚经贸关系史研究	聂德宁	厦门大学出版社	2001 年
67	漳州港	李金明	福建人民出版社	2001 年
68	华侨华人与中国的关系	庄国土	广东高等教育出版社	2001 年
69	航海交通贸易研究	韩振华	香港大学亚洲研究中心	2002 年
70	族谱与海外华人移民研究	纪宝坤、崔贵强、庄国土	新加坡华裔馆、厦门大学东南亚研究中心	2002 年
71	东盟国家外资投资发展趋势与外资投资政策演变	汪慕恒、周明伟	厦门大学出版社	2002 年
72	18 世纪末吧达维亚唐人社会：吧城公馆档案研究	[荷]包乐史、吴凤斌	厦门大学出版社	2002 年

续表

序号	书　　名	作　者	出版社	出版时间
73	福建海外交通史	廖大珂	福建人民出版社	2002年
74	中越经济体制改革比较研究	皮军	厦门大学出版社	2002年
75	东南亚宗教论集	段立生、黄云静、范若兰等	厦门大学出版社	2002年
76	东亚经济发展模式比较研究	沈红芳	厦门大学出版社	2002年
77	福建侨乡的社会变迁	俞云平、王付兵	湖南人民出版社	2002年
78	南海诸岛史地论	韩振华	香港大学亚洲研究中心	2003年
79	华侨史及古民族宗教研究	韩振华	香港大学亚洲研究中心	2003年
80	当代华商经贸网络：海峡两岸与东南亚	古鸿廷、庄国土	稻乡出版社	2003年
81	中国与东盟经济关系新格局	王勤	厦门大学出版社	2003年
82	教育与认同：马来西亚华文中学教育之研究(1945—2000)	古鸿廷	厦门大学出版社	2003年
83	南海争端与国际海洋法	李金明	海洋出版社	2003年
84	东盟区域经济合作研究	廖少廉、陈雯、赵洪	中国对外经济贸易出版社	2003年

续表

序号	书　　名	作　者	出版社	出版时间
85	二战以后东南亚华族社会地位的变化	庄国土等著	厦门大学出版社	2003年
86	马来西亚工业化进程中的技术学习与技术进步	李毅	厦门大学出版社	2003年
87	战后新加坡华人社会的嬗变	刘宏	厦门大学出版社	2003年
88	21世纪初的东南亚社会与经济	郭梁主编	厦门大学出版社	2003年
89	印尼华人企业集团研究	蔡仁龙	香港社会科学出版社	2004年
90	菲律宾经济论	蒋细定	厦门大学出版社	2004年
91	改革开放以来东南亚华商对中国大陆的投资研究	王望波	厦门大学出版社	2004年
92	东南亚研究论稿	李一平	泰国曼谷大通出版社	2004年
93	菲华文学在茁长中	第五届东南亚华文文学研讨会论文选编组	厦门大学出版社	2005年
94	马来西亚金融发展研究	赵洪	厦门大学出版社	2005年
95	南海波涛：东南亚国家与南海问题	李金明	江西高校出版社	2005年
96	当代华商经贸网络：台商与东南亚华商	古鸿廷、庄国土	稻香出版社	2005年

续表

序号	书　　名	作　者	出版社	出版时间
97	冷战以来的东南亚国际关系	李一平、庄国土主编	厦门大学出版社	2005 年
98	当代华商网络与华人移民：起源、兴起与发展	庄国土	稻香出版社	2005 年
99	海外华人的社会变革与商业成长	颜清湟	厦门大学出版社	2005 年
100	*Southeast Asia and China: Continuity and Change*	Thomas，Nicholas，聂德宁编	Xiamen University Press	2006 年
101	缅甸近代民族主义运动研究	张旭东	泰国曼谷大通出版社	2006 年
102	全球化下中国与东南亚经贸关系的历史、现状及其趋势	聂德宁、赵洪、林梅等	厦门大学出版社	2006 年
103	海外交通与文化交流	李金明	云南出版集团公司	2006 年
104	*The Future of Asia: Development, Diversity and Sustainability*	沈红芳，Xu Ming—qi	Asian Scholarship Foundation	2006 年
105	东南亚的福建人	[马]林忠强、陈庆地，庄国土、聂德宁主编	厦门大学出版社	2006 年
106	日本華僑華人と中国新移民の研究[①]	郭玉聡	日本僑報社	2006 年

① 2008 年再版，段跃中监修。

续表

序号	书　　名	作　者	出版社	出版时间
107	东南亚华语戏剧史	周宁主编	厦门大学出版社	2007年
108	东盟国际竞争力研究	王勤	中国经济出版社	2007年
109	*The Dutch East India Company's Tea Trade With China, 1757—1781*	刘勇	Brill	2007年
110	菲律宾天主教研究：天主教在菲律宾的殖民扩张与文化调适(1565—1898)	施雪琴	厦门大学出版社	2007年
111	国民党在台湾执政经验分析：以合法性为视角	赵海立	策略资讯研究中心	2007年
112	经济全球化与经济安全：东亚的经验与教育	沈红芳	中国经济出版社	2008年
113	2007年海外华侨华人概述	王望波执笔	中国华侨出版社	2008年
114	*Malaysia and Sino-Malaysian Relations in a Changing World*	廖少廉	Xiamen University Press	2008年
115	生存与发展：海外华人社会新观察	沈燕清	策略资讯研究中心	2009年
116	东亚华人社会的形成与发展：华商网络、移民与一体化趋势	庄国土、刘文正	厦门大学出版社	2009年

续表

序号	书　　名	作　者	出版社	出版时间
117	当代东南亚海盗研究	许可	厦门大学出版社	2009年
118	曾心作品评论集	张长虹编	留中大学校友总会	2009年
119	马来西亚非政府组织研究	王虎	厦门大学出版社	2010年
120	2008年海外华侨华人概述	王望波、庄国土编著	世界知识出版社	2010年
121	古代中国与东南亚中医药交流研究	冯立军	云南美术出版社	2010年
122	东南亚的中国形象	张旭东	人民出版社	2010年
123	*East Asian Regional Integration: Diaspora and Impact* (*Volume I*)	庄国土, Emile Kok—Kheng Yeoh	Saw Center for Southeast Asia Studies, Xiamen University; Institute of China Studies, University of Malaya	2010年
124	东亚区域整合:人口迁移与影响(下册)	施雪琴、廖大珂编	厦门大学出版社	2010年
125	举足轻重的东南亚大国——认识印度尼西亚	吴崇伯	山东大学出版社	2010年
126	近30年来东亚华人社团的新变化	庄国土、清水纯、潘宏立等	厦门大学出版社	2010年

续表

序号	书　　名	作　者	出版社	出版时间
127	国家建构与民族认同：马来西亚华文大专院校之探讨(1965—2005)	曹淑瑶	厦门大学出版社	2010年
128	2009年海外华侨华人概述	王望波、庄国土编著	世界知识出版社	2011年
129	东南亚地区研究学术研讨会论文集	李一平、刘稚主编	厦门大学出版社	2011年
130	移民族群艺术及其身份:泰国潮剧研究	张长虹	厦门大学出版社	2011年
131	当代印度尼西亚经济研究	吴崇伯	厦门大学出版社	2011年
132	*Chinese Perceptions of the U.S.: an Exploration of China's Foreign Policy Motivations*	张苾芜	Lexington Books	2012年
133	*China's Left—Behind Wives: Families of Migrants from Fujian to Southeast Asia, 1930s—1950s*	沈惠芬	NUS Press, University of Hawaii Press, Hong Kong University Press	2012年
134	马来亚华人的方言群分布和职业结构(1800—1911)	王付兵	云南美术出版社	2012年

续表

序号	书　　名	作　者	出版社	出版时间
135	*Modern China—Myanmar Relations: Dilemmas of Mutual Dependence*	David I. Steinberg，范宏伟	NIAS Press	2012年
136	和平共处与中立主义：冷战时期中国与缅甸和平共处的成就与经验	范宏伟	世界知识出版社	2012年
137	东南亚地区发展报告(2012)	王勤主编	社会科学文献出版社	2012年
138	菲律宾华人通史	庄国土、[菲]陈华岳、蒋细定、陈君、[菲]吴建省、刘勇、陈丙先、刘冠楠、[菲]侯培水、洪小荣	厦门大学出版社	2012年
139	荷印殖民政府鸦片税收政策及其对爪哇华人社会的影响	沈燕清	厦门大学出版社	2013年
140	东北亚区域整合现状及趋势：以图们江区域合作开发为助推器	金向东	厦门大学出版社	2013年
141	中马关系与马来西亚华人研究国际学术研讨会论文集	聂德宁、李一平、王虎主编	厦门大学出版社	2013年
142	2010年海外华侨华人发展报告	王望波、庄国土	厦门大学出版社	2013年
143	世界人种志	林惠祥撰述	上海三联书店	2014年

续表

序号	书　　名	作　者	出版社	出版时间
144	現代アジアにおける華僑・華人ネットワークの新展開	清水纯、潘宏立、庄国土编	風響社	2014年
145	赤道线上的脚印	蔡仁龙	香港生活文化基金会	2014年
146	东南亚地区发展报告(2013—2014)	王勤主编	社会科学文献出版社	2014年
147	当代海盗与中国海上通道安全	许可	国际文化出版公司	2014年
148	东南亚历史文化研究论集	包茂红、李一平、薄文泽主编	厦门大学出版社	2014年
149	东南亚的工业化、外国直接投资与科技进步	沈红芳等	厦门大学出版社	2014年
150	世界华侨华人简史	庄国土主编	暨南大学出版社	2014年
151	东南亚地区发展报告(2014—2015)	王勤主编	社会科学文献出版社	2015年
152	明诚集:海疆学术・闽南文献	陈盛明	厦门大学出版社	2015年
153	缅甸华侨华人史	范宏伟	中国华侨出版社	2016年
154	中国与中南半岛国家地缘文化关系研究	陈锴	厦门大学出版社	2016年
155	东南亚地区发展报告(2015—2016)	王勤主编	社会科学文献出版社	2016年

续表

序号	书　名	作　者	出版社	出版时间
156	南洋明珠　侨教典范——雅加达中华中学校史(1939—1966)	施雪琴、居玛丽	香港生活文化基金会	2017年
157	21世纪初中国与中南半岛国家地缘经济关系研究	陈锴	金琅学术出版社	2017年
158	世界华侨华人史	庄国土	暨南大学出版社	2018年
159	东南亚地区发展报告(2016—2017)	王勤主编	社会科学文献出版社	2018年
160	近代中荷茶叶贸易史	刘勇	中国社会科学出版社	2018年
161	东南亚地区发展报告(2017—2018)	王勤主编	社会科学文献出版社	2018年
162	牵星过洋——福建与东南亚	聂德宁、张元	福建教育出版社	2018年
163	新加坡华人思想史(上册)	[新]欧清池、李一平主编	新加坡斯雅舍	2018年
164	菲律宾华侨华人史话	施雪琴	广东教育出版社	2019年
165	海上丝绸之路与中医药文化的海外传播——以中医药文化在东南亚的传播和影响为中心	冯立军	黑龙江教育出版社	2019年
166	东南亚经济文化问题研究	吴崇伯	厦门大学出版社	2019年

续表

序号	书　　名	作　者	出版社	出版时间
167	中国传统海外贸易	廖大珂	海天出版社	2019 年
168	中国与中南半岛国家地缘文化关系研究	陈锴	金琅学术出版社	2019 年
169	巴达维亚华人社会结构研究：以未刊公馆档案为中心	沈燕清	中国社会科学出版社	2020 年
170	荷属东印度公司统治时期吧城华侨人口分析	黄文鹰、陈曾唯、陈安尼	中国社会科学出版社	2020 年
171	东南亚地区发展报告(2018—2019)	王勤主编	社会科学文献出版社	2020 年

表 5-3　译著系列

序号	书　　名	作　者	出版社	出版时间
01	开发援助中的伙伴关系	[加拿大]L.B.皮尔逊等著，南洋研究所编译组	商务印书馆	1975 年
02	石油与世界霸权	[英]奥德尔(P. R. Odell)著，南洋研究所编译组	生活、读书、新知三联书店	1978 年
03	微笑的将军：印度尼西亚总统苏哈托	罗德(O. G. Roeder)著，南洋研究所编译组	商务印书馆	1979 年

续表

序号	书　　名	作　者	出版社	出版时间
04	亚洲地区的出口加工区	[日]藤森英男编，袁镇岳、郭梁、郁贝红、陈吕范、秦钦峙、张光平译，袁镇岳、汪慕恒校	中国社会科学出版社	1981 年
05	亚洲美元市场：国际离岸金融业务	[美]巴塔查亚著，叶森玉译	福建人民出版社	1981 年
06	华侨资本的形成和发展	[日]李国卿著，郭梁、金永勋译	福建人民出版社	1984 年
			香港社会科学出版社	2000 年
07	出口加工区的创建和管理	[爱尔兰]凯莱赫著，吴金全译，汪慕恒校	福建人民出版社	1984 年
08	热带猎奇——17 世纪东印度航海记	[德]施魏策尔著，姚楠、钱江译	海洋出版社	1986 年
09	东南亚华侨经济简论	[日]游仲勋著，郭梁、刘晓民译	厦门大学出版社	1987 年
10	荷属东印度华人的经济地位	[英]凯特著，王云翔、蔡寿康译	厦门大学出版社	1988 年
11	《荷使初访中国记》研究	[荷]包乐史、庄国土	厦门大学出版社	1989 年
12	中荷交往史（1601—1989）	[荷]包乐史著，庄国土、程绍刚译	（荷兰）路口店出版社	1989 年

续表

序号	书　名	作　者	出版社	出版时间
13	华人在东南亚经济发展中的作用	[美]吴元黎等著，汪慕恒、薛学了译	厦门大学出版社	1989年
14	荷兰华人的社会地位	[英]彭轲著，庄国土译	“中央研究院”近代史研究所	1992年
15	澳中关系史	[澳]安德鲁斯著，高亮、钟兴国、陈希育译	厦门大学出版社	1992年
16	日本经济白皮书	日本国经济企划厅编写，薛学了、黄昆等译	厦门大学出版社	1995年
17	马来西亚企业集团的形成与改组	[日]原不二夫编，刘晓民译	厦门大学出版社	1996年
18	婆罗洲华人公司制度	[荷]高延(J.J.M.De Groot)著，袁冰凌译	“中央研究院”近代史研究所	1996年
19	台湾经济发展的成就与问题——新兴工业化经济群体的典例分析	[日]隅谷三喜男等著，汪慕恒、陈大冰译	厦门大学出版社	1996年
20	东南亚大企业家	[英]鲁思·麦克维伊编著，薛学了译	厦门大学出版社	1996年
21	巴达维亚华人与中荷贸易	[荷]包乐史著，庄国土译	广西人民出版社	1997年
22	远东国际舞台上的风云人物郑成功	[意]白蒂著，庄国土等译	广西人民出版社	1997年

续表

序号	书　　名	作　者	出版社	出版时间
23	东方的文明	[美]维尔·杜伦(Will Durant)著，李一平等译	青海人民出版社	1998年
24	新加坡华人企业集团	[日]岩崎育夫著，刘晓民译	厦门大学出版社	2001年
25	泰国的政治变化：民主与参与	[英]饶伟讯著，薛学了等译	厦门大学出版社	2002年
26	当代东南亚政治研究指南	[英]迈克尔·利弗著，薛学了等译	厦门大学东南亚研究中心、香港城市大学东南亚研究中心	2003年
27	东南亚的经济	[日]北原淳等著，刘晓民译	厦门大学出版社	2004年
28	马来亚华侨与中国	[日]原不二夫著，刘晓民译	泰国曼谷大通出版社	2006年
29	新加坡人口研究	[新加坡]苏瑞福著，薛学了、王艳等译，庄国土、薛学了审译	厦门大学出版社	2009年
30	泰国华人社会：历史的分析	[美]施坚雅著，许华、王云翔、魏嵩寿、林俊绵译，力践、许丽丽、庄国土审校	厦门大学出版社	2010年
31	现代东亚经济论：奇迹、危机、地区合作	[日]西口清胜著，刘晓民译	厦门大学出版社	2011年

续表

序号	书　　名	作　者	出版社	出版时间
32	欧洲形成中的亚洲(第三卷第三册 东南亚)	[美]唐纳德·F.拉赫、埃德温·J.范·克雷著,张长虹译	人民出版社	2013年
33	侨汇——现代中国经济分析	[日]山岸猛著,刘晓民译	厦门大学出版社	2013年
34	基地秘史	[英]阿卜杜勒·巴里·阿特旺著,林达丰译	北京大学出版社	2013年
35	英属马来亚的日本人	[日]原不二夫著,刘晓民译	厦门大学出版社	2013年
36	国际关系的文化理论	[美]理查德·内德·勒博著,陈锴译	上海社会科学院出版社	2015年
37	谁丢了美国:英国统治者、美国革命与帝国的命运	[美]安德鲁·杰克逊·奥肖内西著,林达丰译	北京大学出版社	2016年
38	告别霸权!全球体系中的权力与影响力	[美]西蒙·赖克、理查德·内德·勒博著,陈锴译	上海人民出版社	2017年
39	*The Chinese Annals of Batavia, The Kai Ba Lidai Shiji and Other Stories (1610—1795)*	[荷]包乐史,聂德宁译注	Brill	2018年
40	国际关系的文化理论	[美]理查德·内德·勒博著,陈锴译	上海人民出版社	2020年

表 5-4 资料、档案、辞典系列

序号	书 名	作 者	出版社	出版时间
01	福建省收藏华侨华人问题中外图书联合目录	陈声贵编	厦门大学出版社	1988 年
02	东南亚研究论文索引(1980—1989)	南洋研究所资料室编	厦门大学出版社	1993 年
03	华侨华人研究文献索引(1980—1990)	曾伊平、陈丽娘编	厦门大学出版社	1994 年
04	日本語・中国語慣用語法辞典	刘晓民编著	日本実業出版社	1995 年
05	中日経済・ビジネス重要語辞典	刘晓民编著	日本実業出版社	1995 年
06	ビジネスマンが作った中国語会話に困らない本	刘晓民编著	日本実業出版社	1998 年
07	华侨华人研究文献索引(1991—1995)	曾伊平编	厦门大学出版社	1998 年
08	东南亚研究论文索引(1990—1995)	南洋研究所资料室	厦门大学出版社	1999 年
09	日中缩略语辞典	刘晓民编著	北京出版社	2000 年
10	东南亚与华侨华人研究论文索引(1996—2000)	徐斌、张长虹编	厦门大学出版社	2002 年
11	吧城华人公馆(吧国公堂)档案丛书:公案簿(第一辑)	包乐史、吴凤斌校注	厦门大学出版社	2002 年

续表

序号	书　　名	作　者	出版社	出版时间
12	华侨华人研究中文书目	徐斌编	厦门大学出版社	2003年
13	吧城华人公馆(吧国公堂)档案丛书:公案簿(第二辑)	袁冰凌、[法]苏尔梦校注	厦门大学出版社	2004年
14	吧城华人公馆(吧国公堂)档案丛书:公案簿(第三辑)	聂德宁、侯真平、[荷]包乐史、吴凤斌校注	厦门大学出版社	2004年
15	吧城华人公馆(吧国公堂)档案丛书:公案簿(第四辑)	侯真平、聂德宁、[荷]包乐史、吴凤斌校注	厦门大学出版社	2005年
16	吧城华人公馆(吧国公堂)档案丛书:公案簿(第五辑)	吴凤斌、[荷]陈萌红、[荷]包乐史、聂德宁校注	厦门大学出版社	2005年
17	东南亚与华侨华人研究论文索引(2001—2005)	徐斌编	厦门大学出版社	2006年
18	吧城华人公馆(吧国公堂)档案丛书:公案簿(第六辑)	[荷]包乐史、刘勇、聂德宁、侯真平、吴凤斌校注	厦门大学出版社	2006年
19	吧城华人公馆(吧国公堂)档案丛书:公案簿(第七辑)	聂德宁、侯真平、吴凤斌、[荷]包乐史校注	厦门大学出版社	2007年
20	吧城华人公馆(吧国公堂)档案丛书:公案簿(第八辑)	侯真平、吴凤斌、[荷]包乐史、聂德宁校注	厦门大学出版社	2009年

续表

序号	书　　名	作　者	出版社	出版时间
21	吧城华人公馆(吧国公堂)档案丛书:公案簿(第九辑)	吴凤斌、[荷]包乐史、聂德宁、侯真平校注	厦门大学出版社	2009年
22	东南亚研究中文书目	张长虹、张大勇、姚晓静编	厦门大学出版社	2010年
23	吧城华人公馆(吧国公堂)档案丛书:公案簿(第十辑)	[荷]包乐史、聂德宁、吴凤斌校注	厦门大学出版社	2010年
24	雅加达华人婚姻——1772—1919年吧城唐人成婚注册簿	吴凤斌、聂德宁、谢美华编纂	厦门大学出版社	2010年
25	东南亚与华侨华人研究论文索引(2006—2010)	徐斌编	厦门大学出版社	2011年
26	吧城华人公馆(吧国公堂)档案丛书:公案簿(第十一辑)	聂德宁、吴凤斌、[荷]包乐史校注	厦门大学出版社	2012年
27	吧城华人公馆(吧国公堂)档案丛书:公案簿(第十二辑)(上、下册)	[荷]包乐史、聂德宁、吴凤斌校注	厦门大学出版社	2013年
28	吧城华人公馆(吧国公堂)档案丛书:公案簿(第十三辑)	聂德宁、吴凤斌,[荷]包乐史校注	厦门大学出版社	2014年
29	吧城华人公馆(吧国公堂)档案丛书:公案簿(第十四辑)	吴凤斌、聂德宁、[荷]包乐史校注	厦门大学出版社	2016年

续表

序号	书　　名	作　者	出版社	出版时间
30	吧城华人公馆(吧国公堂)档案丛书:公案簿(第十五辑)	[荷]包乐史、吴凤斌、聂德宁校注	厦门大学出版社	2017年
31	东南亚与华侨华人研究论文索引(2011—2015)	吴文智编	厦门大学出版社	2018年
32	东南亚华侨口述历史丛编(1—8)	厦门大学南洋研究院编	广西师范大学出版社	2018年
33	闽侨古今名贤事略选辑	林金枝编	广西师范大学出版社	2018年

二、主要论文一览表

自成立以来,南洋研究所(院)教职工与学生在欧洲、美国、日本、新加坡和中国的重要报刊发表学术论文350余篇,具体详见表5-5、5-6。

表5-5　校外重要报刊发表论文

序号	篇名	作者	刊名	发表时间
1	海外华侨对辛亥革命的贡献	郭梁	光明日报(史学版)	1978年4月6日
2	菲律宾是如何实现大米自给的	蒋细定	世界经济	1979年5月
3	西沙群岛和南沙群岛自古以来就是中国的领土	林金枝	人民日报	1980年4月7日

续表

序号	篇名	作者	刊名	发表时间
4	驳越南当局所谓黄沙、长沙即我国西沙、南沙群岛的谬论	韩振华、吴凤斌	人民日报	1980 年 8 月 1 日
5	泰国发展农业多种经营成效显著	李滋仁	世界经济	1981 年 1 月
6	展望八十年代东盟经济	钱文宝	世界经济	1982 年 5 月
7	菲律宾的林业	蒋细定	世界农业	1983 年 4 月
8	从福建侨乡族谱看南洋华侨史的若干问题	林金枝	历史研究	1984 年 8 月
9	东盟国家外贸发展战略	高红印	世界经济	1985 年 4 月
10	东盟国家的经济发展战略与发展趋势	廖少廉	世界经济	1985 年 8 月
11	对当前东盟国家经济形势的分析与展望	赵文骝	世界经济	1986 年 4 月
12	菲律宾新政府的经济改革、调整及其前景展望	沈红芳	世界经济	1987 年 5 月
13	研讨·借鉴·对策——“亚太地区国际分工与贸易”学术讨论会综述	吴崇伯	世界经济与政治	1988 年 5 月
14	两次世界大战期间东南亚华侨汇款及其作用	林金枝	近代史研究	1988 年 6 月
15	稳步发展的泰国经济及其发展趋势	吴崇伯	世界经济	1988 年 8 月
16	菲律宾新政府的土地改革计划	蒋细定	世界农业	1989 年 1 月

续表

序号	篇名	作者	刊名	发表时间
17	菲律宾的土改与前景——科拉松政府面临的难题	蒋细定	世界经济与政治	1989年8月
18	美国对太平洋区域经济合作态度的演变及背景	赵洪	国际贸易问题	1991年5月
19	亚太地区国际直接投资的新特点	王勤	经济学动态	1992年8月
20	日本对香港直接投资的新趋势	宁智平*[①]、孙玉	国际贸易问题	1992年10月
21	也谈台湾海外直接投资的地区流向	王勤	国际贸易问题	1992年10月
22	东亚地区国际贸易发展剖析	赵洪	国际贸易问题	1992年11月
23	东盟国家对外贸易的发展历程与趋势	赵洪	国际贸易问题	1993年5月
24	日本の華僑華人研究	李国梁	アジア研究	1993年9月
25	东盟国家农村农业企业的兴起	沈红芳	世界农业	1993年10月
26	跨国公司与新加坡经济发展	王勤	国际贸易问题	1993年11月
27	韩国近几年经济滑坡与前景透视	吴崇伯	经济学动态	1994年6月
28	英国对缅甸殖民政策	李一平	世界历史	1994年8月

① 此表加“*”号者为南洋研究所(院)的研究生。

续表

序号	篇名	作者	刊名	发表时间
29	迈入第二个25年长远发展规划的印尼经济	吴崇伯	世界经济与政治	1994年12月
30	中国与马来西亚经贸关系的发展与前景	吴崇伯	国际贸易问题	1995年1月
31	南海诸岛史地研究札记	李金明	中国边疆史地研究	1995年3月
32	南太平洋的区域合作	廖少廉	当代亚太	1995年6月
33	日本在东盟国家的直接投资及其影响	王勤	当代亚太	1995年6月
34	东南亚华人企业集团的迅速兴起	王勤	世界经济	1995年10月
35	菲律宾经济现状、问题及前景预测	沈红芳	世界经济与政治	1995年10月
36	茶叶、白银和鸦片：1750—1840年中西贸易结构	庄国土	中国经济史研究	1995年9月
37	近年台湾与印尼的经贸关系	吴崇伯	当代亚太	1996年2月
38	独具特色的新加坡社会保障制度	王勤	世界经济与政治	1996年5月
39	马来西亚经济发展浅析	赵洪	当代亚太	1996年6月
40	印度尼西亚金融自由化试析	吴崇伯	世界经济	1996年9月
41	我国史籍中有关南海疆域的记载	李金明	中国边疆史地研究	1996年9月

续表

序号	篇名	作者	刊名	发表时间
42	元代“四海测验”中的南海	李金明	中国边疆史地研究	1996 年 12 月
43	中国与新加坡的早期贸易往来	聂德宁	近代史研究	1997 年 1 月
44	试论明代海外贸易港的兴衰	李金明	中国经济史研究	1997 年 3 月
45	论清末华侨认同的变化和民族主义形成的原因	庄国土	中山大学学报（社会科学版）	1997 年 3 月
46	香港开埠以来英人经济与华人经济的对比研究	李一平	世界历史	1997 年 4 月
47	菲律宾经济持续增长的原因与前景	沈红芳	世界经济	1997 年 5 月
48	越南黄沙、长沙非中国西沙、南沙考	李金明	中国边疆史地研究	1997 年 6 月
49	東南アジア華人企業集団の形成と発展特徴	李国梁	国際地域研究	1997 年 6 月
50	90 年代印度尼西亚的粮食问题	吴崇伯	当代亚太	1997 年 6 月
51	菲律宾 BOT 方案成功的经验	沈红芳	国际经济合作	1997 年 8 月
52	东南亚国家金融动荡及其原因探析	王勤	世界经济	1997 年 11 月
53	菲律宾拉莫斯政府的经济改革及其成效	沈红芳	世界经济与政治	1997 年 12 月
54	东南亚货币危机及其影响	王勤	国际贸易问题	1998 年 1 月

续表

序号	篇名	作者	刊名	发表时间
55	马来西亚农业发展的成就与问题	赵洪	世界农业	1998 年 4 月
56	元代官营航海贸易制度述略	廖大珂	中国经济史研究	1998 年 5 月
57	试论宋代市舶司官制的演变	廖大珂	历史研究	1998 年 6 月
58	Zaitun 非“刺桐”而是“缎子”	李金明	历史研究	1998 年 8 月
59	抗战前后中国政府维护西沙、南沙群岛主权的斗争	李金明	中国边疆史地研究	1998 年 9 月
60	陈尚胜著《“怀夷”与“抑商”:明代海洋力量兴衰研究》	李金明	历史研究	1998 年 10 月
61	马来西亚国有企业私有化的进展和成效	林梅	当代亚太	1998 年 11 月
62	西方学者眼中的郑成功	聂德宁	中国史研究	1998 年 11 月
63	台湾对东南亚经贸战略的调整及其前景	王勤	国际贸易问题	1998 年 12 月
64	台湾当局的“南向政策”评析	汪慕恒	台湾研究集刊	1999 年 2 月
65	菲律宾新央行在抑制经济衰退中的作用	沈红芳	当代亚太	1999 年 5 月
66	亚洲金融危机过程中菲律宾中央银行的主要对策与作用	沈红芳	国际金融研究	1999 年 6 月

续表

序号	篇名	作者	刊名	发表时间
67	鸦片战争前福建外销茶叶生产和营销及对当地社会经济的影响	庄国土	中国史研究	1999年8月
68	菲律宾经济快速复苏面临的难题	蒋细定	当代亚太	1999年9月
69	17世纪初荷兰殖民者在澎湖、台湾的海盗贸易	李金明	台湾研究	1999年9月
70	葡萄牙留居澳门年代考	李金明	中国边疆史地研究	1999年9月
71	东盟国家金融改革向何处去?	赵洪	国际贸易问题	1999年11月
72	东南亚国家的粮食供应形势、对策与前景	吴崇伯	世界农业	1999年11月
73	马来西亚处理不良债权的举措及其成效	赵洪	当代亚太	2000年2月
74	亚太经合组织论坛工商咨询理事会	沈红芳	当代亚太	2000年5月
75	略论早期中国人对澳洲的认识	廖大珂	社会科学战线	2000年5月
76	新加坡对华投资透视	李毅	当代亚太	2000年6月
77	试析印度尼西亚的银行体系重组	吴崇伯	国际贸易问题	2000年10月
78	东南亚华人企业集团的重组及其前景	王勤	当代亚太	2001年2月
79	新加坡的医疗保障制度	王勤	当代亚太	2001年3月

续表

序号	篇名	作者	刊名	发表时间
80	南海“9条断续线”及相关问题研究	李金明	中国边疆史地研究	2001年6月
81	论菲律宾的梯田文化	刘勇	世界民族	2001年6月
82	新马电信业的开放进程及其措施	丁雪峰*	当代亚太	2001年7月
83	泰国当前金融改革及其前景	赵洪	国际金融研究	2001年7月
84	东亚发展中国家的政策金融及其启示	赵洪	当代亚太	2001年9月
85	亚洲金融危机:东亚模式转变的催化剂——对泰国与菲律宾的案例研究	沈红芳	世界经济	2001年11月
86	东亚金融危机理论纷争与危机对经济理论的影响	沈红芳	经济学动态	2001年11月
87	泰国促进农业可持续发展新思路与新政策	沈红芳	世界农业	2001年11月
88	《岛夷志》非汪大渊撰《岛夷志略》辨	廖大珂	中国史研究	2001年11月
89	从历史与国际海洋法看黄岩岛的主权归属	李金明	中国边疆史地研究	2001年12月
90	新加坡能否摆脱经济衰退	陈莹*	当代亚太	2002年2月
91	澳大利亚对华投资分析	吴崇伯	国际贸易问题	2002年2月

续表

序号	篇名	作者	刊名	发表时间
92	东南亚的海盗问题与亚太地区安全	许可	当代亚太	2002年3月
93	东亚地区创业板市场的建设	傅俊霖*	当代亚太	2002年4月
94	东盟国家的经济重组及其前景	王勤	当代亚太	2002年4月
95	论东南亚的华族	庄国土	世界民族	2002年6月
96	Effective Measures to Overseas Investment	吴崇伯	*China Daily*（理论版）	2002年8月1日
97	冷战后东南亚的民族分离主义运动——以印度尼西亚为例	李一平	当代亚太	2002年9月
98	中国入世对中新经贸关系发展的影响	王勤	当代亚太	2002年9月
99	泰国马来西亚的政府金融干预	赵洪	当代亚太	2002年9月
100	Reforming Insurance Sector an Urgent Task	吴崇伯	*China Daily*（理论版）	2002年9月11日
101	试析澳大利亚的金融改革	吴崇伯	当代亚太	2002年10月
102	金融危机后东南亚国家金融改革评介	吴崇伯	经济学动态	2002年10月
103	汉唐至宋元时期的闽台交流	廖大珂	中国边疆史地研究	2002年12月
104	战后东南亚民族分离主义运动评述	施雪琴	世界历史	2002年12月

续表

序号	篇名	作者	刊名	发表时间
105	新加坡对华投资发展与对策思考	赵洪	国际贸易问题	2003年1月
106	东盟集装箱港发展的现状与前景	刘才涌	当代亚太	2003年3月
107	WTO Bring Chances to All	沈红芳	*China Daily*（理论版）	2003年3月16日
108	台湾在东南亚直接投资的现状与趋势	王勤	当代亚太	2003年4月
109	古代欧洲人对中医药的认识	冯立军	史学集刊	2003年4月
110	东亚经济发展模式多样性研究	沈红芳	当代亚太	2003年5月
111	马来西亚的政治金融及其对金融改革的影响	赵洪	当代亚太	2003年5月
112	试论马来西亚华人与马来人的民族关系	李一平	世界历史	2003年5月
113	台湾对东南亚直接投资与“南向政策”	王勤	台湾研究集刊	2003年6月
114	金融危机后的泰国中小企业	李皖南*	当代亚太	2003年7月
115	菲律宾电子产品出口的“飞地”效应：经验与教训	沈红芳	国际贸易问题	2003年8月
116	东南亚华人参政的特点和前景	庄国土	当代亚太	2003年9月

续表

序号	篇名	作者	刊名	发表时间
117	The Dotted Line on the Chinese Map of the South China Sea：A Note	李金明、李德霞	*Ocean Development & International Law*	2003 年 3～4 期
118	宋代市舶税利的抽收、分割与市舶本钱	廖大珂	中国史研究	2003 年 11 月
119	地区主义与中国——东盟关系的新发展	李一平	当代亚太	2003 年 12 月
120	福建新移民在美国——20 世纪 90 年代以来福州地区非法移民个案研究	沈燕清	世界民族	2004 年 2 月
121	菲律宾华人政治地位的变化	庄国土	当代亚太	2004 年 2 月
122	日本与东亚经济合作	赵洪	当代亚太	2004 年 3 月
123	日本与东亚经济合作	赵洪	当代亚太	2004 年 3 月
124	从移民到选民：1965 年以来美国华人社会的发展变化	庄国土	世界历史	2004 年 4 月
125	亨廷顿的族群文化观及其对国际关系的解读	庄国土	世界民族	2004 年 4 月
126	新加坡经济的波动与重组	王勤	当代亚太	2004 年 4 月
127	美国华侨华人在中美关系中的重要作用	郭玉聪	世界历史	2004 年 6 月
128	菲美军事与安全关系：现状与前景	蒋细定	当代亚太	2004 年 8 月

续表

序号	篇名	作者	刊名	发表时间
129	论马来西亚在南海声称的领土争议	李金明	史学集刊	2004年8月
130	经济全球化浪潮下的中国新移民	郭玉聪	当代亚太	2004年9月
131	东盟自由贸易区的投资效应分析	李皖南	当代亚太	2004年9月
132	东盟秘书处的改革	李一平、周岭*	当代亚太	2004年9月
133	东盟五国服务贸易自由化的进程及其影响	郁杳一*	当代亚太	2004年9月
134	日本华侨、华人的数量变化及其原因	郭玉聪	世界民族	2004年10月
135	冷战后中国与东盟国家关系探析	李一平	世界历史	2004年10月
136	印度尼西亚渔业发展与政府新政策	吴崇伯	世界农业	2004年10月
137	中国入世和“10＋1”背景下的中菲经济政治关系	沈红芳	当代亚太	2004年11月
138	古代东南亚各民族医药卫生习俗述略	冯立军	世界民族	2004年12月
139	试论殖民地时期缅甸国内的两次缅、印人冲突	张旭东	世界民族	2004年12月
140	冷战后印斯关系的变化	辉明*	当代亚太	2005年1月
141	《罗兹地图》中的“澳洲”之谜	廖大珂	世界历史	2005年2月

续表

序号	篇名	作者	刊名	发表时间
142	论国际组织与国家利益的关系——兼论东盟不干涉内政原则演变的原因	岳莉 *	当代亚太	2005 年 2 月
143	经济全球化与东南亚经济发展	沈红芳	世界经济与政治	2005 年 3 月
144	日本华侨华人二、三代的民族认同管窥	郭玉聪	世界民族	2005 年 4 月
145	二战后英国的"非白人"族裔	王虎	世界民族	2005 年 4 月
146	贸易自由化下东盟国家关税政策的新进展	闫森	国际贸易问题	2005 年 7 月
147	《二战以后东南亚华族社会地位的变化》评介	聂德宁	世界民族	2005 年 10 月
148	缅甸奈温军政府的政治合法性诉求与华人的政治地位	范宏伟	世界民族	2005 年 10 月
149	东盟国家税制改革及其借鉴	吴崇伯	税务研究	2005 年 10 月
150	一党独大下马来西亚多党联盟政治的发展	李一平	当代亚太	2005 年 12 月
151	东亚华商网络的发展趋势——以海外华资在中国大陆的投资为例	庄国土	当代亚太	2006 年 1 月
152	Export Boost Philippine Economy	沈红芳	*China Daily*（理论版）	2006 年 1 月 16 日

续表

序号	篇名	作者	刊名	发表时间
153	印尼苏加诺政府的华侨、华人政策及其影响	王付兵	世界民族	2006 年 2 月
154	东亚金融危机后的缅甸华侨华人	张旭东	当代亚太	2006 年 2 月
155	东南亚华商对华投资分析	王望波	当代亚太	2006 年 4 月
156	试论印度与东盟关系	赵洪	国际问题研究	2006 年 5 月
157	近 30 年来的中国海外移民：以福州移民为例	庄国土	世界民族	2006 年 6 月
158	亚齐民族分离主义运动述评	李一平	世界历史	2006 年 8 月
159	东盟五国的公司治理结构及其调整	王勤	经济管理	2006 年 8 月
160	The Building of the China—ASEAN Free Trade Area: A Case Study of the Philippine Perspectives	沈红芳	*China Report*	2006 年 9 月
161	马来西亚的印尼劳工问题	林梅	当代亚太	2006 年 10 月
162	当代国际竞争力理论与评价体系综述	王勤	国外社会科学	2006 年 11 月
163	东盟区域一体化的发展及成员国间的双边关系	王勤	当代亚太	2006 年 11 月
164	苏西洛政府的经济政策及制约因素	吴崇伯	当代亚太	2006 年 12 月

续表

序号	篇名	作者	刊名	发表时间
165	世俗化抑或伊斯兰化：当代马来西亚政府进行合法性证明的困境	赵海立	世界宗教研究	2006年12月
166	印尼伊斯兰教育中的政治因素	施雪琴	当代亚太	2007年1月
167	从《三宝垄华人编年史》看伊斯兰教在印尼的早期传播	廖大珂	世界宗教研究	2007年3月
168	伊斯兰国家内部的穆斯林反叛——以印度尼西亚亚齐分离运动为例	高金明*	世界民族	2007年4月
169	从制度变革角度看近代英国的崛起	张旭东	当代世界与社会主义	2007年4月
170	India and China：Rivals or Partners in Southeast Asia	赵洪	*Contemporay Southeast Asia*	2007年4月
171	新加坡医疗保障制度及其对我国的借鉴	王勤	经济管理	2007年6月
172	孟人的兴衰——对东南亚一个古老民族的历史变迁的探索	黄素芳*	世界民族	2007年6月
173	语言史视角下的族群关系：缅甸中、印移民语言同化比较研究	范宏伟、刘晓民	世界民族	2007年8月
174	东盟国家税收征管体制改革的经验与借鉴	吴崇伯	税务研究	2007年8月

续表

序号	篇名	作者	刊名	发表时间
175	新加坡中国大陆新移民现状浅析	沈燕清	世界民族	2007 年 8 月
176	周恩来与缅甸华侨	范宏伟	当代中国史研究	2008 年 1 月
177	明代“佛郎机黑番”籍贯考	廖大珂	世界民族	2008 年 2 月
178	新加坡的双语教育政策及“讲标准华语运动”	黄明 *	世界民族	2008 年 2 月
179	经贸与移民互动：东南亚与中国关系的新发展——兼论近 20 年中国人移民东南亚的原因	庄国土	当代亚太	2008 年 4 月
180	印尼排华问题再探——对部分华人大企业集团问题的反思	庞卫东 *	世界民族	2008 年 4 月
181	鸦片专卖税收承包制下的爪哇民族关系	沈燕清	世界民族	2008 年 6 月
182	清代侨汇之数额估计及社会影响	王付兵	世界民族	2008 年 6 月
183	政治发展理论与东南亚政治发展的再思考——以印尼与菲律宾为例	刘相骏 *	当代亚太	2008 年 6 月
184	近 20 年来西方金融自由化理论研究的最新进展	吴崇伯	国外社会科学	2008 年 7 月
185	越南阮氏政权对华贸易中的华人	邱普艳 *	世界民族	2008 年 10 月

续表

序号	篇名	作者	刊名	发表时间
186	多边贸易体制下的东南亚经济一体化与区域经济合作：双重特点的阐释	沈红芳	当代亚太	2008 年 10 月
187	对全球化、边缘化与族群冲突的独到分析——评《全球化进程中的东南亚民族问题研究》	施雪琴	世界民族	2008 年 12 月
188	越、柬、老华人再移民的民族认同	郭玉聪	世界民族	2008 年 12 月
189	回顾与展望：中国大陆华侨华人研究述评	庄国土	世界民族	2009 年 2 月
190	美国金融危机阴影下的东南亚经济	沈红芳、刘月容、程博	和平与发展	2009 年 2 月
191	斯诺克·胡格伦治与荷印殖民政府的伊斯兰政策	施雪琴	世界民族	2009 年 2 月
192	剖析伊拉克难民问题	李涛 *	国际问题研究	2009 年 3 月
193	朱纨事件与东亚海上贸易的形成	廖大珂	文史哲	2009 年 3 月
194	2004—2008 年《国际贸易问题》研究热点载文评析	皮军、黄秀著	国际贸易问题	2009 年 4 月
195	当代越南华人社会研究	覃翊 *	世界民族	2009 年 4 月
196	东盟国家应对全球金融危机的税收政策调整	吴崇伯	税务研究	2009 年 9 月

续表

序号	篇名	作者	刊名	发表时间
197	中小企业外部网络、吸收能力与技术创新	郑慕强 *	经济管理	2009 年 11 月
198	试述 17—19 世纪武吉斯人航海贸易的兴衰	冯立军	世界历史	2009 年 12 月
199	哈萨克斯坦中国新移民的发展概况及趋势	李涛 *	世界民族	2009 年 12 月
200	鸦片公营局制度下的爪哇民族关系研究	沈燕清	世界民族	2010 年 6 月
201	东盟五国吸引跨国公司研发投资的策略及对中国的启示	郑达 *	投资研究	2010 年 4 月
202	印度的中国女性研究	施雪琴	国外社会科学	2010 年 5 月
203	Qiaojuan Politics: Government Policies toward the Left—behind Family Members of Chinese Overseas, 1880—1990s	沈惠芬	*Journal of Chinese Overseas*	2010 年 5 月
204	试论莱佛士在爪哇的殖民改革	李一平、吴梦珊 *	世界历史	2010 年 6 月
205	木姐华人社会的形成	陈丙先 *	世界民族	2010 年 8 月
206	国外华侨、华人研究现状述评	李枫 *	世界民族	2010 年 8 月
207	海峡两岸在南海问题上的默契与合作	李金明	台湾研究集刊	2010 年 10 月
208	《东亚华人社会的形成和发展：华商网络、移民与一体化趋势》评介	聂德宁	世界历史	2010 年 12 月

续表

序号	篇名	作者	刊名	发表时间
209	论马来西亚华人地缘性社团的发展——以吉隆坡、雪兰莪两地为例	郑达 *	世界民族	2010年12月
210	论东亚经济共同体的形成基础及其发展趋势	庄国土	当代亚太	2010年12月
211	国家形象理论与外交政策动机	张苾芜	国外社会科学	2011年1月
212	日本在缅甸的平衡外交:特点与困境	范宏伟、刘晓民	当代亚太	2011年4月
213	中国东南亚史学研究的进展与评估	梁志明、李一平	世界历史	2011年4月
214	菲律宾的印度人	王虎、杨静林 *	世界民族	2011年6月
215	Nansha Indisputable Territory	李金明	*China Daily*	2011年6月15日
216	Time to Review Law of the Sea	李金明	*China Daily*	2011年8月30日
217	世界华侨华人数量和分布的历史变化	庄国土	世界历史	2011年10月
218	“东亚合作:历史与现状”学术研讨会综述	康晓丽 *	世界历史	2011年10月
219	东盟与澳新农产品贸易的互补性研究——基于相对贸易优势与贸易互补性系数的分析	侯敏 *	国际贸易问题	2011年10月
220	故地求存:太平洋战争期间福建的返乡难侨	沈惠芬	世界民族	2011年12月

续表

序号	篇名	作者	刊名	发表时间
221	东盟对缅甸“建设性接触”政策评析	范宏伟	国际问题研究	2012 年 3 月
222	日本、中国与缅甸关系比较研究	范宏伟	吉林大学社会科学学报	2012 年 5 月
223	Islands Belongs to China	李金明	*China Daily*	2012 年 5 月 8 日
224	浅析缅甸华人的公民资格问题	范宏伟	世界民族	2012 年 6 月
225	市场竞争、资本约束与银行风险承担行为调整	曹素娟 *	投资研究	2012 年 6 月
226	The 1967 Anti-Chinese riots in Burma and Sino-Burmese Relations	范宏伟	*Journal of Southeast Asian Studies*	2012 年 6 月
227	从文化层面看印尼华侨华人对提升中华软实力的意义	刘俊涛 *、郝晓静	世界民族	2012 年 10 月
228	东盟在全球产品内分工的地位与跨国公司 FDI	赵立斌 *	国际贸易问题	2012 年 10 月
229	农村男女比例失衡对农民进城务工意愿的影响	孙旦 *	人口研究	2012 年 11 月
230	乌干达阿明政府的印度人政策探析	沈燕清	世界民族	2012 年 12 月
231	16—18 世纪初欧洲地图中的 Chincheo 港	廖大珂、辉明 *	中国史研究	2013 年 2 月
232	中国茶叶与近代荷兰饮茶习俗	刘勇	历史研究	2013 年 2 月

续表

序号	篇名	作者	刊名	发表时间
233	东盟区域一体化与参与全球生产网络——基于GTAP—Dyn 模型的研究	赵立斌*	国际贸易问题	2013 年 9 月
234	台湾当局南海政策演变之研究	范宏伟、王虎	台湾研究	2013 年 10 月
235	Review Myanmar: In the Name of Pauk—Phaw: Myanmar's Chinapolicy since 1948	范宏伟	*Journal of Southeast Asian Studies*	2013 年 10 月
236	华菲混血族群的形成与消融——以菲律宾前总统奥斯敏纳身世探究为例	庄国土	世界民族	2013 年 12 月
237	世界的宁波：16—17 世纪欧洲地图中的宁波港	廖大珂	世界历史	2013 年 12 月
238	17 世纪东亚海权争夺及对东亚历史发展的影响	庄国土	世界历史	2014 年 2 月
239	贸易开放度与资源配置效率——来自中国工业行业的证据	步晓宁、曹素娟*、张天华	投资研究	2014 年 2 月
240	“16—18 世纪海洋东亚史”国际学术研讨会综述	聂德宁	世界历史	2014 年 6 月

续表

序号	篇名	作者	刊名	发表时间
241	越南民间信仰中的福神信仰探究	郑青青*、张吟松、武洪述、刘铁军	世界宗教文化	2014年10月
242	略论明清时期中国与东南亚的燕窝贸易	冯立军	中国经济史研究	2015年3月
243	近代西方文献中的南海——海南人的家园	辉明、廖大珂	文史哲	2015年3月
244	远程民族主义视阈下巴西日裔“臣道联盟”研究	沈燕清	世界民族	2016年2月
245	二十一世纪以来印尼华人“再华化”现象研究	张小倩*	世界民族	2016年2月
246	明代四夷馆初探	廖大珂、孙魏*	史林	2016年8月
247	清代一口通商时期西方贸易公司在华茶叶采购探析——以荷兰东印度公司为例	刘勇	中国经济史研究	2017年1月
248	China's Exchange Rate Policy Making: International Pressures Meet Domestic Politics	王昭晖	*Asian Studies Review*	2017年3月
249	契机与挑战：当代中国与印尼新型互动关系的构建——以“21世纪海上丝绸之路”建设为背景	施雪琴、叶丽萍*	当代世界与社会主义	2017年6月

续表

序号	篇名	作者	刊名	发表时间
250	The Economic Rise of China: Rule—Taker, Rule—Maker, or Rule—Breaker?	王昭晖	*Asian Survey*	2017年8月
251	印度尼西亚共产党兴衰研究	高艳杰、王世圆	当代世界与社会主义	2017年8月
252	资本主义世界体系结构性危机中的“一带一路”倡议——基于亚洲秩序变迁与中国现代国家构建经验的反思	付宇珩*、李一平	当代亚太	2017年8月
253	The Resumption of China's Exchange Rate Reform and the Internationalization of RMB between 2010 and 2013	王昭晖	*Journal of Contemporary China*	2017年12月
254	在“统战”与“敌后游击”间徘徊:中共东江抗日武装的建立及发展(1938—1943)	杨新新	中共党史研究	2018年2月
255	Review General Ne Win: a Political Bbiography	范宏伟	*Asian Studies Review*	2018年3月
256	21世纪以来国外亚洲海洋史研究的新进展——以英语学界的研究为中心	冯立军	史学理论研究	2018年4月

续表

序号	篇名	作者	刊名	发表时间
257	“建而不交”:冷战前期的中国与印尼关系(1949—1954)	高艳杰	世界历史	2018年6月
258	Review on Mapping Chinese Rangoon: Place and Nation among the Sino—Burmese	范宏伟	*Journal of Southeast Asian Studies*	2018年6月
259	“新南向政策”背景下台湾地区与印度经贸关系前景探析	姚云贵*、吴崇伯	台湾研究集刊	2018年6月
260	研究与借鉴:20世纪80年代以来以英语为语言媒介的华侨华人研究现状述评——以部分英文著(编)作品为例	张祥熙*	世界民族	2018年8月
261	日本和缅甸关于战争赔偿的交涉	史勤*	世界历史	2018年10月
262	Consuming Missionary Legacies in Contemporary China: Eric Liddell and Evolving Interpretations of Chinese Christian History	刘计峰, Chris White	*China Information*	2019年3月
263	The Political Economy of Welfare State and China—Burma Early Relationship	邹一峥、范宏伟(通讯作者)	*Cold War History*	2019年3月

续表

序号	篇名	作者	刊名	发表时间
264	新世纪以来关于冷战时期中国与东南亚关系史研究现状分析	范宏伟	中共党史研究	2019 年 4 月
265	China's Belt and Road Initiative and ASEAN	赵洪	*China: An International Journal*	2019 年 5 月
266	Communist Relations in Crisis: The End of Soviet—Albanian Relations, and the Sino—Soviet Split, 1960—1961	Ylber Marku	*The International History Review*	2019 年 5 月
267	印尼华文报刊在中印尼关系研究中的史料价值	高艳杰	中共党史研究	2019 年 6 月
268	缅甸国家档案馆馆藏当代中缅关系档案资料评介	陈洪运	中共党史研究	2019 年 6 月
269	China—Japan Compete for Infrastructure Investment in Southeast Asia: Geopolitical Rivalry or a Healthy Competition?	赵洪	*Journal of Contemporary China*	2019 年 7 月
270	侨乡女性史研究的新进展	康君如 *	史学理论研究	2019 年 7 月
271	Rooting in Nanyang: How Efficient are Chinese Manufacturing Firms in Malaysia?	张淼，Md. Aslam Mia	*Singapore Economic Review*	2019 年 8 月

续表

序号	篇名	作者	刊名	发表时间
272	华侨华人与中国改革开放起步研究	范宏伟	中共党史研究	2019 年 8 月
273	Old Pastor and Local Bureaucrats: Recasting Church—State Relations in Contemporary China	刘计峰，Chris White	*Modern China*	2019 年 9 月
274	Burma—China Early Approach and Implications for Contemporary Bilateral Relations	范宏伟、邹一峥	*Asian Perspective*	2019 年 9 月
275	中美战略信任的维系：不对称结构与国际体系的互动视角	包广将	当代亚太	2019 年 10 月
276	Understanding Trump's Trade Policy with China: International Pressures Meet Domestic Politics	王昭晖	*Pacific Focus*	2019 年 12 月
277	东南亚史研究的新史料、新方法和新视角——以哈里·本达奖获奖著作为例	施雪琴、王晗 *	史学理论研究	2020 年 1 月
278	厦门大学南洋研究院图书馆馆藏资料评析——兼论当代中国东南亚历史研究的变迁	高艳杰、张长虹	中共党史研究	2020 年 2 月

续表

序号	篇名	作者	刊名	发表时间
279	From Vegetarian Hall to Revolutionary Relic: Overseas Chinese and the Reshaping of a Buddhist Temple in a Chinese Qiaoxiang	刘计峰	*History and Anthropology*	2020 年 2 月
280	From Economic Cooperation to Strategic Competition: Understanding the US—China Trade Disputes	王昭晖、Jinghan Zeng	*Journal of Chinese Political Science*	2020 年 3 月
281	马来西亚独立以来的民族政策演变——基于认同政治视角的分析	衣远	国际政治研究	2020 年 4 月
282	台湾当局对泰北山区华文教育援助的演变:“文教帮扶”与“政治扶持”	杨新新	台湾研究集刊	2020 年 6 月
283	Beyond Infrastructure: Re—thinking China's Foreign Direct Investment in Malaysia	张淼	*The Pacific Review*	2020 年 7 月
284	1959—1961 年印尼排华浪潮与中印尼关系的波动	高艳杰	世界历史	2020 年 10 月

续表

序号	篇名	作者	刊名	发表时间
285	Drivers of Export Competitiveness: New Evidences from the Manufacturing Industry in Malaysia	张淼、Md. Aslam Mia	*Journal of the Asia Pacific Economy*	2020 年 12 月

表 5-6 《厦门大学学报[(哲学)社会科学版]》发表论文

序号	篇名	作者	发表时间
1	雷公石考——厦门大学人类博物馆研究报告之一	林惠祥	1956 年 3 月
2	福建武平县新石器时代遗址	林惠祥	1956 年 8 月
3	一九五六年厦门大学考古实习队报告	林惠祥	1956 年 12 月
4	福建长汀县河田区新石器时代遗址	林惠祥	1957 年 3 月
5	公元前二世纪至公元一世纪间中国与印度东南亚的海上交通——汉书地理志粤地条末段考释	韩振华	1957 年 5 月
6	南洋马来族与华南古民族的关系	林惠祥	1958 年 3 月
7	马来亚吉打州石器时代考古追记	林惠祥	1959 年 3 月
8	香港新石器时代遗物发现追记	林惠祥	1959 年 5 月
9	福建龙岩石器时代遗址的发现	林惠祥	1960 年 4 月
10	东沙群岛历史考略	林金枝	1981 年 5 月
11	华侨与辛亥革命	陈孔立、陈在正、林金枝、李国梁	1981 年 8 月

续表

序号	篇名	作者	发表时间
12	十九世纪末 二十世纪初——印尼民族工业和华侨工业的产生和发展	汪慕恒	1982 年 3 月
13	战后菲律宾的经济发展战略	汪慕恒、蒋细定	1985 年 1 月
14	1875—1949 年华侨在厦门的投资及其作用	林金枝	1987 年 8 月
15	近代中、印海外移民的性质和特点	郭梁	1987 年 8 月
16	试论嘉靖倭患的起因及性质	李金明	1989 年 3 月
17	明代嘉靖时期的哪哒	聂德宁	1990 年 5 月
18	外国确认中国拥有西沙和南沙群岛主权的论据	林金枝	1992 年 4 月
19	明代隆、万年间的海寇商人	聂德宁	1992 年 4 月
20	陈嘉庚与南洋华侨抗日救亡运动	郭梁	1993 年 8 月
21	陈嘉庚倾资办学的国际影响	林金枝	1994 年 10 月
22	陈嘉庚的人生价值观	郭梁	1995 年 10 月
23	日本的二战史观剖析	郭梁	1995 年 10 月
24	清代前期厦门与东南亚的贸易	李金明	1996 年 4 月
25	元代官营航海贸易制度初探	廖大珂	1996 年 4 月
26	亚洲发展中国家的金融制度改革	赵洪	1996 年 4 月
27	论中南半岛的“泰币经济圈”	吴崇伯	1996 年 7 月
28	亚太地区石油供需关系的现状与前景	汪慕恒	1997 年 10 月
29	略论中国人对澳洲的早期认识	廖大珂	1999 年 4 月
30	试论“邦略条约”的签订及其后果	聂德宁	1999 年 4 月
31	改革开放以来海外华资与厦门的经济合作	黄美缘	2000 年 6 月
32	论 15—19 世纪初海外华商经贸网络的发展——海外华商网络系列研究之二	庄国土	2000 年 6 月

续表

序号	篇名	作者	发表时间
33	香港与东盟国家经贸关系探析	吴崇伯	2000年12月
34	教育救国:陈嘉庚倾资兴学的思想动机	郭玉聪	2001年3月
35	从闽北到莫斯科的陆上茶叶之路——19世纪中叶前中俄茶叶贸易研究	庄国土	2001年6月
36	新马早期华人社会的民间信仰初探	聂德宁	2001年6月
37	略论东南亚华族的族群认同及其发展趋势	庄国土	2002年5月
38	南沙海域的石油开发及争端的处理前景	李金明	2002年7月
39	论东南亚经济的波动	王勤	2002年11月
40	奈温军政府时期缅甸华人的政治地位	范宏伟	2003年3月
41	文明冲突,抑或社会矛盾——略论二战以后东南亚华族与当地族群的关系	庄国土	2003年5月
42	资本积累,还是技术消化?——评两种经济学流派对东亚经济奇迹的再认识	李毅	2003年7月
43	16世纪天主教会对西班牙海外管辖权的争论——兼论菲律宾群岛的“和平征服”	施雪琴	2004年1月
44	中国—东盟自由贸易区的进程及其前景	王勤	2004年1月
45	从地区主义看冷战后中国与东南亚国家的关系	李一平	2004年9月
46	政治合法性理论及其分析架构	赵海立	2004年9月
47	论郑和下西洋对中国海外开拓事业的破坏——兼论朝贡制度的虚假性	庄国土	2005年5月
48	“日落国”考证——兼论明代中国与罗马教廷的交往	廖大珂	2005年7月
49	二战后缅甸华侨“双重国籍”问题研究	范宏伟	2005年7月
50	论东盟区域经济一体化	王勤	2005年9月
51	追求学术品位　凸显厦大特色	庄国土	2006年3月

续表

序号	篇名	作者	发表时间
52	对晚清在南洋设立领事馆的反思	庄国土	2006 年 9 月
53	论经济全球化与东南亚经济发展	王勤	2007 年 3 月
54	论冷战国际环境中的中国与新加坡关系	李一平、刘文正	2008 年 1 月
55	东亚经济增长的全要素生产率研究述评	沈红芳	2009 年 1 月
56	东南亚华侨华人数量的新估算	庄国土	2009 年 5 月
57	福建省国际移民的移民网络探析——兼评移民网络理论	郭玉聪	2009 年 11 月
58	马来西亚非政府组织的演变	王虎	2010 年 1 月
59	奈温军人政权的建立与中国的对缅政策——兼论 20 世纪 60 年代初中国对外政策中的意识形态与现实选择	范宏伟	2010 年 7 月
60	中国海洋意识发展反思	庄国土	2012 年 1 月
61	认知、市场与贸易——明清时期中国与东南亚的海参贸易	冯立军	2012 年 11 月
62	当代东南亚经济的发展进程与格局变化	王勤	2013 年 1 月
63	荷兰东印度公司中国委员会与中荷茶叶贸易	刘勇	2013 年 7 月
64	印尼新总统面临的挑战与政策趋向分析	吴崇伯	2015 年 1 月
65	论 18—19 世纪东南亚海参燕窝贸易中的华商	冯立军	2015 年 7 月
66	论新加坡现代化发展五十年	王勤	2015 年 7 月
67	东盟跨入共同体时代:现状与前景	王勤	2016 年 9 月
68	清代中国与东南亚的鱼翅贸易	冯立军	2017 年 3 月
69	反全球化与金砖国家合作——一种跨层次理论分析	付宇珩、李一平	2017 年 7 月

续表

序号	篇名	作者	发表时间
70	“中澳航线”：一段被“忽略”的“海上丝绸之路”	冯立军	2018年7月
71	缅甸中立外交政策传统的形成与原因	范宏伟、邹一峥	2018年11月
72	中国对中南半岛文化外交中的对象国行为差异——基于地缘环境与文化影响力的分析	衣远	2018年11月
73	“一带一路”对接“全球海洋支点”——新时代中国与印度尼西亚合作进展及前景透视	吴崇伯、张媛	2019年9月
74	美国与西伊里安“民族自决”问题（1949—1969）	高艳杰	2019年11月
75	论中国—东盟自贸区与共建“一带一路”	王勤、赵雪霏	2020年9月
76	修宪与缅甸政治演变：路径与方向	林达丰、范宏伟	2020年9月
77	区域合作发展与国家营商环境：基于中国—东盟“一带一路”共建的研究	李一平、罗晶晶、张海峰	2020年11月

第三节　主要研究课题[①]

20世纪90年代以来，南洋研究所（院）研究与资料人员以第一责任人承担国家社会科学基金项目34项（其中重点项目5项）、教育部项目65项、省部级项目58项、中国侨联项目20项，具体详见下表。

① 包括厦门大学东南亚研究中心基地项目以及本院讲座教授获批科研项目。

表 5-7 国家社会科学基金项目

序号	项目名称	项目负责人	立项时间	项目类别
1	近代中国与东南亚的经济关系	聂德宁	1991 年 12 月	青年项目
2	海外华侨华人社团研究	林金枝	1992 年 10 月	重点项目
3	东盟各国政治制度比较研究	林伍珖	1992 年 10 月	一般项目
4	亚太地区经济合作机制和对策研究	廖少廉	1992 年 10 月	一般项目
5	东南亚华人资本的历史考察	李国梁	1993 年 5 月	一般项目
6	我国南海疆域研究	李金明	1994 年 7 月	一般项目
7	华侨华人历史和现状及与中国的政治、经济关系	庄国土	1997 年 4 月	一般项目
8	香港回归对香港与东南亚关系的影响及对策建议	吴崇伯	1997 年 4 月	青年项目
9	东南亚国家华人与当地民族的关系	李一平	1997 年 4 月	青年项目
10	南海主权与国际海洋法	李金明	1998 年 5 月	一般项目
11	明清时期中葡关系研究	廖大珂	1999 年 7 月	一般项目
12	印度尼西亚华人历史档案文献研究	聂德宁	2003 年 8 月	一般项目
13	CEPA 框架下中国内地与香港区域经济一体化趋势及影响研究	吴崇伯	2004 年 5 月	一般项目
14	战后东南亚民族分离主义运动研究	李一平	2006 年 7 月	一般项目
15	全球服务外包发展趋势与中国有序承接现代服务外包的对策研究	吴崇伯	2007 年 6 月	一般项目
16	东南亚华族与其他移民族群国家认同、族别认同的比较研究	郭玉聪	2008 年 6 月	一般项目

续表

序号	项目名称	项目负责人	立项时间	项目类别
17	国际政治合法性与构建和谐世界	赵海立	2008 年 6 月	一般项目
18	国际华人移民的现状、趋势及居住国政策环境研究	庄国土	2010 年 6 月	重点项目
19	冷战以来东南亚国家“中国观”的演变研究	张旭东	2012 年 5 月	一般项目
20	中国东盟关系数据库研究及建设	林梅	2013 年 6 月	一般项目
21	美国对印尼领土问题的政策研究(1956—1966)	高艳杰	2013 年 6 月	青年项目
22	周边邻国海洋经济战略及中国发展海洋经济对策研究	吴崇伯	2014 年 6 月	一般项目
23	明清时期中国与东南亚的海参、燕窝和鱼翅贸易研究	冯立军	2014 年 6 月	一般项目
24	近代外国文献有关钓鱼岛的记载研究	廖大珂	2014 年 6 月	重点项目
25	侨情新变化与中国侨务理论创新研究	王望波	2014 年 6 月	一般项目
26	近代中国茶叶欧洲传播史研究	刘勇	2015 年 6 月	一般项目
27	基于未刊公馆档案之印尼华人社会结构研究	沈燕清	2015 年 6 月	一般项目
28	“一带一路”背景下东南亚华人基督徒的族群身份与中华文化认同研究	刘计峰	2018 年 6 月	青年项目
29	美国对东南亚华人华侨的心理战研究(1949—1965)	高艳杰	2019 年 7 月	一般项目

续表

序号	项目名称	项目负责人	立项时间	项目类别
30	祖籍国与居住地之间:新加坡中华总商会的政治选择与身份认同(1906—1942)	朱庆	2019 年 9 月	优秀博士论文出版项目
31	“一带一路”建设中的第三方市场合作研究	吴崇伯	2019 年 11 月	重点项目
32	海外中国公民保护与救助机制研究	周桂银	2020 年 9 月	重点项目
33	近现代闽粤跨国华人家庭研究	沈惠芬	2020 年 9 月	一般项目
34	海上丝绸之路视野下华侨华人移民与菲律宾南部边疆开发研究	施雪琴	2020 年 9 月	一般项目

表 5-8 教育部项目

序号	项目名称	项目第一负责人	立项时间
1	东盟国家农村经济与社会发展研究	蒋细定	1992 年 6 月
2	战后东南亚国家华人社会的变迁	李国梁	1992 年 12 月
3	海外华人发展趋势及在亚太地区经济格局中的地位	庄国土	1996 年 12 月
4	近现代中国与东南亚的经贸往来	聂德宁	1996 年 12 月
5	东盟自由贸易区的建立及其影响	赵文骝	1996 年 12 月
6	东亚主要发展中国家与地区发展模式比较	沈红芳	1996 年 12 月
7	东盟自由贸易区研究	廖少廉	1998 年 12 月
8	亚洲华人企业集团的发展及其与中国的经济合作	李国梁	1998 年 12 月
9	东南亚华人及其经济、政治资源利用研究	庄国土	2000 年 9 月

续表

序号	项目名称	项目第一负责人	立项时间
10	东南亚经济与政治发展趋势与我国的对策研究	廖少廉	2000 年 9 月
11	世界经济一体化与东盟经济发展	王勤	2001 年 12 月
12	东南亚(宗教)文化承嬗、差异对政治、外交格局的影响	段立生	2001 年 12 月
13	东南亚国家和南海主权纷争	李金明	2001 年 12 月
14	全球化下中国与东南亚经贸历史、现状与趋势	聂德宁	2002 年 12 月
15	东南亚国际关系:区域争端与合作	傅崐成	2002 年 12 月
16	新移民与侨乡的互动——福建人口国际迁移模式研究	郭玉聪	2003 年 12 月
17	经济全球化与经济安全:东亚国家的经验与教训	沈红芳	2003 年 12 月
18	东南亚历史及其与中国关系史研究	廖大珂	2005 年 6 月
19	当代印度尼西亚、菲律宾及其与中国关系综合研究	吴崇伯	2005 年 6 月
20	印尼、菲律宾与泰国民族分离主义运动比较研究	李一平	2005 年 6 月
21	战后中国与缅甸关系研究(1949—1988)	范宏伟	2005 年 11 月
22	教会与近现代菲律宾政治的历史考察	施雪琴	2005 年 11 月
23	东南亚与台湾经济、政治关系研究(1987 年以来)	古鸿廷	2005 年 12 月
24	当代印度支那及其与中国关系综合研究(1975 年以来)	廖少廉	2005 年 12 月
25	当代新加坡、马来西亚经济及其与中国经济关系综合研究	王勤	2006 年 12 月

续表

序号	项目名称	项目第一负责人	立项时间
26	东盟国家的工业化、科技发展与竞争力研究	沈红芳	2006 年 12 月
27	华侨华人与当地民族关系研究	郭玉聪	2006 年 12 月
28	中国新移民、东南亚华人再移民及其对亚太国际关系的影响	庄国土	2007 年 11 月
29	中国与东南亚国家外交关系研究	聂德宁	2007 年 11 月
30	中国与马来西亚经济关系的历史、现状及其发展趋势	李一平	2008 年 12 月
31	当代东南亚能源问题研究	赵洪	2008 年 12 月
32	当代东南亚经济发展、区域经济一体化研究	王勤	2009 年 12 月
33	周恩来与中缅关系：以中国外交部解密档案为基础的研究	范宏伟	2010 年 11 月
34	东亚华侨华人软实力与中国的软实力建设	庄国土	2010 年 12 月
35	国际及港澳台问题战略规划研究	庄国土	2010 年 12 月
36	东南亚伊斯兰教与政治发展研究	廖大珂	2010 年 12 月
37	当代东南亚粮食与粮食安全问题研究	吴崇伯	2010 年 12 月
38	东南亚宗教与政治发展：历史与现状	施雪琴	2011 年 8 月
39	东盟国家产业结构研究	王勤	2011 年 8 月
40	近代中荷茶叶贸易史研究	刘勇	2011 年 11 月
41	二十世纪中国留守群体研究：以福建侨眷为中心的考察	沈惠芬	2011 年 11 月
42	西方外交学前沿研究评析	方浩	2011 年 11 月
43	东南亚发展报告	王勤	2011 年 11 月

续表

序号	项目名称	项目第一负责人	立项时间
44	东南亚华人饷码制度探析——以新、马地区及印尼为个案的研究	沈燕清	2012 年 8 月
45	中国对美认识,2001—2011	张苾芜	2012 年 8 月
46	全球化下东南亚的金融改革与金融安全研究	沈红芳	2012 年 8 月
47	东南亚华商实力研究——以华商资产估算为重点	庄国土	2012 年 8 月
48	印度尼西亚经济崛起及其与中国战略伙伴关系研究	吴崇伯	2013 年 8 月
49	东南亚华人文化的传承与发展研究	聂德宁	2014 年 8 月
50	当前东盟经济发展的格局与趋势研究	王勤	2014 年 8 月
51	冷战时期中国与印尼关系:基于档案资料的研究	李一平	2015 年 12 月
52	当代中缅关系研究	范宏伟	2015 年 12 月
53	“一带一路”框架下中国与东南亚海洋经济合作研究	吴崇伯	2016 年 11 月
54	东南亚地区发展格局及其“一带一路”的战略选择	王勤	2016 年 11 月
55	“一带一路”背景下中国与东南亚人文交流研究	施雪琴	2016 年 11 月
56	东盟区域合作的挑战与对策建议	王勤	2017 年 9 月
57	新加坡与中国的关系研究	皮军	2017 年 9 月
58	印尼与中国经济关系研究	吴崇伯	2017 年 9 月
59	印尼与周边澳大利亚、新西兰关系研究	许可	2017 年 9 月

续表

序号	项目名称	项目第一负责人	立项时间
60	“一带一路”沿线国家中文学习现状及未来学习和服务需求研究：以东南亚诸国为中心	施雪琴	2017 年 9 月
61	马来西亚的华族政策	王付兵	2017 年 9 月
62	冷战时期中国与东南亚关系编年史	范宏伟	2018 年 7 月
63	“一带一路”背景下中国与中南半岛国家地缘合作研究	衣远	2019 年 8 月
64	马来西亚第 14 届全国大选后的政治转型及对中马关系的影响研究	张淼	2019 年 12 月
65	海上丝绸之路与中国—东南亚经济文化交流史研究	聂德宁	2020 年 12 月

表 5-9　主要省部级项目

序号	项目名称	项目第一负责人	立项时间	项目类别
1	华侨华人与福建经济的合作现状与发展趋势	庄国土	1996 年	福建省社会科学规划项目
2	战后华族新移民的产生及其经济、社会影响	赵文骝	1996 年	福建省社会科学规划项目
3	福建海外交通发展史研究	廖大珂	1996 年	福建省社会科学规划项目
4	东南亚政治经济形势及我国和我省对策研究	廖少廉	1996 年	福建省社会科学规划项目
5	新华侨华人研究	郭玉聪	1998 年 10 月	福建省社会科学规划项目

续表

序号	项目名称	项目第一负责人	立项时间	项目类别
6	华人与福建侨乡关系的社会学研究	施雪琴	1998年10月	福建省社会科学规划项目
7	东南亚华人集团及其地位与作用研究	李国梁	2000年9月	国务院侨务办公室项目
8	海峡两岸侨务工作比较研究	庄国土	2000年9月	国务院侨务办公室项目
9	21世纪头10年东南亚华侨华人社会的发展态势与侨务工作研究	李一平	2000年9月	国务院侨务办公室项目
10	战后东南亚华人社会的发展变化及其与中国的关系	庄国土	2001年8月	福建省社会科学规划项目
11	福建省实施“走出去”战略研究	吴崇伯	2001年8月	福建省社会科学规划项目
12	东盟国家应对经济全球化政策与策略比较研究及其对我国的启示	沈红芳	2001年8月	福建省社会科学规划项目
13	近20年福州人移民美国和对我国海外移民政策的建议	庄国土	2002年7月	国务院侨务办公室项目
14	东南亚华裔网络在实施“走出去”战略中的地位与作用	李国梁	2002年7月	国务院侨务办公室项目
15	海外华侨华人在中国(福建)经商投资以及投资办学等权益保护政策的思考	李一平	2002年7月	国务院侨务办公室项目
16	菲律宾亲台华文学校基本情况发展态势和我们争取工作的思考	沈红芳	2002年7月	国务院侨务办公室项目

续表

序号	项目名称	项目第一负责人	立项时间	项目类别
17	增强福建省地区和企业竞争力方法与途径研究	王勤	2003 年 7 月	福建省社会科学规划项目
18	福建企业对东南亚投资研究	吴崇伯	2003 年 7 月	福建省社会科学规划项目
19	通过美国、日本华侨华人开展反独促统工作的对策研究	郭玉聪	2004 年 6 月	国务院侨务办公室重点项目
20	CEPA 框架下福建与香港经贸合作机遇与对策研究	吴崇伯	2004 年 7 月	福建省科学技术局重点项目
21	新时期闽商的地位和作用研究	王勤	2007 年 1 月	福建省社会科学规划项目
22	新华侨华人与华裔新生代的比较研究——东南亚、阿根廷为例	郭玉聪	2007 年 3 月	国务院侨务办公室重点项目
23	华侨华人分布状况与发展趋势研究	庄国土	2007 年 4 月	国务院侨务办公室重点项目
24	华侨华人经济、人才和政治资源研究	庄国土	2009 年 3 月	国务院侨务办公室项目
25	新时期马克思国际价值论创新与发展研究	沈红芳	2009 年 7 月	福建省社会科学规划项目
26	未来 5～10 年东南亚华侨华人发展趋势及对策研究	庄国土	2009 年 7 月	国务院侨务办公室项目
27	福建省低碳经济发展模式与对策研究	吴崇伯	2010 年 8 月	福建省社会科学规划项目
28	马来亚华人的方言群分布和职业结构(1800—1911)	王付兵	2011 年 8 月	福建省社会科学规划项目

续表

序号	项目名称	项目第一负责人	立项时间	项目类别
29	国际移民视野下的留守群体与地方社会:以民国时期福建侨眷为中心	沈惠芬	2011年8月	福建省社会科学规划项目
30	多元文化视野下的族群关系:印尼华人的文化调适与和谐侨社研究	施雪琴	2011年10月	国务院侨务办公室项目
31	国际政治学概览	廖大珂	2012年6月	福建省社会科学规划项目
32	福建省粮食安全长效机制的构建与对策研究	吴崇伯	2012年6月	福建省社会科学规划项目
33	国家形象理论研究	张苾芜	2012年6月	福建省社会科学规划项目
34	缅甸华侨华人生存环境与中国在缅国家利益和形象	范宏伟	2013年10月	国务院侨务办公室课题重点项目
35	福建省发展海洋经济打造蓝色产业带对策研究	吴崇伯	2013年8月	福建省社会科学规划项目
36	加强福建与东盟经贸合作的对策研究	王勤	2014年8月	福建省社会科学规划重点项目
37	“一带一路”战略下福建与东盟油气产业合作研究	刘才涌	2015年8月	福建省社会科学规划一般项目
38	21世纪海上丝绸之路海上安全问题与我国海洋法律能力建设研究	许可	2015年8月	福建省社会科学规划一般项目
39	明清时期的福建华侨	庄国土	2015年8月	福建省社会科学规划重大项目

续表

序号	项目名称	项目第一负责人	立项时间	项目类别
40	中华人民共和国时期的福建华侨	范宏伟	2015 年 8 月	福建省社会科学规划重大项目
41	民国时期的福建华侨研究	聂德宁	2015 年 8 月	福建省社会科学规划重大项目
42	20 世纪(1912—1978)新马闽籍华人社会结构	王付兵	2015 年 8 月	福建省社会科学规划重点项目
43	20 世纪 20—60 年代福建的归侨及其安置	沈惠芬	2015 年 8 月	福建省社会科学规划一般项目
44	20 世纪(1912—1978)印尼闽籍华侨的社会结构	沈燕清	2015 年 8 月	福建省社会科学规划重点项目
45	福建省华侨史研究论文著作目录	张长虹	2015 年 8 月	福建省社会科学规划一般项目
46	福建省参与共建 21 世纪海上丝绸之路战略与对策研究	吴崇伯	2015 年 9 月	福建省软科学研究科技项目
47	东南亚国家参与“21 世纪海上丝绸之路”建设研究	王昭晖	2018 年 9 月	福建省社会科学规划项目
48	“一带一路”倡议的合作性研究	包广将	2019 年 8 月	福建省社会科学规划项目
49	新加坡中华总商会研究(1906—2016)	朱庆	2019 年 8 月	福建省社会科学规划项目
50	加快推进我省“丝路海运”研究	吴崇伯	2019 年 12 月	福建省社会科学规划重大项目

表 5-10 中国侨联立项课题

序号	项目名称	项目第一负责人	立项时间
1	福建新老侨乡的比较研究	郭玉聪	2011 年
2	冷战后中国—东南亚关系发展对华社的影响研究	施雪琴	2011 年
3	东南亚华商在中国—东盟自由贸易区和中国经济转型中的地位与作用	沈红芳	2011 年
4	缅甸华侨华人史	范宏伟	2011 年
5	近代中医药文化在海外华侨华人社会中的传播与影响	聂德宁	2011 年
6	从“地下钱庄”看侨汇的管理与使用——以福清侨乡为个案的研究	沈燕清	2011 年
7	武力垄断、自由竞争还是网络优势:清代中国与东南亚海参燕窝贸易中的华商	冯立军	2013 年
8	福建新移民类别、方式、渠道、特点分析	王付兵	2013 年
9	现阶段菲律宾华人与住在国政府和主流社会的关系	沈红芳	2013 年
10	海外华商与中国企业“走出去”研究——以巴西为例	郭玉聪	2013 年
11	东盟华人企业集团与建构以华商为主导的区域生产网络研究	王勤	2013 年
12	华侨华人在“一带一路”战略中的作用初探	沈红芳	2015 年
13	中国政府救护归侨、侨眷的经验与启示:以太平洋战争期间福建侨务工作为中心	沈惠芬	2015 年
14	印尼华人历史博物馆与中华文化传承	施雪琴	2015 年
15	中国对东南亚华侨的观光统战研究(1949—1966)	范宏伟	2017 年

续表

序号	项目名称	项目第一负责人	立项时间
16	“一带一路”背景下泰国华侨崇圣大学在中泰地缘文化关系中的作用及其面临的挑战	陈 锴	2017 年
17	雅加达中华侨团总会的历史与贡献	施雪琴	2020 年
18	连江新移民问题研究	王付兵	2020 年
19	马来西亚华人基督徒的集体记忆与社群凝聚研究	刘计峰	2020 年
20	巴拿马华侨华人社会变迁史研究	杨新新	2020 年

第四节　正高职称人员简介

[按来所(院)工作时间排序][①]

林惠祥(1901—1958)，教授，我国著名人类学家、民族学家、民俗学家，南洋研究的开拓者与提倡者之一。1926 年毕业于厦门大学文科历史社会学系，1928 年毕业于菲律宾大学研究院人类学系。1931 年任厦门大学历史社会学系副教授。1938 年到新加坡、槟榔屿任教，1947 年回校。1950 年任厦门大学历史系主任和南洋研究馆馆长。1951 年，厦门大学人类博物馆成立，任馆长。1956 年人类博物馆并入南洋研究所，任南洋研究所副所长。曾任厦门市人民代表、市侨联副主席，福建省政协委员。主要代表著(译)作有《文化人类学》、《苏门答腊民族志》等。

韩振华(1921—1993)，教授，1946 年毕业于协和大学历史系，1948 年取得中山大学历史学硕士学位后在福建省社会科学院历史所工作，1950—1956 年在厦门大学历史系任教，1956 年到南洋研究所工作。曾任南洋研究所副所长、博士生导师，国务院学位委员会学科评议组(历史学)成员，兼任中国中外关系史学会

① 研究人员正高职称统称为教授。

会长、中国东南亚研究会会长、福建省东南亚学会会长等职，是我国著名的中外关系史专家，为中国中外关系史人才的培养和厦门大学对外学术交流做出突出贡献。主要代表作有《南海诸岛史地论证》、《中国与东南亚关系史研究》等。

林金枝，教授，1932 年出生于马来亚，1937 年回国，1956 年厦门大学历史系毕业后到南洋研究所工作，长期从事华侨华人史、中外关系史、东南亚史以及南海诸岛问题领域的科研和教学工作，任硕士生导师，1993 年起享受国务院特殊津贴待遇，其研究成果具有一定的国际知名度。曾兼任中国东南亚研究会副会长、中国华侨历史学会常务理事、中国海洋法学会常务理事、中国谱牒学会理事、福建省华侨历史学会常务理事等职。在境内外刊物发表论文 80 余篇，主要代表作有《近代华侨投资国内企业史研究》、《近代华侨投资国内企业史资料选辑》等。

何启拔(1913—2008)，教授，出生于海南文昌，后随家人到新加坡，1935 年回国，1944 年毕业于西南联合大学，后拜中国社会学家陈达门下做研究生。新中国成立后执教于南开大学，1958 年调入厦门大学，在南洋研究所工作，曾任工会主席(1959—1969，1978—1984)①，硕士生导师，兼任民盟福建省委第六至八届顾问、民盟厦门市委第七至十一届顾问等职务，是我国早期人口问题、华侨华人问题和东南亚经济研究的著名学者，为我国东南亚研究和人才培养做出了重大贡献。主要代表作有《南洋华侨问题》②等。

汪慕恒，教授，1950、1951 年先后毕业于厦门大学经济学系和会计学系，获得双学位。1959 年 1 月到南洋研究所工作，曾任南洋研究所所长，兼任福建省东南亚学会会长，中国亚非学会理事，中国东南亚研究会理事，第七、八届全国政协委员和五届的台盟中央委员等职务，在东南亚经济、亚太经济等学术领域研究成果卓著，发表论文 200 多篇，主要代表著(译)作有《华人在东南亚经济发展中的作用》、《东盟国家外资投资发展趋势与外资投资政策演变》等。

吴凤斌，教授，1954 年就读北京大学历史系，1959 年毕业后到中国科学院近代史研究所任实习员，1962 年调入厦门大学南洋研究所。历任华侨研究室主任、工会主席(1984—1994)，兼任中国中外关系史学会副秘书长、中国东南亚研究会理事等职。长期从事华侨华人史、中外关系史以及南海诸岛问题领域的研

---

① 1962—1969 年间，林伍珧亦任南洋研究所工会主席。

② 该书成稿于 1941 年，张礼千先生 1945 年作序，收录于何瑞玲选编：《海南华侨与海南社会：何启拔著述选》，海口：海南出版社，2013 年。

究工作。主要代表作有专著《契约华工史》及《东南亚华侨通史》等合著29本，20年专注于荷印时期吧城华人公馆（吧国公堂）原始档案《公案簿》的整理与校注出版。

李国梁，教授，1965年从武汉大学历史系毕业后到厦门大学南洋研究所工作，1981年在大连外国语学院出国留学生预备部日语专业进修。曾任南洋研究所副所长、厦门大学科研处副处长，博士生导师，兼任福建省华侨历史学会副会长、福建省东南亚学会副会长、中国华侨历史学会常务理事、中国东南亚研究会常务理事等职务，为享受国务院特殊津贴专家，曾任日本名古屋大学、长崎大学、亚洲经济研究所客座研究员，主要研究领域：华侨华人史、东南亚华侨华人经济史。在国内外刊物发表文章116篇，主要代表著（译）作有《东南亚华侨华人经济简史》、《华侨资本的形成和发展》等。

赵文骝，教授，1965年毕业于上海外国语大学俄语系，同年到厦门大学南洋研究所工作。任硕士生导师，擅长亚太经济及东盟经济研究，兼任福建省东南亚学会秘书长、中国国际经济关系学会理事等职。在国内外期刊发表论文50余篇，主要代表作有《亚太地区产业结构变化及外资的作用》等。

薛学了，译审，1945年出生于越南胡志明市，1961年从柬埔寨归国求学，1969年毕业于厦门大学外语系，1973年到南洋研究所工作，曾任《南洋问题研究》、《南洋资料译丛》主编和两刊编辑部主任，译审。主要代表译作有《东南亚大企业家》等。

廖少廉，教授，1967年毕业于中山大学，1975年开始在厦门大学南洋研究所工作。1981—1983年由国家教委派遣到美国康奈尔大学经济系和东南亚研究部进修。曾任厦门大学南洋研究所所长、南洋研究院副院长、厦门大学东南亚研究中心副主任，博士生导师，兼任中国东南亚研究会副会长、中国世界经济学会理事、中国亚太研究会理事。主持国家和教育部社会科学研究项目5项。学术领域为发展经济学、亚太地区经济发展与区域经济合作。在国内外期刊发表论文约80篇，主要代表作有《东盟国家经济发展与社会经济形态》等。

沈红芳，教授，经济学博士，博士生导师。1975年厦门大学外语系毕业后到厦门大学南洋研究所工作至今，1980—1981年在北京大学经济系、国际关系院进修，在职获得经济学硕士与经济学博士学位。兼任厦门大学东南亚研究中心研究员、厦门大学经济学院金融系教授、外文学院欧洲中心研究员。曾被聘为广东省社会科学院特约研究员、中国华侨历史学会常务理事、中国东南亚研究会理事、厦门市华侨历史学会学术委员等。主要研究领域:东亚、东南亚经济,东亚国际经济关系,菲律宾经济与社会。在国内外刊物发表中英文学术论文 150 余篇,主要代表作有《菲律宾》、《东亚经济发展模式比较研究》、《经济全球化与经济安全:东亚的经验与教训》、《东南亚的工业化、外国直接投资与科技进步》等。

蒋细定,教授,1970 年毕业于北京大学西语系英国语言文学专业,1973 年 9 月—1975 年 2 月在福建师范大学外文系援外译员培训班进修。1976 年 2 月调入厦门大学南洋研究所工作至退休,1980 年 9 月—1981 年 1 月在武汉大学经济系世界经济专业进修。曾任厦门大学南洋研究所(院)工会主席(1994—2006)、政治经济研究室主任,硕士生导师。其他曾任主要社会兼职:福建省政协委员、常委(第八、九届),厦门市政协委员(第八届),民建厦门市委会副主委(第七、八届),民建福建省委会委员、常委(第五、六届),省公安厅特邀监督员(第二届),市公安局特邀监督员(第二至五届),厦门市政协特邀研究员(第九至十二届),福建省和厦门市人民政协理论研究会理事,厦门市人民政府特邀督学,厦门大学省政协委员小组副组长,民建厦门市委会顾问、理论与会史研究会会长,菲律宾菲华联谊总会常务理事、学艺股主任(1996—1997 年),菲律宾《世界日报》经济版主编(1994 年 10 月—1997 年 2 月)等。主要研究领域为东南亚经济、菲律宾政治与经济、华侨华人经济、中国对外经济关系。在菲律宾《世界日报》等发表经济述评四百多篇,在国内发表论文约 90 篇,译文近 20 篇,参与十多部专著、年鉴、百科全书等部分章节的撰写工作。主要代表作有《菲律宾经济论》等。

刘晓民(1957—2014),编审,1980 年毕业于厦门大学外语系日语专业,同年进入厦门大学南洋研究所工作。1987—1994 年,先后在日本熊本大学、北海道大学获得文学硕士、博士学位。曾任《南洋问题研究》杂志社社长、《南洋资料译丛》主编、编审。发表论文和译文近 300 篇,出版辞典、译著 13 部,主要代表译作有《东南亚的经济》、《侨汇——现代中国经济分析》等。

庄国土,教授,历史学博士,博士生导师。1982 年研究生毕业后留在厦门大学南洋研究所工作。曾任厦门大学南洋研究所直属党支部书记、南洋研究所副所长、国际关系学院/南洋研究院院长,1993 年起享受国务院特殊津贴待遇,现为厦门大学特聘教授、厦门大学马来西亚研究所所长、苏氏东南亚研究中心主任、国家 985 社科创新平台(东南亚研究)主持人兼首席专家、教育部人文社科委员会委员兼综合学部召集人、国务院侨办专家咨询委员会委员、广西八桂学者，兼任中国东南亚学会会长、中国中外关系史学会副会长等职。主要研究领域：中外关系史、华侨华人史。主要代表著(译)作有《荷兰华人的社会地位》、《东亚华人社会的形成和发展：华商网络、移民与一体化趋势》、《菲律宾华人通史》等。

李金明，教授，历史学博士，博士生导师。1982 年厦门大学南洋研究所研究生毕业后留校工作，1987 年获博士学位。现任厦门大学海洋政策与法律中心副主任，南京大学中国南海研究协同创新中心兼职教授，北京外国语大学亚非学院客座教授。兼任中华能源基金委员会资深专家、南方防务智库顾问、中联部当代世界研究中心特约研究员、中国海洋发展研究中心研究员、泉州海外交通史博物馆特约研究员、中国海外交通史研究会终身顾问、中国太平洋学会特聘研究员、中国海洋发展研究会理事等职。主要从事中国与东南亚关系史、中国海外交通史、中国南海疆域、南海主权与国际海洋法等方面的教学与研究工作。主要著作有《明代海外贸易史》、《中国南海疆域研究》、《南海争端与国际海洋法》、《南海波涛：东南亚国家与南海问题》等，先后在国内外公开刊物上发表学术论文 200 多篇。

王勤，教授，经济学博士，博士生导师。1985 年在南洋研究所获得硕士学位后留校工作至今。曾任教育部人文社会科学重点研究基地——厦门大学东南亚研究中心主任、南洋研究院副院长，兼任中国国际经济关系学会常务理事、世界经济学会理事、中国太平洋学会理事、中国亚洲太平洋学会理事、福建省东南亚学会副会长兼秘书长，中联部当代世界研究中心特约研究员、南开大学 APEC 研究中心兼职教授、厦门大学金融系兼职教授，主要研究领域：东南亚经济、中国与东盟关系、新加坡问题。主要代表作有《东南亚蓝皮书：东南亚地区发展报告(2012—2020)》(主编)共 8 部、《东盟国际竞争力研究》、《中国与东盟经济关系新格局》、《新加坡经济发展研究》等，在国内外刊物发表学术论文 200 余篇。此外，在《人民日报》、《中国教育报》、新加坡《联合早报》、菲律宾《世界日报》等国内外报刊发表时评文章 60 余篇。

吴崇伯，教授，经济学博士，博士生导师。1987 年在南洋研究所获得硕士学位后留校工作至今，2006 年入选“福建省高等学校新世纪优秀人才支持计划”。厦门大学国际关系学院/南洋研究院副院长，厦门大学东南亚研究中心副主任，厦门大学经济学院金融系兼职教授。主要社会兼职：福建省政协常委、农工民主党福建省委常委、厦门市委会副主委、农工民主党厦门大学总支主委、厦门市政协委员；国际经济关系学会常务理事、未来关系学会理事、中国东南亚学会理事。主要研究领域：亚太地区财政与金融、东南亚经济、印度尼西亚政治与经济。主要代表作有《当代印度尼西亚经济研究》等。

廖大珂，教授，历史学博士，博士生导师。1989 年在南洋研究所获得博士学位后留校工作，曾任厦门大学东南亚研究中心副主任，兼任中国南海研究协同创新中心研究员、青岛海洋大学海洋文化研究所研究员、福州大学闽商文化研究院特聘教授、中国华侨博物馆特聘专家、泉州海外交通史博物馆研究员、中国海外交通史研究会副会长、中国中外关系史学会副秘书长、中国海上丝绸之路研究会理事。主要研究领域：中外关系史、东南亚史。主要代表作有《福建海外交通史》等。

聂德宁，教授，历史学博士，博士生导师。1989 年南洋研究所博士毕业后留校工作至今。曾任厦门大学国际关系学院/南洋研究院副院长，现任厦门大学东南亚研究中心副主任，兼任中国海外交通史研究会副会长、中国华侨历史学会常务理事、中国中外关系史学会理事、中国东南亚研究会理事、厦门市华侨历史学会会长。主要研究领域为中国与东南亚关系史、东南亚华侨华人史，专于荷印时期吧城华人公馆原始档案《公案簿》的校注出版。在中外学术刊物发表论文 60 余篇，主要代表著（译）作有《近现代中国与东南亚经贸关系史研究》、*The Chinese Annals of Batavia*, *The Kai Ba Lidai Shiji and Other Stories* (*1610—1795*)等。

施雪琴，教授，历史学博士，博士生导师。1994 年在南洋研究所硕士毕业后留校工作至今，2012 年入选“福建省高等学校新世纪优秀人才支持计划”。厦门大学国际关系学院/南洋研究院副院长，社会兼职：广西侨办“侨务理论”专家（2015—2018）、广西民族大学东盟研究院“印尼研究”客座研究员、致公党厦门市委副主委。主要研究领域：东南亚历史文化、东南亚华侨华人历史研究（菲律宾、印尼）。在国内外报刊发表论文 40 余篇，主要代表作有《菲律宾天主教研究：天主教在菲律宾的殖民扩张与文化调适（1565—1898）》、《南洋明珠　侨教典范——雅加达中华中学校史（1939—1966）》、《菲律宾华侨华人史话》。

郭玉聪，教授，1976 年毕业于厦门大学中文系，1991 年 6 月任日本神户大学华侨博物院研究员，1992 年 6 月在日本神户大学研究生院文化研究科学习博士课程。1996年到厦门大学南洋研究院工作，曾任中外关系史与华侨华人研究所所长，硕士生导师，兼任中国华侨历史学会常务理事等。主要研究领域：陈嘉庚研究、华侨华人、国际移民。主要代表作有《侨魂：陈嘉庚文学传记》、《日本華僑華人と中国新移民の研究》、《华侨华人的民族认同》[①]等。

李一平，教授，历史学博士，博士生导师。1999年调入南洋研究院工作至今，2006年入选“福建省高等学校新世纪优秀人才支持计划”。厦门大学国际关系学院/南洋研究院院长，兼任中国东南亚研究会副会长兼秘书长、中国华侨历史学会副会长、中国国际关系学会理事，广东外语外贸大学、云南财经大学、贵州大学兼职教授，教育部国别与区域研究基地贵州大学东盟研究中心学术委员、广西民族大学中国—东盟研究中心学术委员、云南大学“中国周边外交研究省部共建协同创新中心”学术委员。主要研究领域：亚太国际关系和华侨华人问题研究。在国内外期刊发表论文60余篇，主要代表著（译）作有《东南亚研究论稿》、《东方的文明》等。

冯立军，教授，历史学博士，硕士生导师。2000年在南洋研究院硕士毕业后留校工作至今。厦门大学国际关系学院/南洋研究院副院长，国际关系系副主任，兼任中国中外关系史学会理事，中国海外交通史研究会理事。主要研究领域：海外贸易史、华侨华人史、中国与东南亚文化交流史。在国内外刊物发表论文30余篇，主要代表作有《古代中国与东南亚中医药交流研究》等。

范宏伟，教授，历史学博士，博士生导师。2004年在南洋研究院博士毕业后留校工作至今。曾任南洋研究院副院长，现任厦门大学东南亚研究中心主任，《南洋问题研究》杂志社社长、《南洋资料译丛》主编，兼任“姚楠翻译奖”评委会主任，是国内研究缅甸问题的知名专家。主要研究领域：缅甸问题、华侨华人史、中国与东南亚关系。在国内外刊物发表中、英、日文论文50余篇，主要代表作有《和平共处与中立主义：冷战时期中国与缅甸和平共处的成就与经验》、《缅甸华侨华人史》等。

刘勇，教授，历史学博士，硕士生导师。2000年在南洋研究院毕业后，赴荷兰莱顿大学攻读博士学位，2006年回南洋研究院任教。曾任厦门大学国际关系

① 该书被厦门大学评为向建校100周年献礼的“南强丛书”之一，计划于2021年出版。

学院侨务与外交系副系主任，兼任中国海外交通史研究会理事、武汉大学历史学院茶文化研究中心客座研究员。主要研究领域为中外关系史、海外贸易史。在国内外刊物发表论文十余篇，主要代表作：*The Dutch East India Company's Tea Trade With China*，1757—1781、《近代中荷茶叶贸易史》。

张苾芜，教授，政治学博士，硕士生导师。2002年博士毕业于美国俄亥俄州立大学，2009年到南洋研究院工作至今，曾任亚太国际关系研究所所长。主要研究领域：中美关系、国际关系理论、比较政治。主要代表作有 *Chinese Perceptions of the U.S.: An Exploration of China's Foreign Policy Motivations*。

附录一　南洋研究院/国际关系学院大事记

1950 年 9 月，厦门大学在归并福建省研究院社会科学研究所和厦门私立海疆学术资料馆的基础上，经华东教育部批准设立厦门大学南洋研究馆。

1956 年 3 月，中侨委与厦门大学联合创办南洋研究所。同年 10 月 1 日，南洋研究所正式成立。南洋研究所是中华人民共和国最早设立的东南亚研究机构，也是中国最早设立的国际问题研究和华侨华人研究机构之一。时任厦门大学党委书记、副校长陆维特任南洋研究所所长，林惠祥任副所长。

1957 年，建立中共厦门大学南洋研究所支部，黄选卿任党支部书记。

1957 年 1 月，南洋研究所刊物《南洋问题资料译丛》创刊。

1958 年 4 月，南洋研究所举办第一次科学讨论会。

1959 年 5 月 8—13 日，南洋研究所召开第二次学术性的科学讨论会。与会代表来自中山大学等机构，这是南洋研究所首次举办的全国性学术讨论会。

1962 年 9 月—1963 年 1 月，南洋研究所研究人员对闽粤华侨农场和临时回国的 1000 余位东南亚归侨进行实地调查和访谈，留下珍贵口述资料。

1963 年 12 月，南洋研究所主办福建省东南亚学会成立大会。福建省东南亚学会是福建省最早成立的民间学术性社会团体之一，也是福建省最早的东南亚研究学术团体，联络地址设在厦门大学南洋研究所。

1969 年，厦大革委会宣布撤销南洋研究所。

1972 年 11 月，南洋研究所获批准正式复办。

1973 年，《南洋问题资料译丛》复刊。

1973 年 11 月，恢复中共厦门大学南洋研究所支部，并调整为中共厦门大学南洋研究所直属支部，陈启英任党支部书记。

1974 年 5 月，南洋研究所刊物《南洋问题》创刊。

1975 年 2 月，《南洋问题资料译丛》更名为《南洋资料译丛》。

1975年下半年至1976年，吴凤斌、廖少廉等人先后到漳浦参加农村社会主义路线教育运动，为期三个月。吴凤斌、廖少廉任队长。

1978年，南洋研究所工会复办。

1978年7月，南洋研究所与云南省历史研究所、中山大学东南亚历史研究室在厦门大学联合主办"东南亚问题科学讨论会"，会议期间，中国东南亚研究会成立。中国东南亚研究会是研究东南亚问题（包括历史、经济和现状）的专业工作者和业余爱好者的全国性学术团体。

1980年1月，南洋研究所南海诸岛调查组参与外交部关于我国西沙、南沙群岛主权白皮书的起草工作。

1980年，南洋研究所开始招收中外关系史专业硕士研究生，方向为中国与东南亚关系史，指导教师是韩振华教授。

1980年7月14日，中国东南亚研究会第二届年会在昆明召开，会上，徐平、韩振华被选为副会长。

1980年9月，以王赓武为团长的澳大利亚国立大学东南亚学者访华团访问南洋研究所。这是南洋研究所成立以来的首次国际学术交流。

1981年4月，何启拔教授赴新加坡访问，为南洋研究所出国交流之先行者。

1981年5月15日，中外关系史学会在厦门大学成立，同时举办的研讨会为新中国建立后中外关系史研究之嚆矢。大会推选韩振华为副会长，林金枝为副秘书长。

1982年，南洋研究所开始招收世界经济专业硕士生，指导教师为何启拔教授。

1982年4月，南洋研究所被评为厦门市"全民文明礼貌月"活动先进单位，是厦门大学入选的两个单位之一。

1983年4月，南洋研究所荣获厦门大学八三年"三优一学"活动先进单位，列为机关部处及直属单位第一名。

1983年5月，南洋研究所成为厦门大学唯一荣获厦门市1983年度社会主义精神文明建设先进集体称号的单位。

1983年10月17日，厦门大学与荷兰莱顿大学签署学术交流协议，以南洋研究所为协调单位，开启了南洋研究所与荷兰莱顿大学在东南亚华人研究方面的长期合作。这也是南洋研究所首次与境外学术机构进行合作。

1984 年 1 月，国务院批准韩振华为专门史(中外关系史)专业博士研究生导师，开启了国内首批东南亚史、华侨史方向博士研究生的培养工作。

1985 年 2 月 16 日，韩振华被选为国务院学位委员会历史学科评议组成员。

1985 年 9 月 6 日，南洋研究所编译室获评 1984 年厦门大学先进集体(全校仅两个)。

1986 年 10 月 11—17 日，召开南洋研究所建所 30 周年学术研讨会。

1986 年 9 月 15 日，中外关系史学会第二届年会暨学术讨论会在宁波召开，韩振华被选为中外关系史学会会长。

1986 年 12 月 29 日，《南洋问题》经中共福建省委宣传部批准和该处登记，准予公开发行，出版证书号为“闽出管刊字第 081 号”。

1987 年 2 月，《南洋资料译丛》第 1 期刊印出版证书“闽出管刊字第 082 号”，公开发行。

1988 年 2 月，第 1 期《南洋问题》更名为《南洋问题研究》。

1988 年 3 月，南洋研究所所长汪慕恒教授荣任全国第七届政协委员，为厦门大学 6 位政协委员之一。

1989 年 4 月 25—28 日，南洋研究所与中国华侨历史学会、新加坡南洋学会在厦门联合举办“战后海外华人变化国际学术讨论会”。这次会议是新中国成立以来规模最大的一次研究海外华人战后变化的国际会议，也是南洋研究所首次与境外机构联合举办的国际会议。

1991 年 9 月 15—16 日，南洋研究所举行 35 周年所庆，召开学术研讨会。

1993 年 5 月 29 日，中国教育工会厦门大学委员会发布“关于表彰工会先进集体、先进工作者的决定”，南洋研究所部门工会被评为先进部门工会。

1996 年，南洋研究所升格为南洋研究院，于 1996 年 4 月 6 日校庆日正式挂牌成立。设有中外关系史博士学位授权点与中外关系史、世界经济硕士学位授权点。中共厦门大学南洋研究所直属党支部更名为中共厦门大学南洋研究院直属党支部。同年，南洋研究院成为国家“211 工程”建设项目的机构。

1999 年，新增“世界经济专业”博士学位授权点。

2000 年 3 月，在南洋研究院基础上成立厦门大学东南亚研究中心。

2000 年 9 月，厦门大学东南亚研究中心被教育部正式批准为人文社会科学重点研究基地。

2001年4月,厦门大学嘉庚楼群落成。南洋研究院从南光2号楼迁入颂恩楼第10～11层。部分图书报刊资料另存于群贤楼后座。2006年,群贤楼后座拆除,这部分报刊、剪报和图书资料存放于厦门大学图书馆。

2001年9月20—23日,为庆祝东南亚研究中心成立一周年暨院庆45周年,召开“21世纪初的东南亚经济与政治”国际学术研讨会。

2002年,增设“国际关系专业”硕士学位授权点。

2002年起,东南亚研究中心开始出版“厦门大学东南亚研究中心系列丛书”,包括三个系列:东南亚与华侨华人研究系列,东南亚研究翻译系列,东南亚档案、资料系列。

2003年6月13日,中共厦门大学南洋研究院直属支部委员会升格为中共厦门大学南洋研究院总支部委员会。

2004年,新增“政治学理论”博士生招生专业。

2004年3月22—26日,香港城市大学东南亚研究中心和厦门大学东南亚研究中心暨南洋研究院在香港联合召开“中国与东南亚:东南亚华人资本的机会和挑战”国际学术研讨会。这是南洋研究院首次在境外参与主办国际学术会议。

2004年9月,《南洋问题研究》入选中文社会科学引文索引(CSSCI)来源期刊。

2004年11月,南洋研究院入选国家“985工程”哲学社会科学创新基地。

2004年12月16日,厦门大学宣布在南洋研究院设立厦门大学马来西亚研究所,为中国大陆首个研究马来西亚的学术机构。

2005年4月6—8日,厦门大学马来西亚研究所成立仪式暨“首届马来西亚与中马关系”国际研讨会在厦门大学举行。

2005年10月,成立南洋研究院院史编辑组,由蒋细定、曾伊平、陈丽娘、吴凤斌等人进行资料搜集与编写工作。

2006年7月,南洋研究院党总支被中共福建省委教育工作委员会评选为“先进基层党组织”。

2006年9月22日,召开庆祝厦门大学南洋研究院建院50周年暨“当代东南亚政治与外交”学术研讨会。

2006年12月14日,在南洋研究院基础上成立厦门大学国际关系学院。

2007年3月21日,成立厦门大学国际关系学院国际关系系。

2007年9月，招收首批国际政治专业本科生。

2008年3月17日，成立厦门大学苏氏(瑞福)东南亚研究中心，挂靠南洋研究院，由新加坡国立大学资深教授苏瑞福捐资兴办。

2008年5月26日，举行厦门大学国际关系学院/苏氏东南亚研究中心成立典礼。

2008年6月4日，成立共青团厦门大学国际关系学院/南洋研究院委员会。

2008年9月，招收首批国际硕士项目研究生，实行全英文授课。

2009年4月16日，中国共产党厦门大学南洋研究院总支部委员会更名为中国共产党厦门大学国际关系学院/南洋研究院总支部委员会。

2009年5月15—17日，在厦门市、武夷山市召开“教育部社会科学委员会综合研究学部工作会议暨国际与港澳台热点问题”学术研讨会。

2010年7月，教育部社会科学委员会综合研究学部(含国际问题、港澳侨台、交叉学科)秘书处设在南洋研究院。

2010年9月，招收首批外交学专业本科生。

2010年12月6日，成立厦门大学国际关系学院侨务与外交系。

2011年9月26日，庄国土教授正式向厦门大学提出“关于设立厦门大学马来西亚分校的设想”报告。

2011年12月，成立厦门大学东盟研究中心，后入选教育部国别和区域研究培育基地，并于2012年6月正式启动。

2012年，在政治学一级学科下新增“国际关系”博士专业。2013年9月开始招收首批该专业博士生。

至2012年4月，南洋研究院获批的3个硕士生招收专业为中国史、世界经济、国际关系，4个博士生招收专业为世界史、世界经济、政治学理论、国际关系，属于世界历史、理论经济学、政治学三个博士一级学科。

2013年4月11日，中共厦门大学国际关系学院/南洋研究院总支部委员会升格为中共厦门大学国际关系学院/南洋研究院委员会。

2013年11月，国际关系学院/南洋研究院部门工会荣获厦门大学工会先进集体称号。

2014年7月，国际关系学院/南洋研究院迁入南安楼。报纸合订本和部分期刊移至厦门大学翔安校区图书馆。

2014 年 9 月，开启非学历继续教育培训工作。

2015 年 1 月 23 日，在厦门大学南安楼举行“中国—东盟思想库网络福建基地”揭牌仪式。外交部亚洲司推荐厦门大学国际关系学院/南洋研究院为“中国—东盟思想库网络”成员单位。

2016 年 11 月，编印《厦门大学国际关系学院/南洋研究院建院 60 周年》，同月 5 日，召开厦门大学南洋研究院 60 周年院庆暨“中国东南亚研究 60 年：回顾与展望”国际学术研讨会。

2016 年 12 月，福建省教育厅公布了福建省高校特色新型智库名单，本次评选共有 7 所高校的 9 个智库入选，由南洋研究院培育的智库“‘一带一路’与东南亚研究院”成功入选且位居榜首。

2017 年 4 月，与厦门大学公共事务学院、台湾研究院共同设立了政治学博士后科研流动站，与人文学院共同设立了世界历史博士后科研流动站。

2017 年 6 月，厦门大学马来西亚研究所、厦门大学印度尼西亚研究中心和厦门大学新加坡研究中心成功获得教育部 2017 年国别与区域研究中心备案。

2017 年 12 月，入选厦门大学“双一流”建设“一带一路”学科群。

2018 年，印尼华人历史文献《开吧历代史纪》(许云樵校注)英文译注版 *The Chinese Annals of Batavia, The Kai Ba Lidai Shiji and Other Stories (1610—1795)* 由荷兰博睿(Brill)学术出版社出版，该书由荷兰历史学家包乐史与南洋研究院聂德宁教授联袂译注，是南洋研究院与国际学术机构合作完成的一部代表性著作。

2018 年 3 月，“南洋文库”首套丛书《东南亚华侨口述历史丛编》(8 册)由广西师范大学出版社出版。

2018 年 11 月，与厦门大学经济学院共同设立了理论经济学博士后科研流动站。

2019 年 6 月 15 日，由中国侨联主办，中国华侨华人研究所与福建省侨联、厦门大学、五邑大学承办，厦门大学国际关系学院/南洋研究院、厦门市侨联协办的“2019 习近平总书记关于侨务工作重要论述研讨会”在厦门大学召开。中国侨联党组书记、主席万立骏，福建省副省长郭宁宁，厦门大学党委书记张彦出席会议并讲话，中国侨联党组成员、副主席暨中国华侨历史学会会长隋军主持会议。

2019年6月29日，厦门大学国际关系学院/南洋研究院庄国土、李一平教授在广州中山大学召开的中国东南亚研究会第十届年会上，分别继续获任第十届中国东南亚研究会理事会会长、副会长兼秘书长，中国东南亚研究会会址、秘书处仍然设在厦门大学国际关系学院/南洋研究院。

2019年11月，在第六届高校社科期刊评优活动中，《南洋问题研究》被评为"高校社科精品期刊"。

2021年1月，教育部公布首轮高校国别和区域研究工作评估结果，厦门大学东盟研究中心(培育基地)、厦门大学马来西亚研究所(备案中心)获评高水平建设单位。

2021年3月，厦门大学国际关系学院外交学专业入选教育部2020年度省级一流本科专业建设点名单。

2021年3月，《南洋问题研究》入编《中文核心期刊要目总览》2020年版(即第9版)政治学(含马列)类的核心期刊。

附录二 南洋研究院/国际关系学院教职工名录(1956—2021)

(按姓氏笔画排序)

于　剑　王天真　王云翔　王世昌　王付兵　王成金　王　虎　王承惠
王树莘　王昭晖　王素娥　王望波　王　勤　王懋和　毛通文　方　浩
龙羽西　卢惠风　叶仁寿　叶文程　叶森玉　叶德泉　丘连漪　白　兰
包广将　冯立军　皮　军　吕花盒　朱鸿婕　庄为玑　庄玉洁　庄国土
庄德明　刘才涌　刘计峰　刘永华　刘　勇　刘晓民　刘爱华　刘焕英
刘聘业　衣　远　闫　森　许天震　许　可　许　华　许丽丽　许振保
孙　谦　纪慧瑜　苏进胜　苏宝影　苏振卿　李一平　李希炳　李　宏
李述文　李国梁　李秉濬　李金明　李承志　李绍宗　李滋仁　李　毅
杨　成　杨志针　杨明宛　杨晓燕　吴凤斌　吴文智　吴永恒　吴光瑜
吴志生　吴荣生　吴崇伯　吴　福　邱新华　何启拔　汪振发　汪慕恒
沈引之　沈红芳　沈丽秀　沈爱萍　沈惠芬　沈燕清　张大勇　张子茂
张长虹　张文丘　张文匠　张必华　张苾芜　张旭东　张运来　张志耀
张南舟　张莲英　张　淼　张颖哲　陆维特　陈　水　陈力明　陈大冰
陈仁雅　陈文桥　陈永良　陈亚敏　陈曲水　陈　伟　陈汝惠　陈华英
陈安尼　陈声贵　陈芸薇　陈丽贞　陈丽娘　陈希育　陈启英　陈　君
陈其田　陈国金　陈国强　陈盛明　陈焕祥　陈　锋　陈舜琼　陈曾唯
陈　源　陈碧笙　陈　锴　范　丽　范宏伟　林汉杰　林达丰　林伍珖
林汝南　林克明　林事恒　林金枝　林荆洲　林俊绵　林彦群　林　梅
林淑娟　林惠祥　郁贝红　罗炳升　金向东　周天芸　周世雄　周仲周
周志祥　郑小明　郑庆良　郑甫弘　郑丽莉　郑泗湖　郑碧娇　赵　洪
赵文骝　赵海立　赵　源　钟　明　施雪琴　姜华林　洪小荣　姚晓静
骆明卿　袁冰凌　袁惠慈　聂德宁　桂光华　顾祥华　钱月琳　钱文宝
钱　江　钱箭星　徐　平　徐东林　徐沧溶　徐建伟　徐跃进　徐　斌

徐新航　翁冰惠　高红印　高艳杰　郭玉聪　郭晓玲　郭景仪　黄丁兰
黄　飞　黄文华　黄文鹰　黄文端　黄汉生　黄圣勤　黄有土　黄贵荣
黄选卿　黄俊清　黄桂荣　黄彩雾　黄添富　黄循英　黄碧钦　黄澄南
崔盈达　康旺盛　葛郝锐　董秀珍　董惠玲　蒋　武　蒋细定　蒋炳钊
韩振华　曾伊平　曾秀莲　曾祥轩　曾碧霞　温广益　谢志鹏　谢丽仁
蔡仁龙　蔡寿康　蔡媛媛　廖大珂　廖少廉　廖栋柱　廖昆殿　颜甘沛
潘青萍　薛学了　薛澄清　魏学坚　魏嵩寿

附录三 参考文献

一、著作

1.厦门大学校史编委会编:《厦门大学校史资料:1921—1937》(第一辑),厦门大学出版社,1987 年。

2.厦门大学校史编委会编:《厦门大学校史资料:1937—1949》(第二辑),厦门大学出版社,1988 年。

3.厦门大学校史编委会编:《厦门大学校史资料:1949—1966》(第三辑),厦门大学出版社,1989 年。

4.厦门大学校史编委会编:《厦大校史资料:1966—1987》(第四辑),厦门大学出版社,1990 年。

5.厦门大学校史编委会编:《厦门大学校史资料:组织机构沿革暨教职工名录》(第五辑),厦门大学出版社,1990 年。

6.中共厦门大学委员会党史编委会编:《中国共产党厦门大学组织史简编》,厦门大学出版社,1996 年。

7.蒋炳钊、吴春明主编:《林惠祥文集》,厦门大学出版社,2012 年。

8.何瑞玲选编:《海南华侨与海南社会:何启拔著述选》,海南出版社,2013 年。

二、文章

1.陈宪光:《厦门私立海疆学术资料馆沧桑》,《海内与海外》1999 年第 6 期。

2.韩振华:《〈南洋华侨史〉大纲编写(初稿)》,《南洋问题》1982 年第 2 期。

3.李国梁:《两个三十年:感受华侨华人研究的变化》,《华侨华人历史研究》2009 年第 4 期。

4.李孝迁:《民国时期中西交通史课程设置》,《史学史研究》2012 年第 1 期。

5.梁志明、李一平:《中国东南亚史学研究的进展与评估》,《世界历史》2011年第2期。

6.陆维特:《巨大的贡献　难忘的功绩——解放后陈嘉庚扩建厦门大学的若干回忆》,中国人民政治协商会议全国委员会文史资料研究委员会、中华全国归国华侨联合会、福建省政协合编:《回忆陈嘉庚——纪念陈嘉庚先生诞辰一百一十周年》,文史资料出版社,1984年。

7.史阳:《“古代东南亚历史与文化”学术研讨会会议综述》,《中国东南亚研究会通讯》2005年第1期。

8.汪慕恒:《有关东南亚问题研究的几点体会》,陈乔之、黄滋生、陈森海主编:《中国的东南亚研究:现状与展望》,暨南大学出版社,1992年。

9.王东平:《张星烺先生对中西交通史研究的学术贡献》,《史学史研究》2002年第3期。

10.叶国庆:《回忆挚友薛澄清先生——五十年代的历史学家》,中国人民政治协商会议福建省长泰县委员会文史资料研究委员会编:《长泰文史资料》第10辑,编者印行,1987年。

11.张小欣:《新中国东南亚研究机构的创设与变迁(1949—1984)——以厦、中、暨三校为中心》,《南洋问题研究》2017年第2期。

编后记

2021 年，厦门大学迎来百年华诞，厦门大学南洋研究院/国际关系学院也将喜迎成立 65 周年/15 周年院庆。南洋研究所(院)走过了曲折而又不平凡的历程，每一次发展，都凝结着师生们的辛勤耕耘与无私奉献，都离不开厦门大学、国内外相关机构、社会各界人士的关心与支持。

厦门大学南洋研究院是新中国最早设立的东南亚研究机构，也是新中国最早设立的国际问题研究和华侨华人研究机构之一。本书翔实梳理南洋研究院的发展历程，深入探索厦门大学南洋研究院/国际关系学院学术研究与学科发展的传统、特色和方向。同时，力图在中国与国际学术发展的背景下，反映厦门大学的东南亚研究、华侨华人研究以及亚太国际关系研究等学科在学术研究、人才培养、国际合作、资料建设、社会服务等方面的历史传承、重要成果与现实影响，并反思发展中存在的问题与不足，以期为厦门大学启航“新百年”征程，推动中国东南亚学发展、服务“一带一路”倡议与构建人类命运共同体做出新的贡献。

本书编写组组长：张必华、毛通文，顾问：汪慕恒、林金枝、吴凤斌、李国梁、廖少廉、蒋细定、庄国土、沈红芳、王勤、聂德宁、李一平、吴崇伯、郭玉聪、施雪琴、范宏伟。编写分工：第一章，由张长虹执笔，以 50 年院史稿为基础，南洋研究院 50 周年院史编辑组由蒋细定、曾伊平、陈丽娘、吴凤斌等人组成，广泛征集史料。其他内容：行政领导与师资、基地与社会服务、大事记(洪小荣)，党组织与学术成就、基地和马来西亚研究所(曾祥轩)，研究生教学(李宏、赵阳)，本科教学(朱鸿婕)，对外交流(龙羽西)，团委工作(郭晓玲)，本院刊物(许丽丽)，工程技术(姚晓静)。全书由张长虹统稿。

回顾过去，前辈们砥砺奋进，贡献卓著，历史永远铭记。六十五年风雨兼程，南洋研究院几代人秉承百年厦大“自强不息，止于至善”之校训，为共和国的东南亚研究和华侨华人研究之建立与发展进行了艰辛求索和不懈努力，坚实的学术积累和持续的开拓进取使厦门大学南洋研究院/国际关系学院成为当今中国东南亚研究的一面旗帜、人才培养的摇篮。一代代师生薪火相传，在各自的岗位上不断超越自我，追求卓越，为培养具有国际视野的学界和社会精英，推进中国与东南亚各国的相互理解和友好关系，乃至世界和平与发展做出持久的贡献。

谨以此书献给所有曾经和依然耕耘、支持厦门大学南洋研究院/国际关系学院的人们，一并感谢诸位审稿人与责任编辑。本部院史数据汇总截至 2019 年 12 月，部分内容采用最新信息。囿于能力与时间有限，本书尚有纰漏之处，敬请方家雅正。

厦门大学国际关系学院/南洋研究院院史编写组

2021 年 3 月